来凤街道志

LOCAL RECORDS OF LAIFENG SUB-DISTRICT

重庆市璧山区来凤街道志编纂委员会　编

图书在版编目（CIP）数据

来凤街道志 / 重庆市璧山区来凤街道志编纂委员会编
.-- 北京：方志出版社，2018.11
（中国名镇志丛书）
ISBN 978-7-5144-3393-7

Ⅰ. ①来… Ⅱ. ①重… Ⅲ. ①区（城市）—地方志—重庆 Ⅳ. ① K297.195

中国版本图书馆 CIP 数据核字（2018）第 255681 号

· 中国名镇志丛书 ·

来凤街道志

编　　者：重庆市璧山区来凤街道志编纂委员会
责任编辑：张　颢

出 版 人：冀祥德
出 版 者：方志出版社
地址　北京市朝阳区潘家园东里 9 号（国家方志馆 4 层）
邮编　100021
网址　http：//www.fzph.org
发　　行：方志出版社图书经销中心
电话　（010）67110500
经　　销：各地新华书店
排　　版：北京纺印图文设计制作有限公司
印　　刷：北京中科印刷有限公司

开　　本：787 × 1092　　1/16
印　　张：18.5
字　　数：384 千字
版　　次：2018 年 11 月第 1 版　　2018 年 11 月第 1 次印刷

ISBN 978-7-5144-3393-7　　**定价**：149.00 元

序一

习近平总书记指出："不忘历史才能开辟未来，善于继承才能善于创新……只有坚持从历史走向未来，从延续民族文化血脉中开拓前进，我们才能做好今天的事业。"中国优秀传统文化是在漫长的历史长河中历经无数次涤荡和沉淀而形成的思想精髓，蕴藏着无穷的宝藏和无尽的力量。发掘和继承优秀传统文化，是延续中华文明"根"与"魂"的必由之路。与时俱进，推动传统文化不断开拓创新，是中华文明常葆勃勃生机的重要保证。

"国有史，邑有志。"编修地方志是中国特有的文化现象，是中华民族的优秀文化传统。数千年来，连绵不断的志书编修为保护中华民族根脉，传承中华文明发挥了不可替代的作用。中国现存古志有 8000 余种，占现存古籍的十分之一。中华人民共和国成立以来，编修完成数万种省、市、县三级综合性行政区域志、部门志、行业志、专志等，编纂数万种地方综合年鉴、行业年鉴和专门年鉴等，整理出版数千种历代方志及相关研究成果，发表相当数量的方志理论与年鉴理论研究成果。这既是对我国国情、地情持续开展的大规模普遍调查，也是对各地自然与社会发展状况进行的综合研究，其成果构成了一座丰富的文化资源宝藏，为各级领导科学决策提供了重要参考，为推动经济社会发展和文化建设发挥了重要作用。

当前，中国特色社会主义进入新时代，全国地方志事业也进入新时代。如今的地方志事业围绕党和国家利益、经济社会发展，以人民为中心开拓创新，志、鉴、馆、史"四驾马车"并驾齐驱，志、鉴、馆、网、库、用、会、刊、研、史"十业并举"，加快实现在全国范围内全面推进地方志从一项工作向一项事业转型升级。在党中央、国务院的亲切关怀和各级地方志工作者的共同努力下，一批紧密结合社会发展需求、具有独特创造性的工作逐步开展，涵盖中国名镇志、中国名村志、中国名山志、中国名水志、中国名街志等"名志"系列文化工程是其中代表。作为首个"名志"系列文化工程的中国名镇志文化工程，启动于 2015 年，至今已是第三个年头。中国名镇志丛书在记述主体上，选择中国历史文化名镇、经济强镇、特色镇等在全国具有影响力和代表性的乡镇，旨在全面展示中国名镇的文化精髓；在内容题材选择上，重在突出不同名镇的“名”和“特”，力求集中体现不同名镇最精彩的部分，增强可读性；在志书编纂程序设置方面，志书申报、篇目设计、专家审读、专家组验收等流程环环相扣，紧密结合，力争把每一部志书都打造成精品佳志。

习近平总书记指出：“历史和现实都表明，一个抛弃了或者背叛了自己历史文化的民族，不仅不可能发展起来，而且很可能上演一场历史悲剧。”2018 年是改革开放 40 周年，40 年来中华大地发生了翻天覆地的变化，乡镇发生了极为深刻的改变，从粗茶淡饭到有机食品，从粗布衣裙到精美时装，从土屋平房到高楼大厦，人民生活水平大大提高，城乡差距不断缩小。然而，在感受辉煌成就的同时，我们也应该看到，许多精巧的古建、精湛的工艺、亲切的乡音、独特的乡俗也在快节奏的发展中与我们渐行渐远，曾经的家乡正逐渐变为记忆中的故园。

党的十九大报告提出乡村振兴战略，此后党中央、国务院又推出一系列重大举措。实施乡村振兴战略，必须全面加强乡村文化建设，培养乡村文化自信，培植文化之“根”，铸牢文化之“魂”。没有乡村文化的高度自信，没有乡村文化的繁荣发展，就难以实现乡村振兴的伟大使命。振兴乡村文化，既要塑形，更要铸魂，必须遵循乡村发展的客观规律，在发展中把文化的精髓保留下来，把乡土味道、乡村风貌的“魂”传承下去。在保留优秀乡村文化内核的基础上，用现代表现方式，把反映时代精神、先进理念的内容通过群众喜闻乐见的文化产品表达出来，才能够让乡土文化具有更强大的生命力。用创新性的模式书写乡镇志，传承和抢救乡土历史文化，激发爱国爱乡情怀，为探索中国特色新型城镇化发展经验、发展模式、发展道路提供历史智慧和现实借鉴，正是实施中国名镇志文化工程的目的和意义所在。

“月是故乡明”。中国人素有“家国情怀”，家乡的山水是最为美丽的，家乡的风俗是充满温暖的，一声亲切的乡音，一口熟悉的家乡菜，都能拨动游子的心弦，让其魂牵梦萦。中国名镇志丛书是一套全面梳理中国名镇历史人文，挖掘文化特色，突出“名”和“特”的镇志。它能让人民群众深刻感受到本土本乡自然的优美、历史的醇厚、人物的杰出、艺文的风雅等，有助于培养人民群众对家乡文化的自信，激发起人民群众浓烈的爱乡爱国情怀，助力国家新型城镇化建设和乡村振兴战略的实施。

是为序。

中国社会科学院院长
中国地方志指导小组组长　谢伏瞻

序二

连绵不断地编修地方志是我国特有的文化传统，为传承中华文明作出了巨大的贡献。在党中央、国务院的高度重视和支持下，这一古老的文化传统焕发勃勃生机，展现新的活力，成为保存、继承、发扬光大中华优秀传统文化的重要依托，培育和践行社会主义核心价值观的重要媒介，社会主义先进文化建设的重要组成部分，发展中国特色社会主义，增强道路自信、制度自信、理论自信的重要载体，在实现“两个一百年”奋斗目标和中华民族伟大复兴中国梦进程中具有不可替代的地位和作用。

事物总是在不断发展中前进。经过改革开放以来30余年的发展，中国特色地方志事业与传统的编修地方志已不可同日而语，形成了志（志书）、鉴（年鉴）、库（地情数据库）、馆（方志馆）、网（地情网站）、刊（期刊）、会（学会）、研（理论研究）、用（开发利用）等多业并举的新格局。截至2015年10月底，全国编纂完成首轮、二轮省、市、县志书8000多种，编修部门志、行业志、专业志、乡镇村志27000多种，编纂地方综合年鉴2300多种，累计整理旧志2500多种，还编纂出版了大量的地情书，字数以百亿计，形成以反映国情、地情为主要内容，全面系统、持续不断、卷帙浩繁的社会科学成果群。另外，还开通了27个省级网站、230个市级网站、816个县级网站；建成国家方志馆1个、省级方志馆16个、市级方志馆86个、县级方志馆近300个。这些成果，成为国家极为重要的文化资源，是国家文化软实力和公共文化服务体系的重要组成部分。

最近几年，地方志工作的触角在不断延伸，部门志、行业志、专业志、特色志、乡镇村志编纂方兴未艾，成为当前地方志事业发展新的增长点和亮点。特别是乡镇志，兴起了编纂热潮，从自发的民间行为逐渐过渡为政府组织的文化行为，有的省份以政府令形式将其纳入地方志编修范畴，像河南省还以省政府办公厅名义要求全省普修乡镇志。乡镇志并不是一个新生事物，据现有资料可考，宋代常棠所撰《澉水志》是现存最早的一部乡镇志。与省、市、县三级志书相比，乡镇志虽属小志，但意义却不小，特别是在当前国家全力推进新型城镇化建设的背景下，乡镇志的作用更显重要。

启动中国名镇志文化工程，是适应当前新型城镇化建设形势发展需要、地方志事业发展形势需要的重要举措，也是充分发挥地方志存史、资政、育人功能的重要手段。作为最基层行政组织的志书，镇志是最接近中国社会发展变迁的国情、地情记录文本，具有重要的历史文献价值。而作为充分反映本区域自然、政治、经济、文化和社会的历史与现状的资料性文献，镇志又能全面展示发展脉络，摸索发展经验，为探索中国乡镇未来发展方向提供借鉴和参考。当然，对于祖祖辈辈生于斯长于斯的中国人来说，故乡就是一个魂牵梦萦的地方，故乡的情怀终生难忘。留得住乡愁，记得住乡思，充分展示名镇文化魅力，激发爱乡、爱国情怀，正是中国名镇志文化工程题中应有之义。

是为序。

中国社会科学院原院长
中国地方志指导小组原组长 王伟光

序三

“国有史，邑有志”，中国自古就有注重编史修志的传统。按照我国目前地方志行政法规，国家各级地方志机构的法定职责是编纂省、市、县三级志书，并不包括县以下的乡镇志和村志。这种规定，一方面可能因为全国有数百万自然村落和数万乡镇，全部实行官修很难实现；另一方面可能因为我国历史上就有“皇权止于县”的说法，县以下的民间社会历来是一个以自治为主的领域。然而，改革开放几十年来，我国社会正在发生巨变，这种巨变在基层社会的乡镇、村落、家庭领域更为深刻。作为“乡之首，城之尾”的镇，逐渐被日益崛起的大都市淹没了光彩，村落在快速的城镇化过程中每天都在大量消失，农村家庭的小型化、空巢化趋势非常突出。在这种情况下，我一直在思考，如何留得住历史文化记忆和乡愁，如何把修志的工作向基层社会延伸？

中国人的“家国情怀”，是从“诚意、正心、修身”开始，到实现“齐家、治国、平天下”。所以从国家一统志，省、市、县三级志，到乡镇志、村志、家谱，也是一个完整的系统。

正是在这种背景下，我们决定启动中国名镇志文化工程。乡镇是无数中国人生命的底色和成长的摇篮。如何在城镇化进程中，留得住乡愁，记得住乡音，忘不了乡思，事关城镇化进程的人文关怀和文化保护，事关文化血脉的传承。同时，科学记录城镇化进程，反映城镇化成就，也为今后探索城镇化发展规律、积累经验提供了基本素材。作为全面系统记述一定行政区域的自然、政治、经济、文化和社会的资料性文献，志书是以上功能最好的载体。

我国目前有 4 万多个乡镇，全部修乡镇志还不具备条件。中国名镇志丛书选择的是传统文化名镇、历史军事重镇、革命历史名镇、民族特色名镇、特色经济名镇、旅游景观名镇等类型的乡镇，应该是最具代表性的，在中国乡镇文化传承和社会发展中具有标杆意义。

编纂中国名镇志丛书是对乡土历史文化的保护。随着城镇化进程加快，有不少乡镇被撤并，有些还是在历史上有重要意义的历史文化名镇、特色镇等。如不及时对其历史进行整理、记录，这些重要的历史资料将散佚殆尽。因此，中国名镇志丛书的编纂是对宝贵历史资料的抢救。

编纂中国名镇志丛书是对乡土意识的传承。什么东西有魅力？故乡的山水，乡音乡情的记忆，乡土的气息和家乡菜的味道，不管走到哪里，总是触动心弦。中国名镇志丛书记录的是家乡的山山水水，家乡的历史文化，家乡的风土人情，留住的是乡愁。这些最能激发远方游子和本地民众的爱乡情怀、爱国情怀。

编纂中国名镇志丛书是一种学术探索。镇志的编纂，实质也是一次深入的社会调查研究。“麻雀虽小五脏俱全”，相比省、市、县，乡镇第一手资料的获得需要付出更大的努力。我们也希望在志书编纂上有所创新，使中国名镇志丛书成为一套图文并茂、雅俗共赏的新型志书。

中国社会科学院副院长
中国地方志指导小组常务副组长

中国名镇志文化工程专家委员会

名 誉 主 任　徐匡迪
主　　　任　谢伏瞻
常务副主任　李培林
委　　　员（按姓氏笔画排序）
　　毛其智　叶裕民　李　铁　李善同
　　杨保军　柳　拯　倪鹏飞　魏后凯

中国名镇志文化工程学术委员会

主　　　任　李培林
常务副主任　冀祥德
副　主　任　邱新立
委　　　员（按姓氏笔画排序）
　　于伟平　王　晖　王铁鹏　巴兆祥
　　田　嘉　苏炎灶　李　江　李孝聪
　　张大伟　张英聘　陈泽泓　陈　强
　　黄晓勇

中国名镇志丛书编纂委员会

中国名镇志丛书编纂委员会办公室

重庆市璧山区来凤街道志编纂委员会

主　　任　敖　斌

副 主 任　陈启江　龙泽会　陈根然　石德军

委　　员　张　东　夏庆龙　罗秀君　杨　瑜　王贵书

重庆市璧山区来凤街道志编纂人员

主　　编　周成伟

副 主 编　刘　静

编纂成员　傅应明　胡正好　张纯静　欧文礼　龙泽平

赵兴中　龙吉敏　欧亚非　张　鉴　罗　杨

图片摄影者（按姓氏笔画排序）

尹水才　龙吉敏　付洪如　先大文　李　晶

李世成　陈枝华　苟寿成　周克军　周继敏

贺贤齐　徐光强　黄国平　蒋志鸿　曾世雷

谢洪祺　廖学东　缪培坚

来凤凉桥（2017 年）

中国名镇志丛书凡例

一、以马克思列宁主义、毛泽东思想、邓小平理论、“三个代表”重要思想、科学发展观、习近平新时代中国特色社会主义思想为指导，坚持辩证唯物主义和历史唯物主义的立场、观点和方法，存真求实，全面、客观、系统记述中国名镇城镇化进程和改革开放成果，传承和抢救乡土历史文化，激发爱国爱乡情怀，留住乡愁，为探索中国特色新型城镇化建设、服务乡村振兴战略提供历史智慧和现实借鉴。

二、为全面反映入志事物发展脉络，各志上限追溯至事物发端，下限一般断至各镇志启动编修年份，个别重大事项可延至搁笔。详今明古，着重反映时代特色和地方特点，重点体现各镇的“名”与“特”。

三、记述地域范围以下限年份的行政辖区为主。为体现名镇在更大区域内的意义，可以从更开阔的区域视野记述与该镇相关的内容。

四、统一采用纲目体，设类目、分目、条目三个层次。横排门类，纵述史实，述而不论。

五、综合运用述、记、志、传、图、表、录等各种体裁，以志体为主。体裁运用适当创新，篇目设置不求面面俱到，一般意义上的乡镇级内容略去不载。

六、除引用文字和附录文献资料外，统一使用规范的现代语体文记述，行文力求朴实、严谨、简洁、流畅、优美，具有较强可读性。

七、人物部类遵循“生不立传”原则，人物传主按生年排序，只选录对本镇发展有重大影响的人物，不面面俱到。

八、各项数据一般采用国家统计部门数据。数据缺乏的，采用主管部门或主办单位正式提供的数据。

九、数字用法、标点符号、计量单位分别执行国家标准《出版物上数字用法》（GB/T 15835—2011）、《标点符号用法》（GB/T 15834—2011）、《国际单位制及其应用》（GB 3100—1993）和《有关量、单位、符号的一般原则》（GB 3101—1993）。历史上使用的计量单位，如斗、石、里、尺、磅、华氏度等，在引文时可照录。考虑到社会使用习惯，全书中亩不统一换算。

十、中华民国成立前的纪年，使用朝代年号纪年，括注公元年份；中华民国成立后的纪年，均使用公元纪年。志中所称“解放前（后）”，以该镇解放日为界；“新中国成立前（后）”，以中华人民共和国成立日 1949 年 10 月 1 日为界；“改革开放前（后）”，以 1978 年 12 月中共十一届三中全会召开为界。本志“××年代”，凡未加世纪者，均指 20 世纪。

十一、为节省篇幅，避免重复，本志采用条目互见法。参见条目的表示形式为：参见本志“××类目·××分目·××条目”。

十二、对旧志、古籍中的繁体字、冷僻字一般用简化字或通用字替换，易引起误解的则保留。

十三、记述各个历史时期的党派、机构、职务、地名等，均以当时的名称为准。对频繁使用的名称，首次用全称并括注简称，其后用简称。

十四、各镇志需要单独说明的事项，均在各自编纂始末中记述。

来凤街道在中国的位置

审图号：GS（2018）5807号

来凤街道在重庆市的位置

来凤街道地图

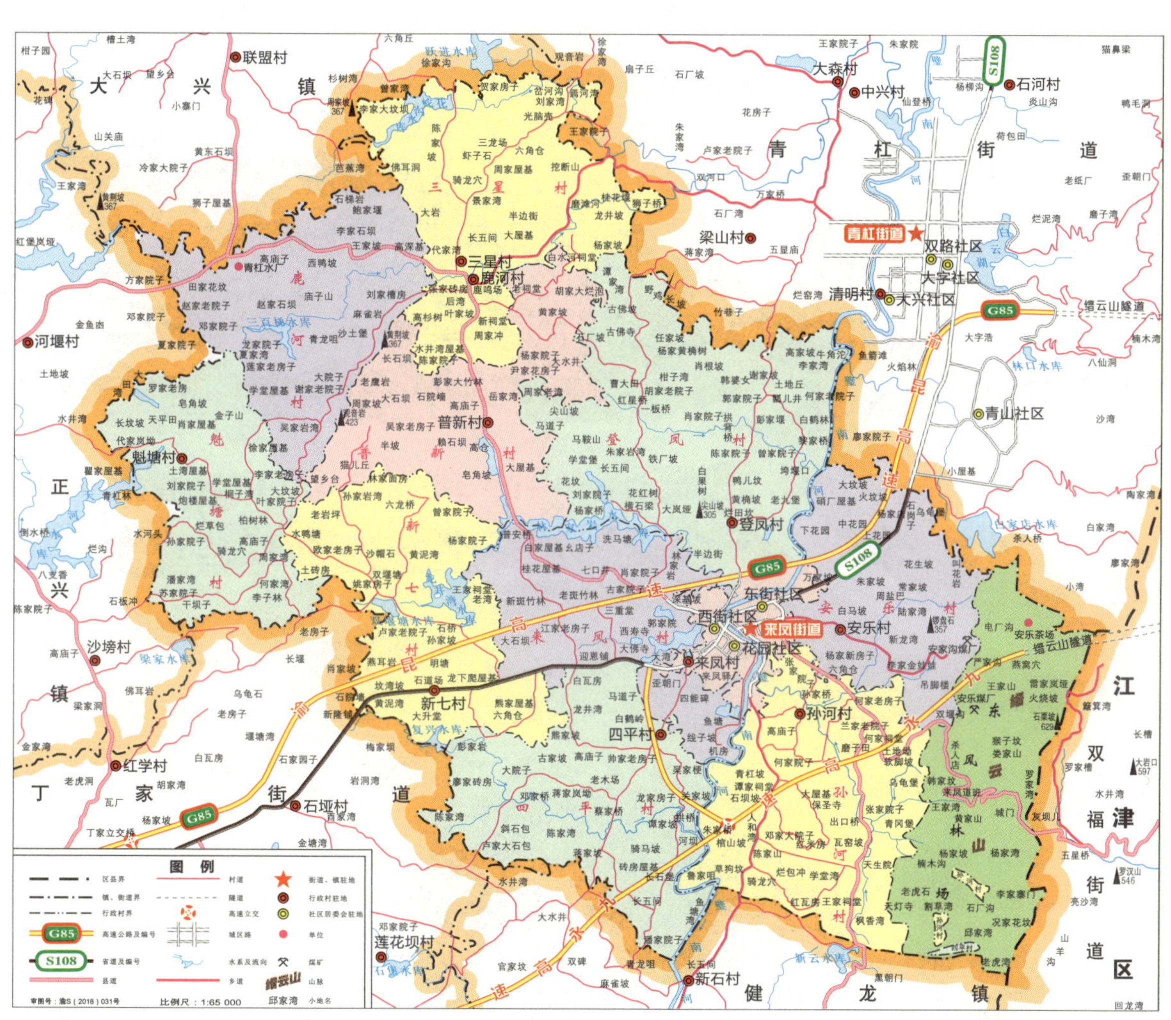

审图号：渝 S（2018）031 号

来凤普新农民新村（2012年）

重庆市非物质文化遗产——来凤鱼（2017 年）

九州花卉苗木基地（2012 年）

王倬故居（2012 年）

凤影像摄影基地（2017 年）

林家岩水库（2012 年）

来凤何氏百岁坊（2011 年）

目录

1 名驿来凤

9 基本街情

11 **建置 区划**
11 建置沿革
12 行政区划
16 **区位 交通**
16 区位
17 交通
19 **生态环境**
19 地貌
19 山川
20 水系
22 地质
22 气候
22 **自然资源**
22 森林资源
23 植物资源
23 矿产资源
23 动物资源
24 **人口**
24 接收安置移民
25 户籍制度改革
26 **城镇建设**
26 场镇规划建设

28 水、电、气供应
29 巴渝新居建设
30 环境整治和美丽乡村建设
32 **经济发展**
32 工业
33 农业
34 旅游
36 **文体事业**
36 教育
40 文物保护
40 群众文化
41 群众体育
41 **社会建设**
41 卫生
43 社会保障
43 就业

45 千年古驿

47 **来凤驿站**
47 设立
48 沿革
51 铺递
52 **邮代驿路**
52 “驿驴”与“飞钱”
52 民信局
53 邮政代办所

61 古迹文物

63 **王翰林府**
63 位置 环境
64 建筑风貌
68 **三道牌坊**
70 功绩坊
70 百岁坊
73 节孝坊
74 **来凤凉桥**
74 旧貌
75 变迁
76 **新开坦途碑**
76 碑文
76 典故
77 **老城墙**
78 五道城门
78 四座炮楼
78 **黄家花园**
78 旧貌
79 新颜
79 **邓家院**
79 历史风貌
81 发展变迁
82 **七宫五庙**
83 天后宫
83 文昌宫
83 万寿宫

83 地主宫
83 紫云宫
83 南华宫
83 惠民宫
84 雷神庙
84 禹王庙
84 文庙
84 马王庙
84 玉皇观
84 **老关口**
84 重庆第一关
88 兵家必争地
89 诗文墨迹
89 **佛荫寺古碑**
89 明万历十七年（1589）功德碑
90 清乾隆十五年（1750）重修大雄宝殿及帝庙功德碑
91 **其他遗迹**
91 宝胜寺
92 大佛岩
93 竺云惜字所
95 佛耳岩
95 古佛寺
95 三圣寺
96 天灯寺
96 西寿寺
97 禹王庙

101 **来凤鱼**

103 **来凤鱼的起源与传承**
103 发轫
104 诞生
105 发展
105 传承
106 **来凤全鱼宴加工工艺**
107 用料
107 烹制
107 品类
107 **来凤鱼传统烹饪技艺**
108 选料
108 配料
108 烹制
108 **逸闻轶事**
108 报社记者首推来凤鱼
109 杨萱庭题写“鲜鱼美”
110 梁上泉喜题“鱼味无穷”

111 **传统工商业**

113 **来凤土布**
113 沿袭期
114 发展期
115 衰颓期
116 **来凤玻璃**
116 创办

116 发展
116 停办
117 **来凤陶瓷**
117 天福碗厂时期
118 津璧连山土碗联销处时期
118 新记天福碗厂时期
118 天福陶瓷厂时期
119 璧山瓷厂时期
120 **“天生元”药局**
120 “天生元”主人
120 初名“济生堂”
121 “仍丹”由来
121 发展历程
122 **肖家花铺**
122 初创时期
122 鼎盛时期
123 衰落时期
123 **来凤“同昌永”**
123 创始人王用之
124 开办煤厂、铁厂
124 成立“同昌永”
125 **盐糖运销**
125 运输
126 销售
126 经营发展
126 **福生璧庄**
126 机构
127 业务
127 效果
128 **麻油水烟**
128 水烟的起源与制作
129 刘德辉创制“麻油水烟”

131 风土风情

133 **岁时节令**
133 过年
133 正月初一
134 元宵节
134 偷青
134 二月初二土神生
134 文昌会
134 春社
134 观音菩萨生日
134 寒食节
134 清明节
134 清明会
135 三月会
135 东岳生日
135 吕仙生日
135 药王会
135 端午节
135 傩舞
136 立秋尝新
136 青龙戏

136 盂兰会
136 漂河灯
136 中秋节
137 十月初一牛王生
137 腊月二十四灶王生
137 除夕守岁
137 **建屋习俗**
138 祭梁
138 上梁
138 接包
138 抛梁
138 待匠
138 **婚嫁礼仪**
138 请媒
139 提亲
139 看人
139 合八字
139 订婚
139 请期
139 迎亲一
140 开脸
140 哭嫁
143 迎亲二
144 花轿临门
145 拜轿
145 行周堂礼
146 闹新房
147 回门
147 入厨
148 **丧葬礼仪**
148 祭礼
148 报丧
148 请道士
149 开奠
149 出丧
149 烧灵
149 烧七
150 **生育生日礼仪**
150 报喜
151 打三朝
151 满月酒
151 满百天
152 满岁
152 生机酒
153 寿堂
153 拜礼
153 回拜
153 打发
153 **农业生产习俗**
153 出秧门
154 打幺台
154 装口袋
155 薅秧子
155 挞谷子
156 春耕春播
157 夏收夏种

158 秋收秋种
159 冬耕冬种
159 **饮食习俗**
159 打牙祭
160 打粑
160 酿造
161 水八碗
163 家常小吃
165 **扯场子**
165 扯谎棒卖打药
165 外家
166 内门

167 民间艺术

169 **舞蹈与曲艺**
169 龙灯舞
169 狮子舞
170 彩船舞
170 连箫舞
170 荷叶
170 清音
171 莲花落
171 金钱板
171 **川剧（川杂剧）**
172 名旦谢小华
172 演出
173 剧目
174 **民歌民谣**
174 山歌
174 情歌
176 儿歌
176 喜歌
177 丧歌

179 名人与名镇

181 **历史人物**
181 陶升
182 何增元
182 刘宇昌
182 王倬
184 周继盛
186 何铤
186 王用之
187 黄岐生
188 僧善印
189 邓善之
190 刘静轩
191 张炳良
192 唐志云
192 邓永泉
193 岳水清
193 曾树臣
193 **名人留踪**
193 刘伯承转战来凤驿

194 陈先沅自戕殉国救来凤
195 梁漱溟在来凤驿办勉仁中学
196 王维彻在来凤驿起草勉仁中学《办学意见述略》
197 熊十力避难来凤驿
198 晏阳初设立“中国乡村建设育才院”来凤办事处
200 陶行知在来凤驿普及教育
201 老舍打尖儿来凤驿

203 艺文杂记

205 **诗词**
205 石佛寺
205 池萍
205 再经来凤驿
206 来凤驿大佛寺题壁
206 云居寺
207 咏璧山县来凤驿诗
207 三月五日来凤驿钓台饮酒即事
207 客来凤驿寄怀
208 来凤驿晓发
208 来凤驿
209 **文选**
209 新增秋波一转论
212 示禁滋扰碑记
212 重修大成殿碑记
213 璧山祝氏族谱序
214 何氏百岁坊序
215 重修龙隐山福荫禅院序
216 蜀游日记（摘录）
217 湘绮楼日记（摘录）
218 创办私立勉仁中学校缘起暨办学意见述略
219 增订十力语要缘起
219 与刘冰若
220 从香山洞到来凤驿之聚
221 熊先生回到璧山来凤驿的前前后后
223 父亲与熊十力相聚西寿寺的日子
224 我与来凤驿的一群苦孩子
225 蜀游萍踪（摘录）
226 璧山来凤驿：旧社会的新式婚礼
228 忆解放军三十五师教导大队在来凤驿
230 重振雄风“来凤鱼”
232 有凤来兮有鱼美兮
233 来凤民居张家大院
236 来凤水乡谣
241 来凤鱼赋
242 古驿老树
243 来凤驿：马蹄唱响的光阴赞歌

245 大事纪略

247 宋代设王来镇
247 元代来凤得名
248 明末来凤驿三次被占
248 明末秦良玉来凤平乱
249 清初吴三桂军过来凤驿
249 清康熙年间设驿站办义学
250 清代寄治来凤驿
250 清代建来凤凉桥
251 清代“肖家花铺”肇兴
251 清代建何氏百岁坊
252 清代邮路代替驿传
252 1926 年开办璧山县第一家玻璃厂
253 抗日战争时期来凤驿空战
253 梁漱溟创办勉仁中学
254 1945 年《中国文化》出刊
254 1949 年来凤驿解放
255 1950 年场镇街道重新命名
255 1959 年璧南河来凤段通航
256 2003 年来凤镇整体并入青杠街道办事处
256 2010 年设立来凤街道

257 附录

259 来凤荣誉
259 获评全国优秀工会积极分子与市劳模
259 体育赛事获奖
259 特色美食获奖
259 获评“经济强镇”
259 获评“市生态村”与“生态文明建设示范镇街”
260 命名“民主法治示范社区”
260 获评“重庆市双拥模范单位”
260 获评“全国综合减灾灭灾示范村”与“全国标准化气象灾害防御镇街”
260 获评“农民新村市级示范点”
260 获评“市级全域旅游示范村”

261 主要参考文献

262 编纂始末

名驿来凤

来凤古驿（2011年） 周继敏 绘

重庆市璧山区来凤街道，位于璧山区南部，地处成渝经济带腹心，毗邻重庆主城。东距重庆市区27千米，西距成都250千米，北距璧山19千米。扼渝西之咽喉，乃川东之锁钥。境内有成渝高速公路、九永高速公路、国道108线，西距成渝高铁（成渝客运专线）璧山站11千米，交通便利。总面积44.48平方千米。2016年年末，户籍人口35832人。缙云山逶迤于东，璧南河穿越全境。森林面积833.33公顷。春夏秋冬四季分明，年平均气温17.9℃，属长江上游亚热带湿润气候。全域谷平丘浅、土地肥沃、山清水秀、景色宜人，堪称一颗亮丽的巴渝明珠。

一

千百年来，来凤驿的名声，在巴蜀大地的成渝古道上，几乎是家喻户晓、妇孺皆知。来凤驿是伴随成渝古道而肇兴的。成渝古道俗称“东大路”（或“东大道”），发轫于三国烽烟，形成于唐宋之际，明清时期则为官方驿路、省府通衢，是沟通巴蜀最重要的陆路干道。

来凤驿，早在蜀汉时期因水陆交会之利便形成了集市，至宋代已成为巴蜀著名的草市镇之一。宋《元丰九域志》载："璧山，州西一百里，三乡、双溪、多昆、含谷、王来、依来五镇。"清乾隆《璧山县志·山川》载："王来山，县东南五十八里。宋王来镇，盖在其下。"王来镇，即今之来凤驿。

来凤设驿，当始于唐宋之际。据史料记载，到了唐代，扼三峡峡口、融两江交汇的重庆，战略地位不断攀升，向西的成渝古道和向南的川黔古道相继开通。至此，重庆也形成了东、西、南、北四条古道的驿路格局。经历了南宋时期的撤州置府，重庆逐渐发展成为一座区域中心城市。明清时期，通往四个方向的四条古道不断地完善发展，线路逐渐固定，古道上桥梁、牌坊星罗棋布，驿站、塘铺遍地都是。千里东大路上，来凤驿与龙泉驿、双凤驿、白市驿被誉为"四大名驿"，宛若璀璨明珠镶嵌其间。据清乾隆《璧山县志》记载，明代有来凤驿公馆，设驿丞，馆内存有古迹"驿站马碣"。而明隆庆五年（1571），改置巴县土沱、黔江黔南、綦江白渡三驿时，"又比照璧山县添设来凤驿接应规则"（清乾隆《巴县志》）。清代重庆知府王梦庚《咏璧山县来凤驿诗》："古驿苍茫落照西，临邛凤羽漫称奇。"在诗人的眼里，即使是素有"临邛自古称繁庶，天府南来第一州"美誉，传诵过卓文君与司马相如《凤求凰》动人爱情故事的临邛古城，也不足以与这落照苍茫的来凤古驿媲美。

来凤驿的闻名还与其独特的地理环境有关。由重庆佛图关往西，经白市驿到来凤驿，有缙云山的阻隔，数十里崎岖山道的辛劳，拖木槽老关口的艰险。民国《巴县志》载："西山由南北迤入县境者为老关口，界三县，旧为成渝孔道，重庆第一关。其东山麓曰牛厂。度岭而西，为拖木槽，隶璧山。自东徂西凡三十里，而其中复怀山涵阜。亦间得畎亩，峻阪上下，或行地底，或陟云端，岩石厜峭，与苍松峙立。山顶敞可数弓，于此置关，游目东西，望极百里。从来守是隘者，皆未尝摧陷。今马路辟通，关遂失险。"旧时，官员、客商、马帮、挑夫通过"东大路"往返重庆和成都，单程需要14天左右。在这个过程中，西去的客商翻山越岭之后必须在来凤驿打尖歇息，对于东来的商人，来凤驿则是他们留宿的最后一个驿站，而过往官差、商旅、邮传人员，也以来凤驿作为歇息食宿、交接换班和马匹饮水上料的理想之地。如时任四川正考官的孙毓汶，于清同治六年（1867）写下的《蜀游日记》所言，"将至来凤驿，峰回路转，见东北一带，巴山高矗如屏，夕阳在山，黛色金光，绵亘无际，舆人指东面一峰云：明晨须越此，即入巴县界；午后再越一最高峰，即见大江，到重庆府城”“自发来凤驿，不数里即拾级而上，近十里至山顶，竹树蓊郁，泉流清澈，颇类大竹之黄泥蝙。山顶累石为门，上书‘老关口’字，过此门即盘山而下，东面蜿蜒如长蛇，苍茫不断，即巴峡山阴也”。加之长江二级支流璧南河自北向南流经来凤，老街便分布在跨璧南河的古道两侧。地处水陆要冲的来凤驿，相比于“东大路”上其他因古道而兴起的中心城镇，交通上具有更大优势。这也是来凤能成为成渝“东大路”上“四大名驿”之一的重要原因。

二

来凤驿因水陆交会、商贾云集，铸就了工商业的兴盛与繁荣。

来凤土布，从清光绪年间（1875—1908）至民国后期，都曾独步一方，成为整个璧山甚至重庆的一张名片。大约在光绪十六年（1890），来凤驿就出现了经营纱布的“巨元通”“同昌永”“泰顺乾”“福盛裕”等几家开拓者。继后，如蒋义顺、龙正顺、曾兴太等一批商人，便是背“件件布”跑永宁、宜宾及贵州各地起家的杰出代表；王用之、王元太兄弟二人则为以办窄布发家的典型商贩。到了 1915 年，在来凤驿开号经营土布的商铺已有 30 多家，纷纷在外地的永宁、宜宾、古蔺及贵州的毕节、新场、温水等城设庄。

盐糖运销，是来凤驿商业兴盛的另一张名片。古时的川渝盐糖运输路线有两条：一条由自贡将盐经石板大路运至内江，再由内江将盐糖沿着成渝驿道直接运至来凤；另一条路，则是将盐糖从产地交木船由沱江转长江运至江津县中渡街，再由中渡街交人畜力翻山越岭运至来凤。可见，来凤驿是川渝盐糖运销的重要集散地之一。由于运输人畜的增加也带来了沿途旅栈业的兴盛。那时来凤镇东、西场口的驿道两旁，到处是土木建筑的栈房。这些栈房主要是供给客商和力夫的食宿旅店，有的还是盐糖堆栈或是拴喂牲口的牛棚厩。有“正昌”“顺昌”“德盛”“联益”等多家商号经营盐塘销售，有名的商人如自贡的雷显文、晏克谦、刘仲鹏和来凤驿的傅森林、谢仲光等。

天福碗厂，于咸丰四年（1854）由曾成之在来凤石龙场古石桥开办，迄今已有160多年的历史。宣统年间（1909—1911），新民碗厂聘请江西瓷工黄道尹后，改土粗碗为红花碗，时销江津县，远售陕西、甘肃、宁夏、青海等地。璧山碗的声誉便与日俱增。由于这里土质良好，烧出的碗质量好，且印有一个“天”字图记，所以被人称为“天字碗”，备受大家欢迎。

“天生元”药号，系黄岐生、黄楚九兄弟在来凤驿翰林院创办，以生产“仍丹”等药品为主。为方便外地客商进货，他们还在来凤驿东街建“广川号”药号，并在重庆商业场（今渝中区解放碑）设“天生元”总行。

来凤人邹海全和李祥云等，于1926年前后租用离来凤场镇东南2.5千米的天德村王家祠堂，办起了璧山历史上第一家玻璃厂。主要生产荷叶灯的罩子、油包、荷叶盘以及其他各种模式的玻璃瓶、杯等器皿。

曾几何时，来凤驿客栈商铺鳞次栉比，茶楼酒肆旌旗招展。“喜看新酿村酤熟，遥矗青帘处处齐”（王梦庚《咏璧山县来凤驿诗》），便是当年来凤驿的生动写照。

三

来凤驿，依山傍水，既有巴地峥嵘苍茫的雄浑，也有小桥流水人家的温润，真可谓钟灵毓秀。邑人何增元，嘉庆乙丑（1805）科进士钦点翰林，“分刑部主事，旋考军机章京，充方略馆总裁，总办秋审，尝扈跸热河、盛京等处”。刘宇昌，嘉庆己卯（1819）科进士钦点翰林，历官三十年，“橐无余金，室无私蓄”，道光二十六年（1846）撰来凤何氏百岁坊序。王倬，道光十二年（1832）进士钦点翰林，曾任湖北、山西多地知县，名列翰苑，为官清廉，道德文章，世人称颂。

相传五代时，后蜀孟知祥、孟昶皆曾携眷到此游玩，“王来”之名也由此而得。来凤民间至今还流传着元成宗铁穆耳在驿馆娶“一天妃子”的凄美故事。自古诗人多情种，从来名士尚风流。唐代窦巩由蜀赴渝，在来凤驿写下“黄金赎得免刀痕，闻道鸟禽亦感恩。好去长江千万里，不须辛苦上龙门”（《放鱼》）的述怀之作。南宋郭印曾任铜梁县令，与璧山状元冯时行等交游，于来凤驿作《池萍》诗：“杨花撩乱几时休，看取明朝水上浮。凝绿满池浑不动，微波忽绽见鱼游。”明人龚懋熙有《再经来凤驿》：“桥临古驿忆童嬉，夹岸飞花竟踏泥。成毁当年曾再见，沧桑此日又重题。山溪早晚云仍在，故旧池台影未移。怜尔遗氓归既得，一回触目一兴咨。”清末，翰林院检讨王闿运曾客来凤驿：“又二十里，宿来凤驿，璧山地，驿屋净爽可居，驿前即傅总兵弃甲处也。有百五岁翁刘尚贤来见，长子拔贡生，耳不甚听，行步尚可。云日啜粥二碗，有子七人，孙三十余人，曾元则不能记数。督府贻袍褂料，问其生年，云乾隆四十一年，则百八岁矣。夜雨早眠，钞书一页，补前半页。”（《湘绮楼日记》）民国初讨袁兵兴，陈先沅力阻溃军扰民自戕殉国，但懋辛资遣讨袁官兵回乡，刘伯承攻打来凤商团。继后川军混战，刘文辉以重庆卫戍司令名义驻守老关口，邓锡侯率部对峙来凤驿。

特别是抗战期间，来凤驿真可谓名流际会，结缘古驿，或办学课徒，或拜访师友，或实验乡建，或打尖投宿。梁漱溟于来凤驿创办私立勉仁中学校；熊十力避难来凤驿期间增订哲学著作《十力语要》；陶行知引导来凤驿的一群苦孩子读书；黄炎培宿来凤驿站特约食堂楼上留下散文诗《来凤驿》；程沧作千字讽刺小说《来凤驿》，写出了战争时期的人心流变。如今，老关口古驿道、何氏百岁坊、王翰林府、来凤凉桥等俱在，它们无声地见证着来凤古驿历史的烟云与风霜。

来凤印象（2011 年）　　刘洋　绘

基本街情

建置　区划

建置沿革　秦以前，属巴国。唐至德二年（757）璧山置县以前，先后属巴郡、江州、巴县地。璧山置县后，属璧山。宋代为王来镇。元至元二十二年（1285），随璧山整体并入巴县。明成化十九年（1483），复置璧山，属璧山县。全县分为10里，即龙溪、普

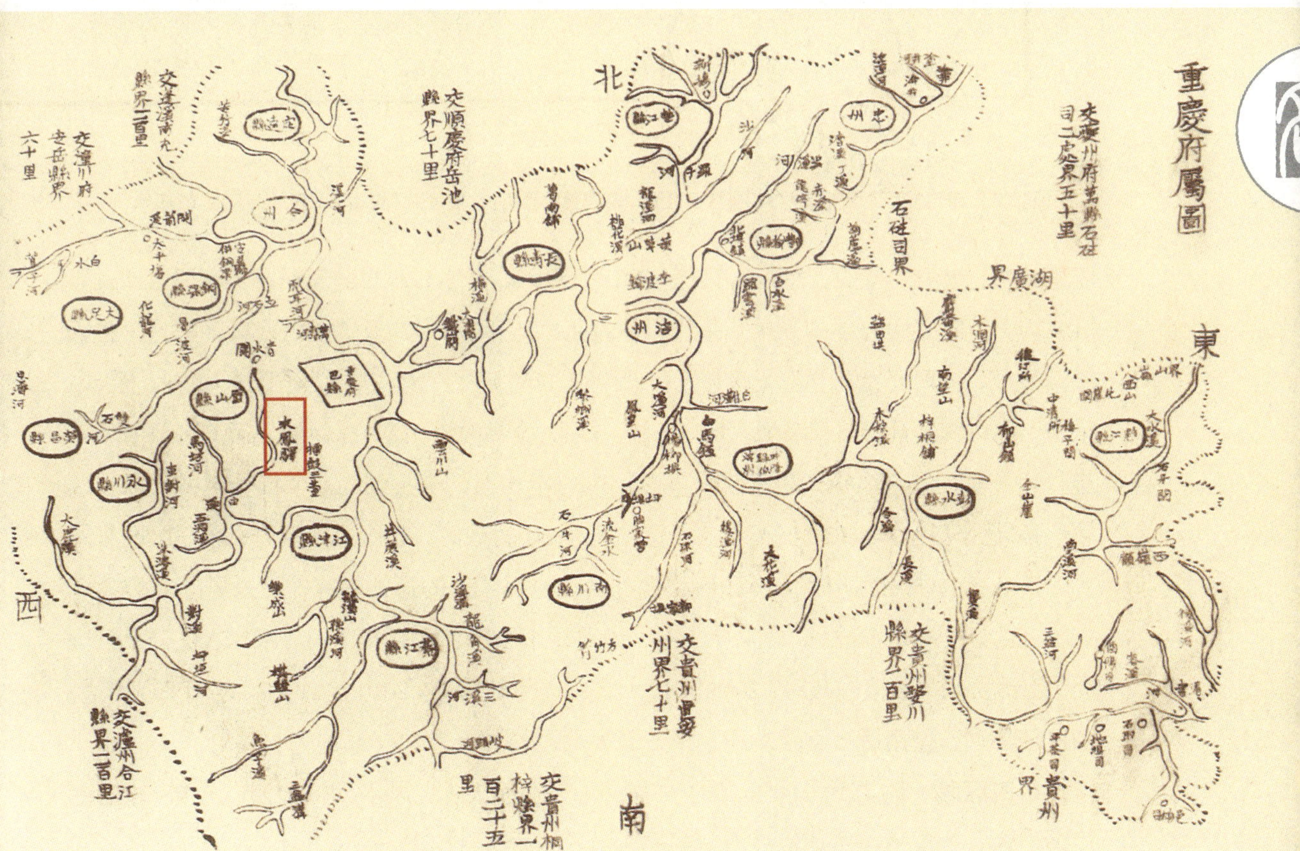

清乾隆元年（1736）重庆府属图，选自清雍正《四川通志》，来凤驿标注于其中

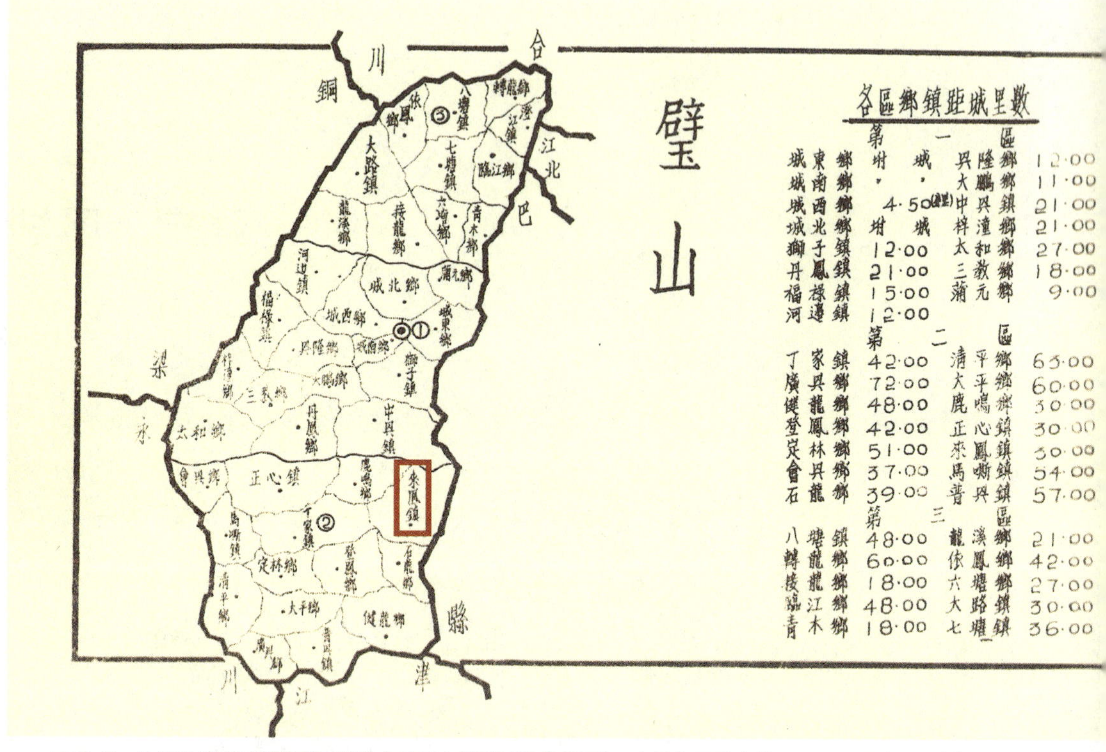

1939 年，四川省民政厅所编《四川省各县区乡镇略图璧山县图》，来凤位于璧山第二区，距县城 15 千米

安、燕平、磨滩、壁山、水东、枫香、横山、登云、沙山，来凤驿属枫香里。清康熙六年（1667），又随璧山整体划入永川县代管。雍正六年（1728），复置璧山，属璧山县。且因县城残破，短时寄治来凤驿。乾隆二十四年（1759）后，全县共分 3 里，即福禄、登云、依来，来凤驿属登云里并设来凤场。1931 年 5 月，全县改设 3 区，来凤驿属第二区。1940 年，施行新县制，置来凤镇，翌年改来凤乡。1942 年 1 月，全县划为 6 个指导区，来凤乡属第三指导区。1949 年 12 月 24 日，将全县划为 6 个行政区，设区人民政府，第三区驻来凤乡。1956 年，根据四川省人民政府“撤并区、乡机构”的通知精神，设来凤区。1961 年 2 月，成立来凤人民公社。1962 年 2 月，设乡级来凤镇。1984 年 1 月，来凤人民公社管理委员会改称来凤乡人民政府。2003 年 12 月，并入青杠街道。2010 年 11 月，设置来凤街道。2014 年 7 月，璧山撤县设区，设立重庆市璧山区来凤街道办事处。

行政区划　明万历年间（1573—1620），时为巴县来凤乡，辖梓潼、石英、虎峰、沙溪、含谷、虎溪、茶店、高滩、封文、冠山、凤来 11 里。1949 年 12 月，在来凤驿建立璧山县第三区人民政府，下辖来凤、中兴、龙凤、鹿鸣、正兴 5 个乡。1951 年 4 月，

清同治四年（1865）刻本《璧山县志·舆地全图》中的来凤驿位置

来凤乡分为来凤镇及新桥、石柱、保胜、青杠 4 个乡。1952 年 10 月，石柱乡、宝胜乡合并为四平乡。1956 年 5 月，来凤镇和新桥乡、四平乡合并为来凤乡。1978 年 2 月，来凤镇和来凤、鹿鸣两个人民公社合并为来凤人民公社。1980 年 3 月，恢复来凤镇、鹿鸣公社。1985 年 9 月，来凤乡并入来凤镇，设立建制镇。1993 年 12 月，鹿鸣乡划出石坝村，青杠乡划进安乐、石安 2 个村，成立来凤镇。

2003 年年底，来凤镇整体并入青杠街道时，辖 31 个村，3 个社区居民委员会，即登凤、同心、古佛、花红、新八、德胜、新七、双堰、来凤、四平、复兴、石碾、孙河、人和、保胜、天德、鹿安、鹿玉、三星、古胜、桂香、普新、鹿河、文峰、火峰、安家、骑龙、魁塘、石坪、安乐、石安 31 个村，东街、西街、花园 3 个社区居委会。2004 年 4 月 12 日，璧山县人民政府同意将 31 个村合并为 10 个村，即孙河、登凤、安乐、来凤、四平、新七、普新、魁塘、三星、鹿河。

2010 年 11 月设来凤街道后至今，辖来凤、四平、新七、登凤、孙河、三星、普新、鹿河、魁塘、安乐 10 个村，东街、西街、花园 3 个社区。

链接：明代巴县来凤乡属里考[①]

梓潼里　见万历《重庆府志》。乾隆《巴县志》卷二《桥梁·直里》："梓潼桥，县两六甲，关防溪。"今无考。

石英里　见万历《重庆府志》。正德《四川志》卷十三《重庆府·邮驿》："石英铺，在治北。"乾隆《巴县志》卷二《关隘》："石英镇，通志在县东南，按宋有石英镇，明有石英里，今无考，或即今之怀石里。"嘉庆《四川通志》卷二十七《舆地关隘·重庆府巴县》："石英镇，在县界。"道光《重庆府志》卷一《山川》："石英镇，志在县东南，按县志宋四镇，石英、峰玉、蓝溪、新兴也，今无考。"民国《巴县志》卷三《古踱》："石英镇，通志在县东南，按宋有石英镇，见《元丰九域志》及《宋史·地理志》，明亦有石英里，今无考。"

虎峰里　见万历《重庆府志》。在今重庆市沙坪坝区曾家镇虎峰山。明代虎峰里有虎峰铺，皆以虎峰山得名。正德《四川志》卷十三《重庆府·邮驿·璧山县》："虎峰铺，在治南。"嘉庆《四川通志》卷八十九《武备·铺递·重庆府璧山县》："虎峰铺，在县东二十里。"道光《重庆府志》卷一《山川·巴县》记载："虎峰山，县西七十里。"今虎峰山为重庆市沙坪坝区与璧山县交接地，山下有虎峰山村，属沙坪坝区曾家镇，明代虎峰里即在此处。

含谷里　见万历《重庆府志》。在今重庆市九龙坡区含谷镇。清代有含谷场，民国后设含谷乡。乾隆《巴县志》卷二《场镇·直里》："含谷场，四甲，离城七十里。"民国《巴县志》卷二上《镇乡表》："含谷乡，距治六十里，在二区""含谷乡，距白市八里、西永二十里、龙凤十五里、石桥三十里"。今重庆市九龙坡区含谷镇，驻地含谷场，位于原巴县西北，南距白市驿镇约5千米，北有西永镇，东有石桥铺，西有金凤镇，为民国含谷乡。又据乾隆《巴县志》卷二《桥梁·直里》："含谷桥，县西二甲，含谷河。"乾隆《巴县志》卷一《川·河·直一、重庆府里》："含谷河，出清水河至北碚入江。"民国《巴县志》

① 摘录自韩平《明代长江三峡乡镇里地理考》，巴蜀书社，2009年。

卷二下《庙宇表》:“含谷寺，在含谷乡。”可知含谷乡附近有含谷寺与含谷河，今含谷镇旁有梁滩河，自南向北流至北碚入嘉陵江，且因宋代在河岸建有含谷寺，后在此逐渐形成集市，故取名含谷场，明代含谷里当在该地。

虎溪里　见万历《重庆府志》。在今重庆市沙坪坝区虎溪镇。明代虎溪里以虎溪得名，清代有虎溪场，民国亦设虎溪乡，皆以虎溪得名。乾隆《巴县志》卷二《场镇·直里》:“虎溪场，九甲，离城八十里。”民国《巴县志》卷二上《镇乡表》:“虎溪乡，距治八十里，在一区。”乾隆《巴县志》卷一《川·河·直里》:“虎溪河，出虎峰山至高滩河入江。”今重庆市沙坪坝区虎溪镇，在原巴县西北，其境内有一条小河，河旁有山冈，其状如虎饮水，即虎溪河，因场建于河旁，故名虎溪场，民国亦在此设虎溪乡，明代虎溪里当在该地。

茶店里　见万历《重庆府志》。在今重庆市沙坪坝区西永镇茶店桥。明代茶店里因茶店而得名，民国有地名茶店桥，在梁滩河上。民国《巴县志》卷二上《桥梁表》:“茶店桥，在西永乡梁滩河上游，清同治十年建。”今重庆市沙坪坝区西永镇有茶店桥一地，其境内有一桥名茶店桥，同治十年建，因桥头有卖茶小店，故称，此地亦以茶店桥命名。1930年在此地设两永乡，新中国成立后沿用此名，故民国《巴县志》所载之茶店桥即在此。此桥乃清同治时建，可见此地卖茶小店在清同治以前已经存在，且此地与虎溪镇、曾家镇、含谷镇等临近，应属来凤乡所辖，明代茶店里即应在此地。

高滩里　见万历《重庆府志》。在今重庆市九龙坡区石板镇高滩。正德《四川志》卷十三《重庆府·关津巴县》载:“高滩桥，在治西南一百里。”今重庆市九龙坡区石板镇有地名高滩，以一小溪流经此地一高岩滩，故名，位于原巴县西南。此小溪即高滩河，乾隆《巴县志》卷一《川·河·祥里》记载“高滩河，出虎耳山至澄江口入江”，今高滩河为梁滩河之上游，梁滩河自南向北在北碚入嘉陵江，与记载一致。高滩桥应该是以跨高滩河而得名，而今石板镇之高滩，临近高滩河，且在原巴县西南，考虑到古代计算里程的不精确性，明代高滩里应该在此处。

封文里　见万历《重庆府志》。在今重庆市沙坪坝区陈家桥镇丰文山村。“丰文”即“封文”。嘉庆《四川通志》卷十一《舆地山川·重庆府巴县》:“丰文山，在县西北七十里，高二里，三面悬崖峻壁，山左文昌宫，后有洗墨古池。”道光《重庆府志》卷一《山川》:“丰文山，县西北七十里。”民国《巴县志》卷二下《陋塞表》:“丰文山寨，土主乡，高二里三面悬崖，清嘉庆时创修咸丰重修。”今重庆市沙坪坝区陈家桥镇有地名丰文山，清乾隆年间曾建庙于此，庙门匾额题“丰文圣景，天下第一山”，故名。在原巴县西北部，资料所载七十里范围内，仅有陈家桥镇丰文山符合条件，且民国时丰文山寨在土主乡，土主乡即今重庆市沙坪坝区土主镇，今丰文山在土主镇以西两公里，明代封文里即在此处。

凤来里　应即来凤乡，在今璧山县来凤镇。见来凤乡。

新市里　见万历《重庆府志》。在今重庆市璧山县八塘镇。万历《重庆府志》卷二《沿革疆域·巴县》记载，新市镇在“巴县西一百四十里”。乾隆《巴县志》卷二《场镇·祥里》:“新市镇，六甲，离城百六十二里。”嘉庆《四川通志》卷八十九《武备·铺递·重庆府璧山县》:“新市铺，在县北九十里。”道光《重庆府志》卷六《塘铺·巴县》:“西北路，八塘铺，西北一百四十二里；新市铺，西北一百五十四里，九塘铺，西北一百六十七里。”可知明清两代新市镇都在巴县西北、璧山县北部。今重庆市璧山县八塘镇，位于原巴县西北部、璧山县北部，距璧山县城 37 千米，原名新市镇，因清代实行里塘制度，每 20 里为一塘，从重庆市江北区的头塘算起，至八塘即第八站是 160 里。除去由于地形所造成的里程差异，八塘与新市镇应该为同一地点，明代新市里应在此地。

区位　交通

区位　重庆市璧山区来凤街道，位于璧山区南部，东接江津双福新区，南连健龙镇、丁家街道，西邻大兴镇、正兴镇，北接青杠街道。街道办事处驻解放东路 123 号，

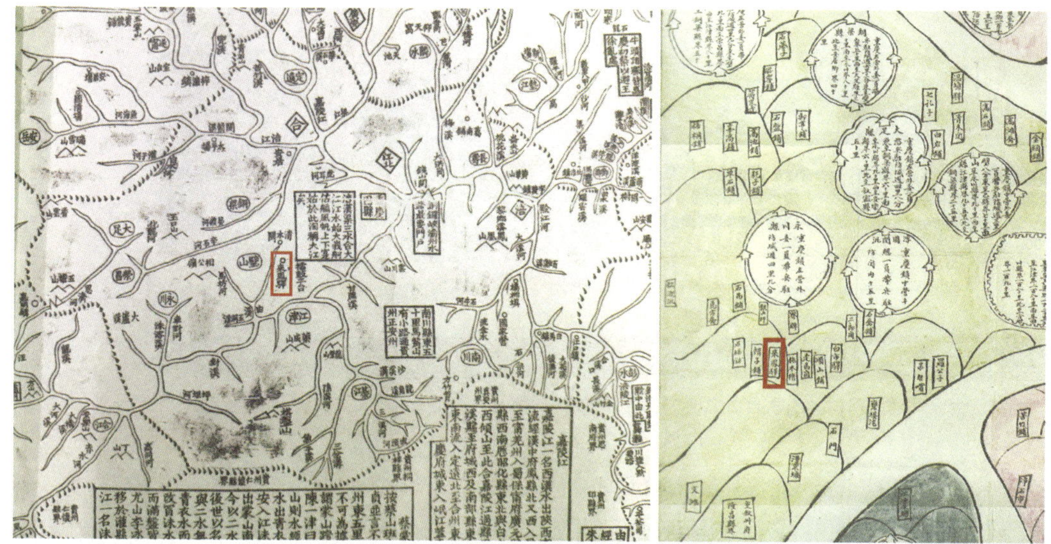

清光绪十二年（1886）四川舆地全图局部，来凤驿标注于其中

重庆及附近府州县驻防舆图局部，绘于清光绪年间（1875—1908）。图中以类似鱼鳞图的手法表现了重庆及附近府州县的驻军情况，并标注了来凤驿的位置

距璧山区政府驻地 19 千米。辖区面积 44.48 平方千米，东西最长距离 9 千米，南北最长距离 5 千米。地处成渝经济带腹地，毗邻重庆主城。东距重庆市区 27 千米，西距成都 250 千米，北距璧山 19 千米。扼渝西之咽喉，乃川东之锁钥。

交通

公路　国道成渝高速公路（G85），缙云山隧道口至新七村燕二岩，全长 10 千米。省道 108 线璧青路，狮子加油站至重庆医科大学附属第一医院青杠老年护养中心，全长

成渝高速来凤段（2017 年）

位于九永高速孙河村段的缙云山隧道施工现场（2016 年）

4 千米；渝隆路，重庆医科大学附属第一医院青杠老年护养中心至新七村阳城饭店，全长 8 千米。县道来永路，孙河村三岔路口至永红石膏厂，全长 7.81 千米；来石路，来凤桥至省道 208 线城丁路交接处，全长 7.5 千米；来鹿路，来凤场口至鹿鸣场口，全长 6 千米；来津路，来凤场口至江津交界口，全长 5.98 千米。乡道来健路，来凤街道至健龙场镇，全长 6.49 千米；来石路，来凤至青杠水厂，全长 7.95 千米；来新路，来凤至新厂，全长 1.95 千米。村道有张刘路等 30 条，全长 54.33 千米。穿越境内的九（龙坡）永（川）高速是主城入璧山的新通道，璧山黛山大道南段建成通车后，可直接快速进入成渝城际铁路以及轻轨 1 号线璧山延伸段和渝遂高速。

铁路　来凤街道西距成渝高铁（成渝客运专线）璧山站 11 千米，东距渝新欧国际铁路联运大通道西永换乘枢纽 22 千米。

水运　来凤街道东南距长江枢纽型港口江津仁沱港 27 千米。

航空　来凤街道东北距重庆江北国际机场 52 千米。

成渝城际铁路客运专线来凤段（2016 年）

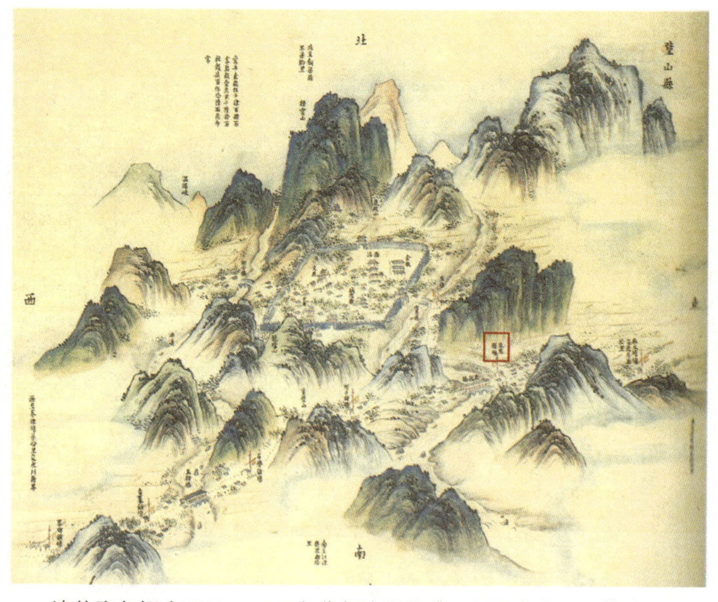

清乾隆年间（1736—1795）董邦达所绘《四川通省山川形势全图·壁（璧）山县图》。采用中国传统山水写意手法描绘了“来凤驿塘”“拖木槽塘”等清代绿营兵驻地

生态环境

地貌　来凤街道地理坐标北纬 29° 27′60″，东经 106° 14′12″。地貌呈浅丘宽谷地形，根据地表形态特征、成因、海拔和相对高度划分为平坝、低丘、高丘、低山和山原五大类型，属桌状中丘的璧山向南斜轴部的开阔地带，海拔 240 ～ 350 米，相对高度 50 ～ 80 米。来凤多系遂宁组厚泥岩，总面积 44.48 平方千米。全域谷平丘浅、土地肥沃、山清水秀、景色宜人，堪称一颗亮丽的璧南明珠。

山川　缙云山脉经来凤驿逶迤向南。历史记载，来凤驿境内有王来山、来凤山、玉兔山、拖木槽、老虎岩、罗汉山等。因古今地名变迁，前述山名今多不详。清乾隆《璧山县志》：“王来山，县东南五十八里。宋王来镇，盖在其下。”《大明一统志》：“来凤山，

老虎岩（2017 年）

在府城西一百三十里。以形似名。”清同治《璧山县志》：“玉兔山，县东南五十里。山高峻，三叠始上，一名三台坡，俗名‘擂鼓三台’。顶有双峰似玉兔，涉其巅，盛暑如冬。”“拖木槽，县东南六十里。老关口在其上。”“老虎岩，县东南五十五里。岩形壁立如虎踞，旁有寺名圣灯，俗名‘天灯’。古名圣灯岩。”“罗汉山，县南六十里。高三里许，山下有古竺云寺。”

水系

璧南河穿越来凤驿境，至来凤驿起史称“来凤桥溪”。清同治《璧山县志》载：“来凤桥溪在县东，源亦出汤峡口，东南流三十里出迎恩桥，又五十里出来凤桥，又四十里至斗牛石，合马坊桥溪入大江。”今来凤街道境内，有水库 5 座，其中小（1）

璧南河来凤段（2017 年）

林家岩水库（2017年）

型水库1座，即林家岩水库；小（2）型水库4座，即三百梯水库、复兴水库、龙井湾水库、花蛇沟水库。总面积63公顷，蓄水量187.05万立方米。有农村塘堰229口，面积34公顷，水域面积151公顷。有石河堰29道，水面24公顷，蓄水量66.7万立方米，每年供水量40多万立方米。有山坪塘356口，其中万立方米以上的6口，总蓄水量310万立方米。

壁南河　为长江左岸支流，发源于重庆市璧山区大路街道，东转南流，过盐井河水库，流经璧山区璧城、青杠街道，过来凤街道。入江津区域，曲折南流到油溪镇北，汇入长江。流域面积1058.9平方千米，河流总长91千米，年总径流量1.63亿立方米。从来凤污水处理厂到来凤街道石碾三队总长7.8千米，河面最宽达55米，平均宽度达50米，平均深度达3.5米，蓄水量为140万立方米。

林家岩水库　位于来凤街道登凤村和来凤村。总库容170万立方米，有效库容57万立方米。

龙井湾水库　位于来凤街道新七村5组。总库容85.39万立方米，有效库容62万立方米。

复兴水库　位于来凤街道四平村8组。总库容18.71万立方米，有效库容14.25万立方米。

三百梯水库　位于来凤街道鹿河村7组。总库容31.6万立方米，有效库容21.7万立方米。

花蛇沟水库　位于来凤街道三星村1组。总库容72万立方米，有效库容32.1万立方米。

地质 境内土地按成土母质由东向西可分为:(1)侏罗纪须家河组母质的森林冷沙土、土壤偏酸，即境内缙云山脉，以生长松杉天然林、蕨类植物为主，还生长一些药用植物、竹材等。地下有煤铁、石膏矿等矿产。(2)侏罗纪自流井组母质的黄泥土，即二连山一带，现用作果林地，栽种桃、李、梨、柑橘等。(3)侏罗纪沙溪庙组母质发育而成的灰棕紫泥土和水稻土，占辖区面积8%左右，地貌特征为浅缓丘宽谷带，宜耕性好，宜种性广，是生产粮油、果蔬极好的载体。适宜规模化种植蔬菜、果树、花卉苗木等。(4)侏罗纪遂宁组母质发育而成的深中丘台土，还有少量沿璧南河两岸的新积土。

气候

气温 来凤地区春夏秋冬四季分明，年平均气温17.9℃，属长江上游亚热带湿润气候。年最低气温 −2℃，最冷不过“三九”的1月月平均气温5.1℃；最热为7月、8月，月平均气温30℃。

降水量 年平均降水量1100毫米左右。

日照 日照率为30%，日照时数1300小时左右，最多为1700小时左右，最少为900小时左右，12月最少为140小时左右。

湿度 年平均相对湿度81%，10月最大湿度86%，1月最小湿度76%，年蒸发量1130毫米左右。

霜期 年平均霜日4.5天，以12月、2月为主。

风速 年平均风速1.6米/秒，最大风速在春季，风速12～14米/秒。

自然资源

森林资源 境内共有森林面积1793公顷，有森林的村4个，上起来凤街道碉楼坡，下至健龙镇新云村倒碑岚垭，地处璧山南部，系缙云山脉，全长约5千米，有成体森林面积 651 公顷，主要分布在安乐、孙河村和来凤、四平村，辖区内有东风林场来凤工区 1 个，国有森林面积 240 公顷。全街道林地面积 2241 公顷，按林地结构分，森林面积 1353 公顷，“四旁”树 309 公顷，花卉苗木 424 公顷，经济林 71 公顷，其他 84 公顷（不含国有林面积）。实施森林分类经营后，有国家重点公益林 164 公顷，地方公益林 246 公顷，地方商品林 898 公顷。

植物资源 境内植物属于温暖的亚热带植被类型，属常绿阔叶林区川东盆地，湿性常绿阔叶林带。植物种类繁多，资源丰富，常见高等植物 191 科，586 属，900 余种，植物分自然植被和栽培植被。自然植被有常绿针叶林，以松树为主，杉树为辅，是来凤街道森林植物的主要类型。竹林，分大径竹、小径竹，有苦竹、斑竹、硬头黄等。栽培的主要植物有木本科的果树、板栗树、梨树、柑橘树等，禾本科的水稻、玉米、高粱、小麦、大麦等，蝶形花科的黄豆、蚕豆、豌豆、花生、绿豆、眉豆、四季豆、豇豆、刀豆等，十字豆科的油菜、白菜、卷心菜、萝卜等，葫芦科的南瓜、冬瓜、苦瓜、黄瓜、丝瓜等，茄科的茄子、海椒、番茄、马铃薯等，旋花科的红薯等。境内农作物有粮、棉、油、麻、丝、茶、糖、烟、果、药等，种植面积 1367 公顷。其中，粮食作物播种面积 1160 公顷，油料作物种植面积 200 公顷，花生、芝麻等种植面积 20 公顷。中药材有黄栀子、薏仁、橙皮、枳壳、青皮、麦冬、淡竹叶、菊花、鸡血藤、半夏、潘附子 11 种。

矿产资源 矿藏方面有煤、铁、石灰、石膏。境内原有天灯煤矿、安家沟煤矿。在 20 世纪 50 年代就有炼铁炉。石灰遍布沿山的天德、孙河等村。

动物资源 野生动物曾有豹、虎、野猪、刺猪、獾，现已绝种。现有野生动物如黄鼠狼、野兔、野鸡、野鸭、白鸽、乌鸦、白鹳、喜鹊、画眉、鹞子、麻雀、燕子、点水雀、布谷、翠鸟等。家养动物有猪、牛、羊、鸡、犬、鸭、鹅、兔、马、驴、蜂、猫、鸽子等。鱼虾类有鲤鱼、草鱼、鲢鱼、鲫鱼、罗非鱼、淡水白鲳，还有自生自灭的白水鱼、兴凯湖鲌、赤眼鳟、泥鳅、鳝鱼、田螺、河蚌、河虾等。爬行类有团鱼、乌龟、青蛙、蛤蟆、蝙蝠、蜥蜴、壁虎、蛇等。昆虫类有蜜蜂、蝴蝶、蜻蜓、蜘蛛等。

人口

唐代以前情况无考。唐天宝年间（742—756），璧山境内有“诸州逃户多投此营种”（唐《元和郡县志》），来凤一带也应属于当时逃户营种之地。宋代来凤地域经济发达，形成了巴渝地区著名的草市镇——王来镇，人口数量有很大的增加。宋末元初，因兵祸连连，来凤驿又是兵家必争之地，当地居民或死或逃，人口锐减。至明万历年间（1573—1620），时巴县编户共 70 里，而来凤乡编户就为 11 里，占 1/7 还多，故应是来凤地区人口最多的一个历史时期。明末，因张献忠农民起义军及清军的残酷镇压，来凤地区又一次人口锐减，正所谓“明末献贼之变，土著几空”（清乾隆《璧山县志》）。清初“湖广填四川”，随着移民的到来，来凤地区人口得以迅速增加。抗战时期，来凤属陪都迁建区范围，不少“下江人”避难于此。

2002 年，全镇有人口 35578 人，其中农业人口 28652 人，非农业人口 6926 人。民族有汉族、土家族、布依族、满族、回族、苗族、蒙古族、维吾尔族、白族、侗族，其中汉族 35483 人，少数民族 95 人。

2010 年，来凤地区总人口 35929 人，其中非农人口 18096 人；18 岁以下 5714 人，18 ~ 35 岁 7072 人，35 ~ 60 岁 16631 人，60 岁以上 6512 人。2016 年户籍人口 35836 人，其中农业人口 16665 人，场镇人口 19171 人，常住人口 41039 人。民族有汉族、彝族、土家族、布依族、哈尼族、藏族、蒙古族、回族、仡佬族，其中少数民族 179 人。

接收安置移民 2006 年 4 月，青杠街道接收安置万州区农村外迁移民 116 户 423 人，安置在今来凤街道范围内的 7 个村 19 个合作社。为保证顺利接收安置移民，青杠街道调整承包地 338.4 亩，人均 0.8 亩，宅基地 22000 平方米，人均 52 平方米；新建住房 13100 平方米，人均 31 平方米；为移民新打机井 111 口，安装自来水 11 户 41 人；维修整治公路 12000 米，铺设油渣 7500 平方米，新修保坎、护坡 300 米；搬迁各种线路 16

处，新安装照明电 108 户，闭路电视 116 户。2010 年来凤街道建制后，辖区内共安置移民 91 户 335 人，分布在 5 个村。

户籍制度改革　2010 年下半年，来凤地区实施重庆市户籍制度改革有关政策，将规划区范围内的农村居民转为城镇居民户口，享受城市居民的低保、医保、养老保险等待遇。11 月 16 日，来凤地区“农转城”10424 人。

表 1

2001—2016 年来凤地区百岁寿星一览表

序号	姓名	性别	生卒年份	住址
1	钟树钦	男	1899—2001	来凤村
2	何宗清	女	1901—2002	西街社区
3	廖治清	男	1901—2003	孙河村
4	龙李氏	女	1903—2004	登凤村
5	张素均	女	1904—2006	普新村
6	程祖益	女	1905—2007	新七村
7	曾德玉	女	1907—2008	三星村
8	黄国金	女	1909—2008	孙河村
9	陈明书	女	1910—2011	孙河村
10	谢礼清	女	1910—2013	普新村
11	邓泽沛	男	1912—2013	东街社区
12	刘素清	女	1914—2014	安乐村
13	杨光玉	女	1908—2014	西街社区
14	沈发银	女	1904—2015	四平村
15	王素华	女	1913—2016	来凤村
16	沈炳臣	男	1911—2017	西街社区
17	余树清	男	1913—2017	安乐村
18	郭荣辉	女	1914—2018	登凤村
19	刘荣成	女	1914—	安乐村
20	孙代书	女	1915—	普兴村
21	邹开清	女	1916—	登凤村

城镇建设

场镇规划建设 来凤场镇规划区总用地面积 90.17 公顷，其中规划城市建设用地面积 84.37 公顷，规划居住人口 1.17 万人。2016 年建成区面积约 2 平方千米。

2011 年，完成场镇道路“白改黑”1200 米，1.6 万平方米；河床清淤 646 米，5875 立方米；河岸堡坎整治 400 米；主街道人行道板整治 1.45 万平方米；行道树修枝整形 1300 株，新植补种 350 株；改造农贸市场 1 个 2500 平方米；安装路灯 110 盏；新建成休闲小广场 3 个，共计 5450 平方米；新增休闲木椅 30 张；改造疏通市政下水管网 150 余处计 500 米；新增标准化垃圾台 30 个；新增停车位 100 个；出城口整治 4 条，共计 1500 米。

2012 年，完成省道 108 线川江饭店至新七村路口 1.5 千米的绿化和市政建设工程，完成绿化约 1 万平方米。完成沿河路 700 米人行道板铺设和河堤改造 500 米，新建垃圾台 30 个，安装路灯 30 盏，新增停车位 100 个，修枝整形行道树 1300 余株，新植补植行道树 350 余株。

2013 年，完成省道 108 线 2.5 千米的人行道路及绿化改造，对公路沿线 100 米可视范围内的户外广告和农村院落环境卫生进行规范和整治。完成沿河路 700 米市政改造、河堤人行道及绿化改造 550 米，实施沿河路景观照明工程 1000 米，安装景观灯 60 盏。

来凤公社（1978 年）

来凤镇一角（2003 年）

来凤镇全景（2009 年）

实施道路“白改黑”1200 米，主干道人行道板整治 1.4 万平方米，次干道安装青石板 6000 平方米。清理河道垃圾 500 余吨，安装路灯 160 盏，新增停车位 100 个。完成农村环境污染连片整治工程，使 3927 户约 1 万人受益。

2014 年，完成 7.8 千米河道日常清理和阶段性清漂工作，种植行道树 1.1 万余棵，推进省道 108 线青杠至来凤段 3 千米绿化工程。关停工业企业 92 家，其中整治工业企业 69 家；关停养殖场 8 家，整治养殖场 15 家；完成 14 口养鱼池鱼菜共生建设；完成 13 家餐饮单位油烟废水治理工作；关停洗车场 2 家，整治洗车场 2 家；完成 200 户 C 级和 31 户 D 级危旧房改造。街道生活垃圾定点存放清运率达 100%，建成区生活垃圾无害化处理率 100%，集中式饮用水源地水质达标率 100%，农村饮用水卫生合格率 100%，重点工业污染源达标排放率 100%，街道森林覆盖率 52.5%。

2015 年，清明安置片区群众还建房主体工程竣工，重庆护理职业学院主体建设竣工，酒厂片区商品房进入正常施工阶段，完成税收 1000 余万元。高铁建设完成，小临用地复垦工作完成。获得 20 公顷城市建设用地项目指标。九永高速公路建设全面开展。完成老东街

远眺来凤街道（2017 年）

来凤农村公路（2016 年）

人行道及小广场市政建设工作，新安装路灯 11 盏，维修 42 盏，亮灯率 98% 以上。

2016 年，综合整治农贸市场实现提档升级，经营行为有效规范，交通拥堵得到缓解。重庆护理职业学院还建房基础工程完成。开展环境综合治理工作，关闭污染企业 3 家。完善垃圾收运体系，垃圾无害化处理率达 100%。完成来凤污水处理厂、鹿鸣污水处理站及配套管网建设，污水收集处理率达 80%。

水、电、气供应

自来水供应 来凤水厂于 1985 年建成投产，是一家隶属于璧山县水利农机局的国有企业，主要从事自来水供给和给、排水安装业务。该厂日供水能力为 3000 吨，取水水源为林家岩水库，供水服务区域面积 2.5 平方千米。2011 年，来凤水厂完成对四平村、安乐村、孙河村人饮工程的安装，解决当地农民 1.4 万人的"吃水难"问题。2012 年，来凤水厂完成对安乐村等 3 个村人饮工程的安装，解决 8500 名群众"吃水难"问题。2013 年，来凤水厂完成对孙河村人饮工程的安装，实现来凤街道办事处各行政村自来水全覆盖。2014 年，开展一户一表改造工作，为做好这项民生工作，来凤水厂在资金短缺的情况下完成场镇 2000 米的老旧网改造，大大提高供水质量和供水能力。

电力供应 1952 年，新建火力发电厂一座，即"来凤人民电厂"。1964 年，重庆电力公司新建狮子变电站后，来凤地区由国家电网供电。1992 年，成立来凤电管站。2000 年 2 月 26 日，成立来凤供电营业所，负责来凤街道、丁家街道和健龙乡部分客户的供

沿河景观带（2017 年）

电任务，供电辖区有电村 38 个，用电社 284 个，有客户 16182 户，其中专变客户 87 户，供区面积 68.78 平方千米，供电服务半径 24 千米。有 10 千伏线路 3 条 67.94 千米，低压线路 1015 千米。配电变电器共 136 台 17780 千伏安，2003 年年底售电量达 2838 万千瓦时。2011 年 5 月 21 日因国家电网公司实施“五大”体系建设，来凤供电营业所撤除，合并到青杠供电营业所。2014 年售电量 3.299 亿千瓦时（包括青杠街道）。2015 年，协助供电局完成农村电力改造（含铁塔建设工作）。配合璧山区交通委员会对丝厂至花木公司路段千米改造水电气管线的搬迁。结合污水管网，督促移动、电信、网络公司等弱电部门线路入地 4500 米，解决了多处的“蜘蛛网”问题。

天然气供应　1988 年，来凤镇建天然气站，是川南区丹凤采气队管辖下的一所民用天然气管理站和供气站，日供气量可达 2 万立方米。2014 年有城镇天然气用户 2000 户，农村天然气用户 3500 户，集体天然气用户百余户。2015 年，天然气公司全面完成场镇主管网改造 4500 米，确保用气安全和保证了气压。

巴渝新居建设　2011 年，巴渝新居建设坚持“五统一、五自主”工作方式，统一制定村规民约，突出来凤特色。全街道有 8 个村相继开工建设巴渝新居，在建户数 398 户，其中，三星、新七 2 个点纳入市级示范点。做好 D 级危房摸底、宣传与建设工作，为安乐等 6 个村 200 户实行农村房屋风貌改造。2012 年，继续加快巴渝新居建设以及基础设施配套建设，完成魁塘、三星等 6 个巴渝新居点的配套设施建设，并进行抽签分房，群

来凤三星农民新村（2013 年）

众陆续搬入新居。启动 73 户巴渝新居建设，全街道的巴渝新居建设点增至 7 个，总户数 600 户。完成 100 户 C 级危房改造工程。实施 80 户 D 级危房建设，完工 52 户。

环境整治和美丽乡村建设 2011 年至 2012 年 7 月，实施三星、登凤村农村环境连片整治项目。工程总投资 185 万元。新建垃圾中转站 3 个，配备机动垃圾车 1 辆、人工垃圾车 9 辆、垃圾桶 11 个。污水处理系统完成工程量：新建联户式污水处理池 11 个，检查井 206 个，四格式污水处理池 513 个，配套管网 11015 米。

2013 年，稳步推进生态镇（街）建设。全街道完成卫生厕所修建 1500 户，普及率达 95%；各村（社区）户用卫生厕所普及率均达到市级生态街道≥ 80% 的创建标准。全街道 13 家 200 平方米以上的餐饮单位油烟废水治理已全部达标；对 79 家 200 平方米以下的餐饮单位进行综合治理，达到市级生态街道≥ 90% 的创建标准。屠宰场已配建生化池，农贸市场整治完成，2 家洗车场整治达标。关停 1 家污染企业，重点整治 27 家，一般整治 69 家，同时杜绝违法用地和新增污染源。关停养猪场 8 家、养鸭场 1 家，完成 64 家养殖场的整治工作，其粪污综合利用率全部达到 85% 以上。所有山坪塘、养鱼池禁止用动物粪便、动物内脏方式养鱼，全部实行净水养鱼。

2013—2014 年，街道开展生态环境整治工作，筹资 800 余万元，对新七村、登凤村、三星村进行环境连片整治，使3927户约1万人受益，达到预期效果，经检查验收合格。2014年，普新村、新七村被区政府授予“美丽乡村”称号。

2015年，来凤场镇的清扫保洁纳入市场化管理试运行。实施村镇环境综合整治，对村级以上干道的环境治理实行常态化管理。取缔原有旧农贸市场，设立临时便民市场，专人全天候管理。对来凤农贸市场督促整改达到三级标准。完成7.8千米河道日常清理和阶段性清漂工作。取缔、规范店招店牌、户外广告52起，规范户外广告的发布。在青鹿路新栽植美化绿化植物美人蕉1千米。来凤街道被中国气象局评为“全国标准化气象灾害防御镇街”，安乐村、孙河村、来凤村和三星村被市环保局评为“重庆市生态村”，来凤村被评为“全国综合减灾灭灾示范村”。

2016年，关停污染企业26家、违法用地企业62家、养殖场9家、洗车场2家。完成重点整治企业28家，一般整治企业68家，养殖场整治16家，洗车场整治2家，山坪塘、水库、养鱼池整治24个。对辖区的大中型餐饮企业全部安装油水油烟治理设施。完成1家屠宰场生化池的建设。改扩建农贸市场，实现规范整洁达标运行。全面建成省道108线来凤段绿化长廊。投入2500万元，建设8千米污水处理管网。来凤街道成功创建为重庆市首批生态文明镇街，孙河村被重庆市城乡建设委员会评为“农民新村市级示范点”。

来凤街道三星村公共服务中心（2012年）

经济发展

2002年，全镇工农业总产值6.61亿元，其中乡镇企业总产值6.24亿元。

2011年，来凤工业总产值11.9亿元，财政收入5398万元，农民人均纯收入9125元。

2014年，全年工业总产值14.2亿元，财政总收入4916万元，农业总产值1.7亿元，城镇居民人均可支配收入27859元，农村居民人均纯收入13304元。

2016年，完成工业总产值16.7亿元，同比增长9.1%；规模工业总产值8.5亿元，全社会固定资产投资17.5亿元，同比增长4%；社会零售品销售总额3.63亿元，同比增长15%；新增内资企业4家，内资投资额2.21亿元，进出口额2087.5万元。辖区财政总收入5649万元，其中工商税收5147万元。街道企业410家，从业人员4722人，其中微型企业105家，规模以上企业11家，限额以上贸易企业6家。城乡居民人均可支配收入32977元，农村居民人均纯收入15500元。

工业 来凤的工业在民国时期主要以轻工业为主，尤以土布棉纱出众，有小型的煤矿、铁矿、砖瓦厂、纸厂、油房、机房等。工业占当地人民生产的一小部分，绝大多数劳动力靠种田地生存，还有一部分人外出打工。新中国成立后，来凤的工业发展也没有太大的发展。1958年“大炼钢铁”时，组织了一个民兵营参加桐子湾铁厂和一些小铁炉的建设。来凤场镇有8社1组，即红星铁业社、印刷社、修建社、普纸社、棉弹社、服

凌翔食品公司（2014年）

来凤丝厂（1982 年）

重庆永钢橡塑有限责任公司（2007 年）

装社、修配社、普陶社和砖瓦组，还有各居委会的工业小组。1956 年，来凤乡办了棉纺厂。1971 年，来凤镇创办了璧山炼油厂。1982 年，璧山炼油厂经商业部燃料局定为废油再生产加工定点厂。1983 年，来凤镇建起了璧山县缫丝厂，同时建起蚕种厂和蚕茧公司。20 世纪 90 年代，来凤镇引进星级齿轮厂、眼镜厂等十几个产值上千万元的企业。2003 年，来凤有 78 个大中型企业，工业总产值 0.9 亿元，工业经济在全镇经济中占 82%。2010 年后，街道以汽摩配件加工为主，辅以食品加工、包装、印刷等行业。截至 2014 年，境内有汽配企业 48 家，完成总产值 15420 万元，增加值 2775.6 万元；摩配企业 34 家，完成总产值 48900 万元，增加值 8802 万元；食品药品企业 9 家，完成总产值 20759 万元，增加值 3726.7 万元；包装印刷企业 16 家，完成总产值 22446 万元，增加值 4541 万元。2015 年，完成工业总产值 15.5 亿元，同比增长 9.1%；规模以上工业总产值达 8.76 亿元，同比增长 15%；完成全社会固定资产投资 16.8 亿元，同比增长 20%；完成社会零售品销售总额 3.15 亿元，同比增长 15.5%。实现辖区财政总收入 7221 万元，完成年度目标任务的 131.4%，同比增长 47%。街道企业达 410 家，其中微型企业 92 家、住宿餐饮企业 8 家。街道有限额以上商贸企业 6 家。

农业 新中国成立后，在江津地区工作队的支持下，来凤、鹿鸣成为璧山县土地改革的试点，打土豪斗劣绅，农民率先分得了土地、房屋和农具，参加农业生产劳动的积极性有很大提高。1952 年，鹿鸣乡在三百梯处修了全县第一个示范水库，人民群众从单干户到互助，从农业合作初级社到高级社、人民公社，来凤人民都以饱满的热情、顽强的斗志发展生产，建设家乡。2003 年，全镇宜林荒山造林 200 公顷，退耕还林 402 公顷，建成区绿化面积达 20 公顷，绿化覆盖率达 38%。在 2006—2008 年新农村建设中，孙河、普新等 9 个村实施农村人行便道建设工程，共修建人行便道 203 千米，工程总投资

四平村康庄佳园草莓基地（2012 年）

登凤村辣椒丰收（2011 年）

田间管理（2013 年）

659.5 万元，项目涉及 78 个社，受益农民 25646 人。孙河村利用该村紧邻温氏公司来凤种鸡场的有利条件，采取“公司＋协会＋农户”方式大力发展养殖业，至 2008 年年底，该村有养殖大户 55 户，年出栏肉鸡 110 万只，养殖业收入达 1600 万元，占全村农业总产值的 65.21%。2009 年，来凤村通过竞标被确定为重庆市第二批新农村建设示范村。2010 年，首批新农村建设示范推进村通过县级验收。2011—2016 年，农业总产值由 12906.97 万元增加至 21408.46 万元，年均增长 13.2%。

旅游　“十一五”期间，璧山县实施“东山休闲旅游区建设”规划，在来凤地区布局的重大旅游建设项目有重庆市花卉苗木观光旅游基地和重庆翰林休闲度假山庄。重庆市花卉苗木观光旅游基地，位于来凤村 4 社、5 社，登凤村 10 社、11 社，普新 3 社、4 社，计划投资 1.9 亿元建设苗木超市、休闲娱乐区、疗养度假区、滨水浏览区、会务中心区、植物观光区等项目。重庆翰林休闲度假山庄，位于孙河村，计划投资 1 亿元建设停车场、星级农家乐组团、来凤鱼特色美食娱乐区、度假酒店、野外拓展训练基地、狩猎场等项目。2014 年，境内旅游从业人数占本地就业总数的 30%，游客人数达到本地常住人口数量的 2 倍，旅游收入占当地农民年纯收入的 25%，旅游税收占本地地方财政税收的 10%。辖区内拥有大型酒店餐馆 10 家，可同时解决 5000 人的就餐；宾馆等休闲场所 6 家，能满足 1500 人休息娱乐；休闲农业企业 35 家，占地

667 公顷，可同时供 20000 人对自然景观和农业种植的欣赏以及水果休闲采摘。2015 年，位于重庆市花卉苗木观光旅游基地中的凤影像摄影基地跻身全国十大婚纱摄影基地之一，服务范围覆盖重庆、四川、贵州、湖北等地，被亚太华人婚纱摄影交流机构授予“亚太婚纱摄影研发基地”称号。2016 年，重庆雪域餐饮文化有限公司以西藏农产品为特色，荣获“璧山区十佳美丽农庄”。安乐村、孙河村、来凤村和魁塘村被重庆市旅游小组经济发展办公室评为“市级全域旅游示范村”。

来凤苗木基地一角（2012 年）

凤影像摄影基地远景（2016 年）

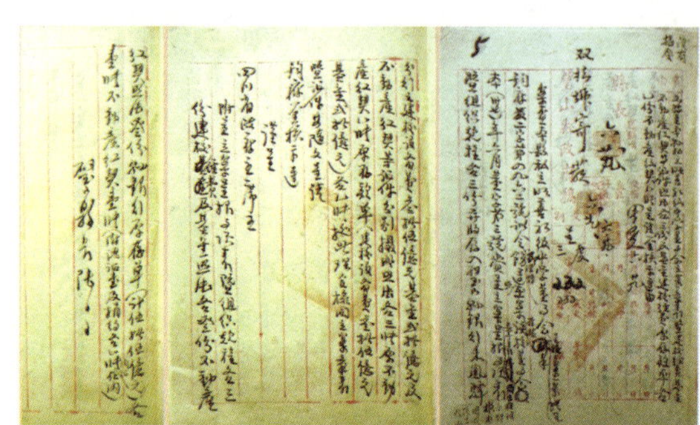

1948 年，璧山县政府向四川省政府申办“明善中学”的呈文

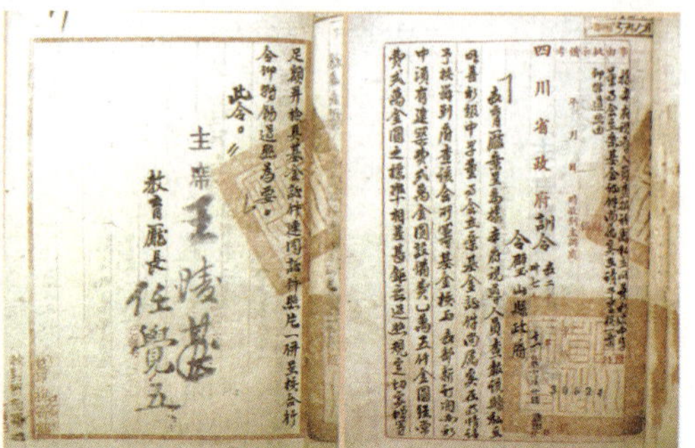

1948 年，四川省政府、教育厅关于明善中学开办问题的训令

文体事业

教育

清康熙五十七年（1718），湖南衡阳举人沈镛出任永川知县兼摄璧山，于来凤驿东街建瓦房 3 间创办“义学”。宣统二年（1910），鹿鸣场设义务学堂。1912 年，来凤设马日小学。1925 年来凤小学设立平民读书处，开展成人教育。1939 年，晏阳初领导的中华平民教育促进会设立来凤办事处，开展平民教育和乡村建设实验。1940 年，梁漱溟在来凤驿创办私立勉仁中学。1947 年秋，竺云寺住持僧善印捐出田产 84 石及法币 400 万元，来凤绅士邓善芝创办明善中学。

来凤中学 1 号教学楼（1949年春启用，1970年10月毁于火灾）

来凤中学老校门（1949 年春启用，2004 年夏被拆除）

来凤中学举行 60 周年校庆（2007 年）

来凤中学操场（2007 年）

重庆市璧山来凤中学校　创建于 1947 年春，前身为私立明善中学。学校位于来凤场镇成渝公路旁，占地面积 13 公顷。1951 年 1 月，璧山县人民政府接办，改校名为“四川省璧山县第一初级中学校”。1959 年 5 月 23 日，经江津专署同意更名为四川省璧山县来凤中学校。1961 年 11 月，因自然灾害停办。1962 年秋，学校恢复初中校名为四川省璧山县第一初级中学校。1969 年 3 月，成立四川省璧山县初级中学革命委员会（简称“校革委”）。1975 年 5 月，江津地区革命委员会批准为高级完全中学，校名为四川省璧山县来凤中学校。1997 年重庆市为直辖市后，校名为重庆市璧山来凤中学校，2005 年 7 月 8 日，原丁家中学高中部及原来凤镇初级中学整体合并到来凤中学，合并时教职工总人数 341 人。2008 年，学校被评为“重庆市教育科研先进集体”。2014 年，学校有 98 个教学班，教师 403 人，初中学生 1405 人，高中学生 4062 人。来凤中学是重庆市重点中学、重庆市中小学德育示范学校、重庆市家长学校示范校、重庆市精神文明单位、重庆市教育科研实验基地学校。2016 年，学校有 98 个教学班，学生 5500 人，教职工 403 人，专任教师 390 人，中高级教师 274 人，特级教师 2 名，市区学科带头人、骨干教师 40 人，市区级名师 7 人，研究生 60 人。学校成功创建为国家级“节约型公共机构示范单位”、中小学体育特色足球示范学校；被命名为第一批“全国学校体育工作

1949 年“中华平民教育促进会”捐资修建的来凤乡中心国民学校（来凤小学前身）教室

民国时期来凤乡中心国民学校（来凤小学前身）校旗

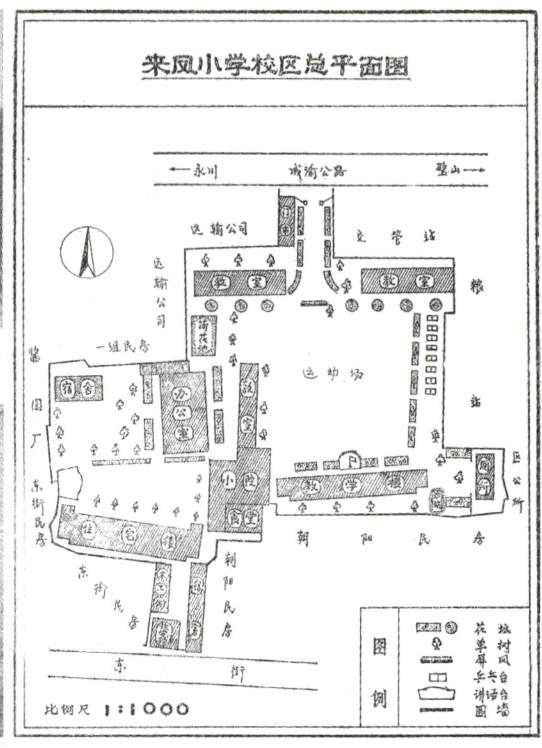

来凤小学校区总平面图（1993 年）

示范学校”。

璧山区来凤中心小学 创办于 1912 年，位于来凤场镇成渝公路旁。2014 年，学校有教职工 75 人，临聘人员 20 人，学生 1463 人，幼儿 180 人。学校占地面积 9399 平方米，有教学大楼 3 幢，学生塑胶体育活动场地 3445 平方米，有齐全的远程教育、实验和体育设施。校园花草艳丽，树木枝叶茂盛，常年绿色满园。学校先后被授予“重庆市文明礼仪学校”“重庆市文明单位”“全国学习科学实验学校

来凤小学（2017 年）

和教育部远程教育试点示范项目学校”“全国青少年文明礼仪教育示范基地”“全国学科学、用科学实验学校”等荣誉称号。

鹿鸣小学（2016 年）

璧山区鹿鸣小学 始建于清宣统二年（1910），校址设在鹿鸣街中崇林寺内。2014 年，学校有教师 18 人，学生上期 157 人、下期 159 人。学校占地面积 412 平方米。名为“义务学堂”，后改称学校。学校后来经过多次更名：1932 年更名为“璧山县鹿鸣乡初级小学校”，简称“鹿鸣初小”；1940 年更名为璧山县鹿鸣乡中心国民小学；1950 年更名为“鹿鸣乡完全小学”；人民公社成立后更名为“鹿鸣公社完全小学”；1983 年更名为“璧山县鹿鸣乡中心小学校”；1994 年鹿鸣乡合并到来凤镇后，更名为“璧山县来凤镇鹿鸣小学校”；2004 年调整建制，来凤镇划归青杠街道办事处管辖后更名为“璧山县鹿鸣小学校”。2010 年 12 月来凤恢复建制，鹿鸣小学重新划归来凤街道办事处管辖。

重庆护理职业学院 学院是经重庆市人民政府批准设立，教育部备案，由重庆医科大学附属第一医院全额出资举办，实施全日制专科层次高等教育的高等职业学校，主管部门为重庆市教育委员会，是全市首所面向西部的以培养养老服务和健康服务人才为主的高职院校。学院位于重庆市璧山区来凤街道，毗邻重庆医科大学附属第一医院青杠老年护养中心，占地 20 公顷，一期建筑面积 10 万余平方米。校园背靠缙云山，空气清新，景观优

重庆护理职业学院（2017 年）

美雅致，教育教学及生活服务设施完善，功能齐全；标准的学生公寓配有完备的洗浴设施、网络设施和空调等；建有标准田径运动场、篮球场、排球场和室内综合运动馆。学院有专任教师 91 人，“双师型”教师占 50% 以上，副高级专业技术职务以上的专任教师 19 人，临床教学师资主要依托重庆医科大学附属第一医院及重庆医科大学附属第一医院青杠老年护养中心；现有教学仪器设备总值 700 余万元，纸质图书 8.2 万册，并配备与专业设置相适应的实习实训场地场所 26 个，以及包括重庆医科大学附属第一医院、重庆医科大学附属第一医院青杠老年护养中心等校外实习实训基地 20 个。学院全日制在校学生规模暂定为 5000 人，开设护理、助产、康复治疗技术、老年保健与管理、社区康复 5 个专业，并于 2016 年进行首届招生。学院以“医养教”深度融合的护理人才培养模式为特色，培养高素质技术技能型健康服务人才，尤其是老年护理服务人才，为医疗卫生单位服务，为老年健康事业服务。学院利用重庆医科大学附属第一医院及其青杠老年护养中心的医疗、养护、教学资源，具有“医养教有机结合”的办学特色。

文物保护 来凤境内现有文物保护单位（文物点）14 处。其中，重庆市级文物保护单位 1 处，即位于安乐村的清代何氏百岁坊；璧山区级文物保护单位 3 处，即位于三星村的清代佛耳洞摩崖造像、位于来凤村的清代大佛寺、位于孙河村的清代王家宅（王倬故居）；其他文物点 10 处，即三星村花生坡崖东汉墓群、安乐村石岗坡东汉崖墓群、三星村生基嘴宋代石室墓、三星村喻家坡明代墓葬、三星村明代石室墓群、三星村花生坡清代石室墓、三星村清代鹿鸣桥、三星村喻家山清代摩崖石刻、来凤村清代修路碑、来凤村蛮洞坡清代岩墓群。

群众文化 历史上逢年过节有彩龙、火龙、草龙、板凳龙等龙舞。新中国成立后，有民歌、山歌、诗歌、小品、歌剧等在全国、省、市发表或演出。2010 年，来凤街道文化服务中心成立。2011 年，新建文化活动中心 1100 平方米。全街道有 8 支村（社区）文艺宣传队、10 个农家书屋、30 个外借点、3 个图书室、15 个文化活动广场、23 家文化场所。2011 年，成立来凤第一家民间文化组织“同乐堂”，每周三下午 2 点至 5 点为活动时间，辖区内的居民，不论年龄、身份都可以参加。2014 年元旦，开展“庆元旦”文艺晚会。“三八”妇女节，开展登山活动及“走进翰林庄”联欢文艺演出。4 月，开展送文化“走进三星村”联欢演出。“五一”劳动节，开展来凤乡村音乐舞台和璧山艺术团联欢演出活动，开展“我为来凤做点啥”演讲比赛，深入开展党的群众路线教育实践活动。“六一”儿童节，开展少儿歌舞庆祝活动。“七一”，开展“好声音・正能量”演讲选拔赛。全年共放映爱国主义主题电影和喜剧电影等120场，走进10个村、3个社区。

群众体育 1986年，成立来凤镇武术协会、棋类协会。1988年，成立来凤信鸽协会、钓鱼协会。1995年，成立女子乒乓球队和男子乒乓球队。境内现有非恒温游泳池2个，篮球场35个，羽毛球场38个，网球场2个，足球场2个，门球场1个，乒乓球台145张，各村、社区健身场地共15个，健身器材155件。来凤中学系重庆市青少年摔跤训练基地。学生陈星强获九届全运会摔跤冠军，并在2000年悉尼奥运会中获第八名。1987年，新七村社员陈兴文参加重庆市“五洲”牌自行车比赛，荣获第二名。来凤镇石安村周荣，1989年获重庆市青少年摔跤运动会的40公斤级摔跤冠军，1990年获四川省第二届青运会40公斤级冠军，1996年获全国青年锦标赛46公斤级摔跤第二名，1997年获第八届全运会48公斤级摔跤第七名。2009年，来凤街道被评为全国体育先进乡镇。2000年，复兴村八社社员廖福海参加第四届全国农民运动会荣获全国挑粮冠军。2011年，来凤街道老年人体育协会成立，下设鹿鸣片区分会。辖区内10个村、3个社区的60岁以上老年人占街道总人口的20%。街道老年体育协会在10个村、3个社区建有老年宣传队，还有门球、太极拳、健身球、柔力球、健身秧歌、健身腰鼓等各种健身队伍，老年人健身活动蓬勃开展。

社会建设

卫生 清代璧山名医辈出，徐超宦、杨际青、黄钰、王盛泰等名中医著有医学专著10余部，其中以徐朝宦的《一囊春》《伤寒辨证集解》流传最广远。1929年，璧山中医界先后发出“快邮代电”120多份，声援各地抗议民国政府“废止中医”，并相继成立璧山国医支馆、国粹医院、璧山国医院、针灸传习所。1939年，中华平民教育促进会在来凤设立办事处后，积极推进农村卫生建设。1940年，中央卫生署在璧山县开展卫生实验。所有这些，都对来凤地区的卫生建设产生了深刻影响。新中国成立后，来凤地区逐渐建立起区卫生院、镇卫生院、部队卫生队和各村合作医疗店构成的四级医疗网络，广

来凤街道中心卫生院（2017 年）

泛开展健康档案管理、卫生监督、传染病防治、预防接种、妇幼保健、慢病管理、重性精神病管理、老年人体检、健康教育等公共卫生服务工作，人民健康水平不断提高。

2011 年，城乡居民合作医疗参保费标准为一档 30 元 / 人・年、二档 120 元 / 人・年，参加城乡居民医疗保险人数 33071 人，参合率 96%；共代收县外就医报账资料 92 笔，报销金额 124710 元，发放大病二次报销 42 笔，共计金额 283022 元。2013 年，城乡居民合作医疗参保缴费标准为一档 60 元 / 人・年、二档 150 元 / 人・年；参加城乡居民医疗保险人数 31256 人，参合率 95%，其中城镇 10468 人、农村 20788 人，一档 29754 人、二档 1502 人，筹资金额 183 万元。2014 年，参保标准与上年一致，参保人数增加到 33150 人，参合率 97%，其中城镇 12030 人、农村 21120 人，一档 31269 人、二档 1881 人，筹集资金 1987130 元。

璧山区来凤街道中心卫生院（原来凤区医院），位于来凤沿河西路 125 号。始建于 1956 年，是璧山乡镇第一所全民所有制医疗单位。2006 年 6 月 30 日，来凤镇卫生院并入来凤中心卫生院。2012 年 6 月 10 日，卫生院整体搬迁到新建医院楼，业务用房面积 8200 平方米。卫生院有在职职工 74 人，离退休职工 45 人，大专以上学历 31 人，中专学历占职工总数的 44%，主治医师职称以上 18 人，开放床位 86 张。医院设有内科、外科、妇产科、中医科、五官科、痔漏科、理疗科、医技科、护理部。2014 年，卫生院门诊 90976 人次，住院 3335 人次。业务总收入 1477.6 万元，同比增长 22.5%。同时，承担指导片区防疫、妇幼、初保和医疗工作。1996 年，卫生院被评为“一甲医院”；1997 年被评为“爱婴医院”；2003 年获市级“规范化乡镇卫生院”光荣称号，被授予县级“文明单位”“爱国卫生先进单位”“双拥先进单位”“先进基层党组织”及“非典”防治工作“先进集体”、“合作医疗、医保、工伤保险”定点医院。2015 年，卫生院被国家卫生和计划生育委员会评为“群众最满意的乡镇卫生院”，刘从波被评为“基层好医生”。

社会保障 2011 年，启动城乡居民养老保险，参加社会养老保险 21021 人，参保率 91.5%。街道共办理城乡居民养老保险 18800 人，其中有 5145 人享受城乡居民养老保险待遇。对企业、“农转非”、个体工商户、退休人员进行养老金指纹认证 1263 人。2012 年，新增参保人员 97 人，为 329 人办理退休手续。2013 年，新增参保人员 110 人，为 389 人办理退休手续。2014 年，新增参保人员 83 人，为 396 人办理退休手续。此外，还为符合条件的超过退休年龄人员办理超龄人员养老保险，截至 2014 年年底，共办理 400 余人。

2014 年，街道为城镇最低生活保障户 190 户 297 人发放低保金 91.2 万元；为农村最低生活保障户 155 户 298 人发放低保金 51.8 万元；为伤残军人、烈属、复员军人等优抚对象和民政对象定补 279 人发放补助 187 万元；为 38 人发放义务兵优待金 30.4 万元；为 1055 名 80 ~ 89 岁老人、155 名 90 ~ 99 岁老人、7 名百岁老人发放营养补贴 87 万元；发放低保户、五保户等各类困难群众慰问金 10 万余元；城乡医疗临时救助 213 人次，支出 17.8 万元。街道有敬老院 1 家，收养 56 名老人。

就业 2014 年，城镇新增就业 1775 人，辖区内企业提供岗位 1428 个，农民工返乡就业创业 145 人。城镇登记失业率控制在 1.38%。指导帮助 157 名“4050”等困难群体再就业，对 714 人进行职业指导，介绍成功 467 人。全街道 3 个社区、10 个村全部通过充分就业社区、充分转移村的复查。

2011—2014 年，街道为 133 名小额贷款申请者发放小额贷款 1199 万元，为 386 名“4050”灵活就业人员办理社保补贴申报，申报金额 96 万元。

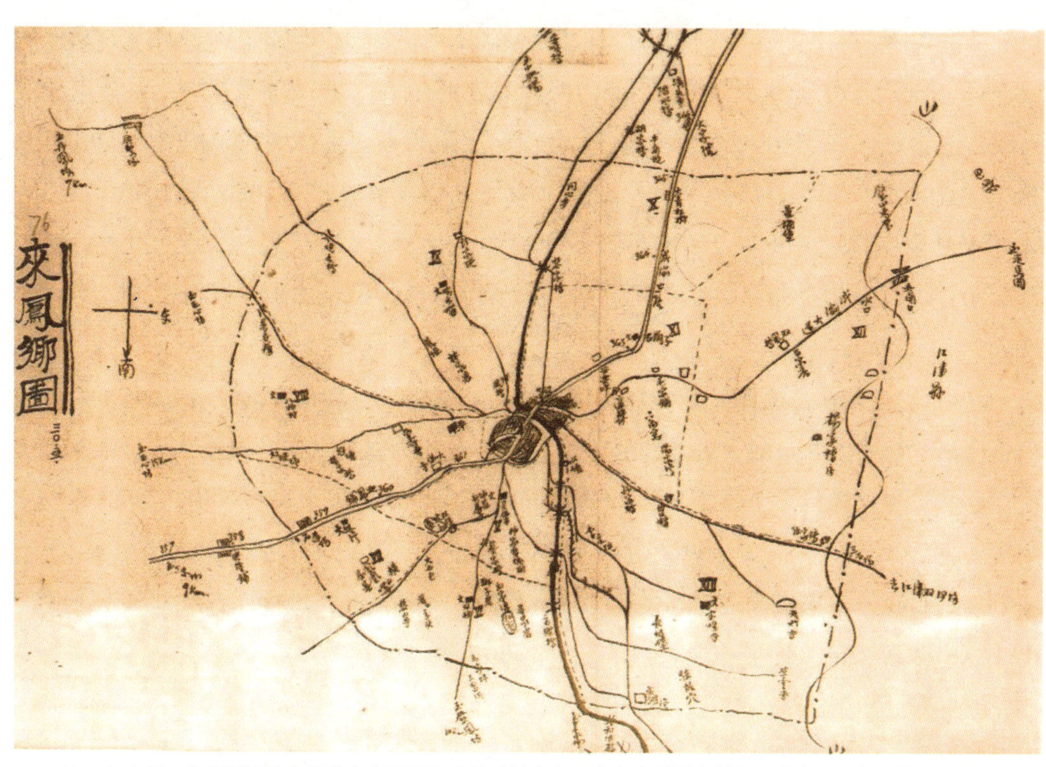

1941 年 5 月，中华平民教育促进会来凤驿办事处《璧山来凤乡中心学校实施组织教育研究报告》中所附来凤乡地图

千年古驿

来凤驿站

设立　驿站是古时专供传递文书者或来往官吏中途住宿、补给、换马的处所。南宋王应麟说："郡国朝宿之舍，在京者谓之邸；邮骑传递之馆，在四方者谓之驿。"（王应

来凤驿桥（20 世纪 70 年代）

麟《玉海》）设立驿站的目的，主要是为了能够及时传达朝廷命令，传递政情军情，维护统治秩序。正所谓“驿传之设，所以宣朝命、通职供、俾节使、政命上下得以速达也”“故于水陆要区，置立驿站、储徛船马”（清雍正《四川通志·驿传》）。早在赵匡胤建立宋朝的第二年就下令“诏诸道邮传以军卒递”（《宋史·太祖纪》），其后遂为定制。而蜀中离京城数千里之遥，水道方面有瞿塘滟滪的浪急滩险，陆路则有连云栈阁的绝壁深渊。行路之难，莫斯为甚。来凤驿站，也由此应运而生。

沿革　据旧志，明代璧山县驿传原“编银二千一百七十三两五钱三分八厘八忽一微。起运布政司驿传银一百六十两一钱五分二厘八丝七忽六微。拨运本府驿传银一千五百四十四两二钱二厘六毫二丝五微。拨运夔州府协济驿传银四百六十九两一钱八分三厘三毫”。

明代，有来凤驿公馆，设驿丞，馆内存有古迹“驿站马碣”。万历十二年（1584），在来凤驿建“三清观坊”，内题“玄天真境”四字，外题“三清观”三字。

清初，来凤驿旧额应“递马一十六匹，每匹草料、鞍辔、人夫工食银二十一两六钱。因钱粮不敷，只设马一十匹，每匹岁支草料银三十六两；马夫五名，岁支工食银

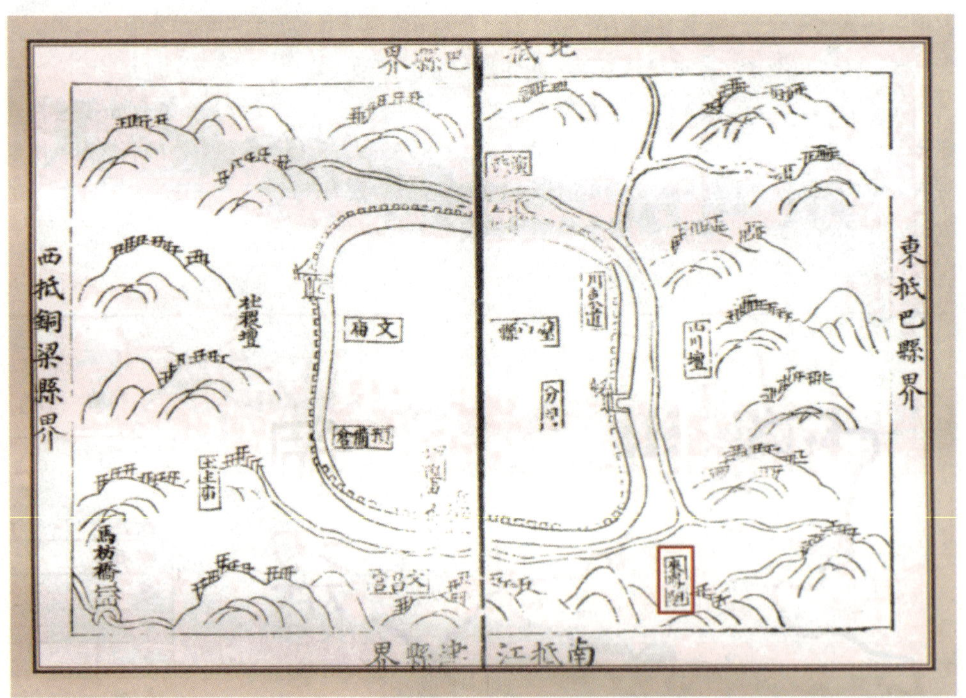

明万历三十四年（1606）《重庆府志·璧山县图》，为目前保留下来最早的璧山县地图，内容简略，绘制技术简陋，但描绘了主要的山脉、河流、驿站、祭坛等内容。南面的来凤驿标注于其中

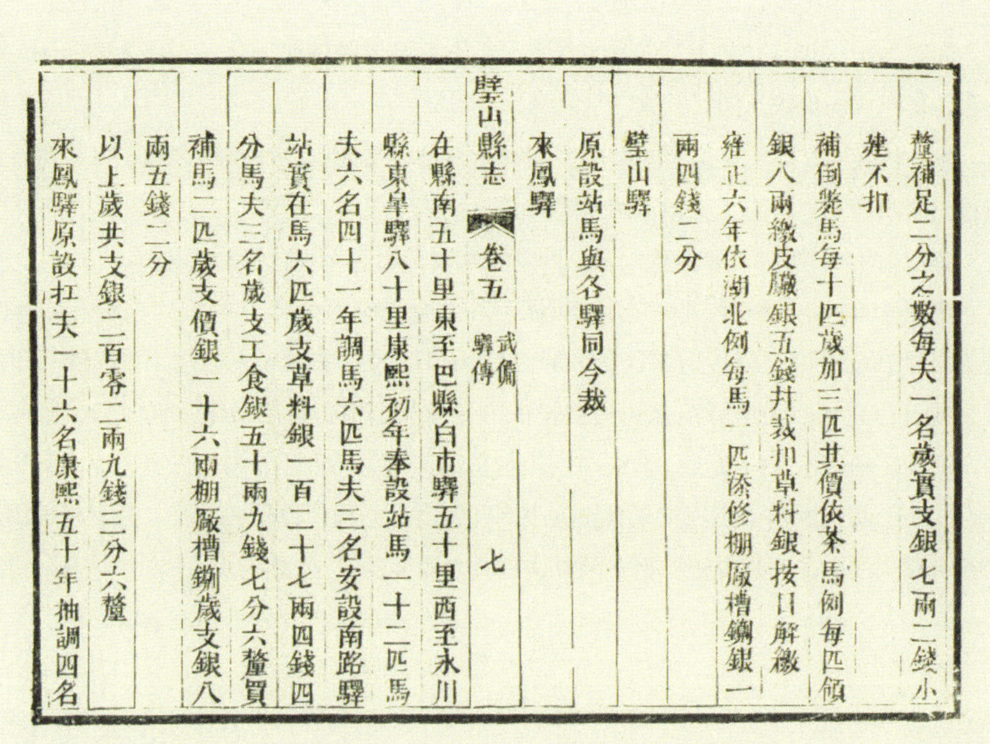
釐補足二分之數每夫一名歲實支銀七兩二錢小
建不扣
補倒斃馬每十匹歲加三匹共價依茶馬例每匹領
銀八兩綠皮臟銀五錢并裁扣草料銀按日解繳
雍正六年依湖北例每馬一匹添修棚廠槽鍘銀一
兩四錢二分
璧山驛
原設站馬與各驛同今裁
來鳳驛
在縣南五十里東至巴縣白市驛五十里西至永川
縣東皐驛八十里康熙初年奉設站馬一十二匹馬
夫六名四十一年調馬六匹馬夫三名安設南路驛
站實在馬六匹歲支草料銀一百二十七兩四錢四
分馬夫三名歲支工食銀五十兩九錢七分六釐買
補馬二匹歲支價銀一十六兩棚廠槽鍘歲支銀八
兩五錢二分
以上歲共支銀二百零二兩九錢三分六釐
來鳳驛原設扛夫一十六名康熙五十年抽調四名

璧山縣志　卷五　武備 驛傳　七

同治《璧山县志》关于设立来凤驿的记载

二十八两八钱；扛夫一十六名，每名岁支工食银七两二钱”。

康熙二十一年（1682），“每匹站马草料银由日支一钱，奉文裁减四分，留银六分；四月，奉文复增二分，实支银八分”。同年，“马夫（一名管马二匹）工食银由日支银七分五厘，裁减银一分五厘，留银六分；扛夫工食银由日支银二分，裁减银四厘，留银一分六厘”。

康熙二十二年（1683），于来凤驿公馆左侧建仓十小间。

康熙二十三年（1684），“依安徽例，日支草料银又裁减二分，实支银六分”。同时，“马夫工食银由日支银六分，又日裁减银一分二厘，实支银四分八厘；扛夫工食银由日支银一分六厘，又裁减银四厘，留银一分二厘”。

康熙二十五年（1686），永川知县董粤固重修来凤驿公馆以备驻节。基址：南至街，北至老墙脚，东连仓基，西至米市官基。

康熙四十一年（1702），“奉文裁马六匹、马夫三名”。

康熙五十年（1711），“奉文加添马二匹、马夫一名，抽调扛夫四名充入南路”。

康熙六十一年（1722），“三月内奉文，川省有倒毙驿马照十分补三分之例，倒毙马二匹，每匹买补价银八两，共银一十六两”。

雍正六年（1728），“正月内奉文，川省驿马棚厂槽铡照湖北茶马之例，每年每匹支销银一两四钱二分，岁贡支银八两五钱二分”。

雍正七年（1729），复设璧山县，因县城残破，衙署无存，寄治来凤驿。

雍正十年（1732）六月，“奉文预领运鞘夫价银一百九十二两，雇夫运鞘，年底造册报销，剩银解缴驿传道库。来凤驿经过饷鞘，旧系垫银雇夫运送，每名照百里给银一钱五分之例，来凤驿至永川县交替止，计程八十里，每名给银一钱二分，年底奏销，请领还项。七月内奉文，扛夫一十二名全裁，实在马六匹、马夫三名，岁支草料银一百二十七两四钱四分，岁支工食银五十两九钱七分六厘。以上夫、马、公、料、倒毙买补、棚厂槽铡，岁共支银二百二两九钱三分六厘”。

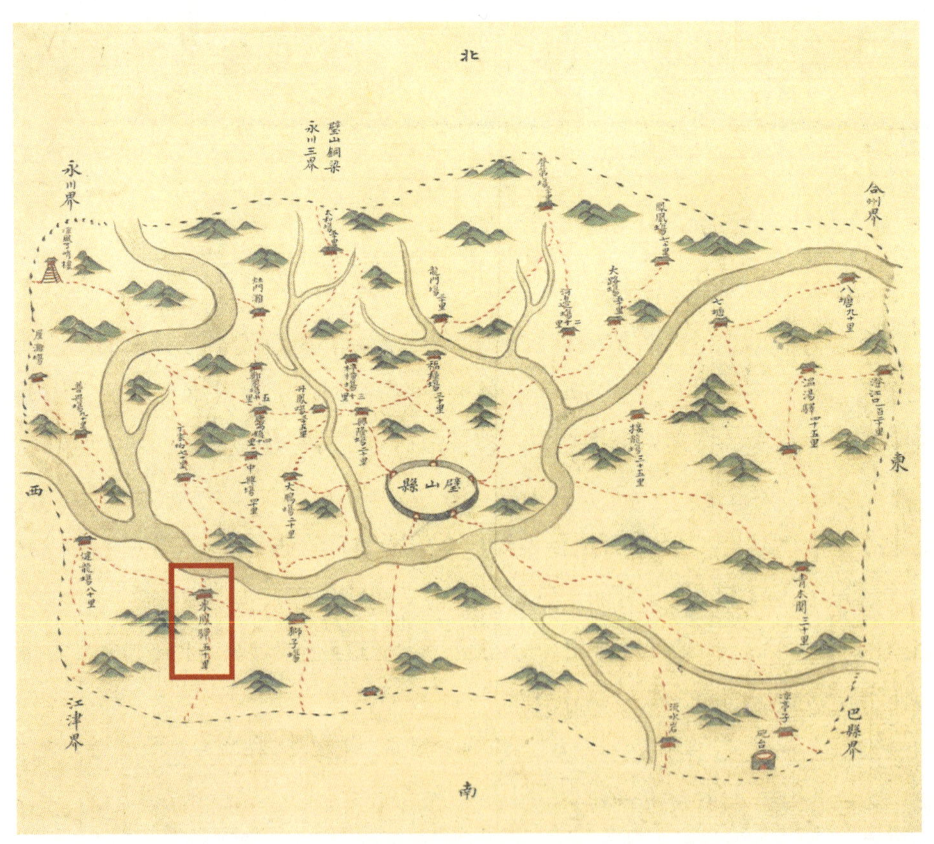

清道光年间（1821—1850）《四川分县详细图说・璧山县图》，标注了来凤驿及其距县城的里程数

雍正十一年（1733），“十二月内奉文，驿站银两于本县地丁银内扣留支给。至倒毙马匹皮脏变价银每匹五钱，又每匹截支草料五日、银三钱，俱解驿传道库”。

乾隆元年（1736），“奉文于本县地丁银内扣留运鞘夫价银一百九十二两支给，剩银仍解”。

乾隆二年（1737），县令黄在中因来凤驿旧仓年久朽坏，详请移建于县治右。

咸丰四年（1854）闰七月二十一日，部咨拟定新章，驿站夫、马、棚厂槽铡、买补马价、饷鞘夫价银两均以六成减平，搭三成官票银支放。

咸丰五年（1855），山东蓬莱张焕祚就任璧山知县，在来凤驿行台前重建“来凤驿坊”，并书“所过者化”四字。

铺递 凡州县往来公文，都由铺递传送。旧时每铺均配设一定数量的铺司兵，担负“走递”之责。《元史·兵志》上说，铺兵走递时，“皆腰革带，悬铃，持枪，挟雨衣，赍文书以行，夜则持炬火，道狭则车马者、负荷者，闻铃避诸旁，夜亦以惊虎狼也”。

据旧志载，明代璧山境域原设十四铺，其中县境成渝驿道上设有七铺：枫香铺、桐木铺、银杏铺、歇亭铺、石溪铺、砂山铺、桥头铺。各铺除枫香铺额设铺司并兵六名外，其余均额设铺司兵各五名。以上各铺，明末兵燹后未经安设。

康熙六十年（1721），川督奏称：“直隶各省皆设铺司，川省兵燹之余，未经请复，公文系付塘兵传递，偏僻州县，里民输送，不能如式包护，擦损印封，甚至失遗，无可寻究。请于冲途每铺设司兵四名，次冲设三名，偏僻设二名，每名月支银六钱。”部议准许设，其“工食银两照广西例，每月支工食银三钱五分”。

雍正元年（1723），奉文于所属大道安设六铺：拖木铺、来凤铺、帽子铺、石梯铺、高古铺、界牌铺。每铺司兵四名、烟墩三座、哨楼一座、营房三间、官厅一间、旗杆一根、牌坊一座，梆、锣、旗帜全。遇有损坏，随时修补。

雍正六年（1728），奉文，尽行裁革，一切公文仍交塘兵递送。

乾隆二年（1737），少詹隋人鹏奏称：“革除铺司，概用塘兵递送公文，于边省尤属不宜，请复设铺司，以重邮传。”部议覆准复设，“每名每年给工食银六两，不扣小建，遇闰加增银五钱，在于各州县地丁银内扣留支给。奉文于所属复设十一铺：县前底铺、画眉、虎峰、响水、三溪、来凤驿、拖木、帽子、石梯、高古、界牌。每铺司兵三名，每名月支工食银五钱，岁共支银一百九十八两，在地丁银内扣留支给”。

咸丰四年（1854），“奉文全行裁汰，改设役递，工食银两遵照新例，按照十分之二扣留支销。璧山每年役递工食银六十一两二钱，以六成减平银三两六钱七分二厘。又于十一年正月初一日为始，再行减六分”。

清乾隆二年（1737）璧山境域成渝驿道塘铺安设表

表 2

名称	位置	备注
拖木铺	县东南 30 千米，交江津县界	又名老关口，在今青杠街道境内缙云山中
来凤铺	县南 25 千米	在来凤驿，今属来凤街道
帽子铺	县南 30 千米	在今丁家街道石垭村境内
石梯铺	县南 35 千米	在今丁家场镇附近
高古铺	县南 40 千米	在今丁家街道境内高古庙
界牌铺	县南 95 千米，交永川县界	在今丁家街道马坊场镇西南方向，与永川隆济交界

邮代驿路

“驿驴”与“飞钱” 民间通信组织的形成，大约始于唐朝。当时主要由于社会经济的发展，特别是经商贸易的需要。首先在长安与洛阳之间，有了为民间商人服务的“驿驴”。当时还有一种叫“飞钱”的办法，就是各地商人把在长安贩卖货物所得的钱，存入各地方政府驻长安的办事机构，然后再凭收据到各地方官府如数取回，这也就是今天汇兑业务的萌芽。

民信局 明朝出现专为民间传递信息的民信局。在西南各省也曾有“麻乡约”探亲带信的出现。相传湖北麻城县孝感乡被迁往四川开垦的农民，由于思念家乡，相约每年推派代表回乡探望，往返时带些土产和信件，而后逐渐形成民信局。民信局开始出现于交通方便、贸易发达的沿海城市，以后逐渐发展到内地。民信局由私人经营，以谋利为目的。一方面是哪里有利就在哪里办，偏僻地区无人管；另一方面，为了招揽生意，相竞为主顾提供方便，如派人上门收取信件、汇款，收费也可以记账等，促使民信局得到迅速发展。清同治年间（1862—1874）是民信局的最盛时期，全国大小民信局已有数千

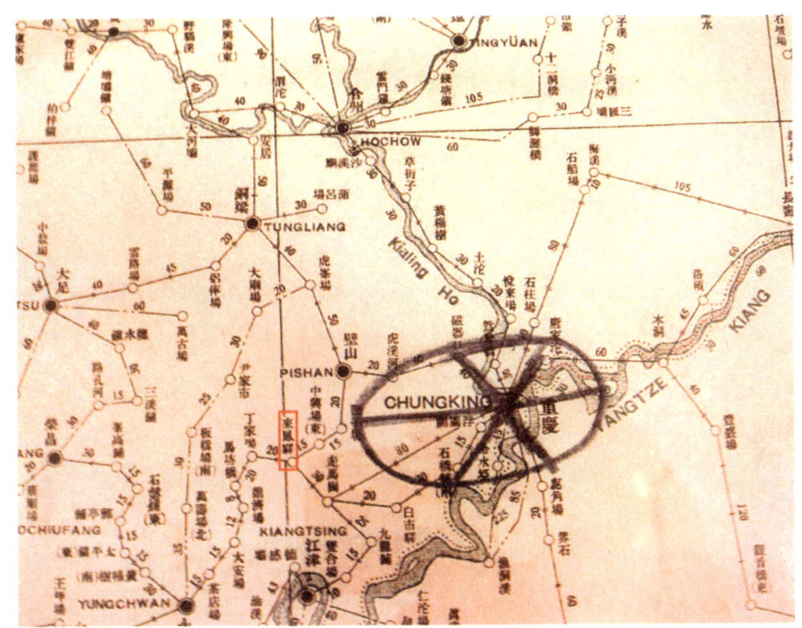

民国《四川邮务区舆图・重庆局部》，描绘了民国时期重庆邮政分布状况，来凤驿标注于其中

家之多。有的在商业中心上海设总店，各地设分店和代办店，民信局之间互相联营，构成了民间通信网。

道光二年（1822），汉口胡万昌民信局就在重庆设立分局，后来出现松柏长、麻乡约、曾森昌等16家民信局，这些民信局的分局遍布四川省内48个重要城镇和汉口、宜昌、昆明等地，办理重庆往来于各地的邮件。1928年全国交通会议谋划统一邮政，决议取缔民信局。重庆的麻乡约民信局直到1935年才完全结束营业，民间通信任务全部由邮局承担。

邮政代办所　光绪十七年（1891），重庆海关正式成立，并在海关内设寄信局，由海关税务司监管。光绪二十二年（1896），光绪帝批准成立大清邮政，于次年二月二十日开办，重庆海关寄信局改称“大清邮政官局”。

盖有来凤驿邮戳的邮票（20世纪50年代）

大清邮政成立初期，沿袭海关管理以通商口岸为区域的管理制度，将全国

分为 35 个邮界、5 个副邮界。当时重庆为邮界，设邮政总局，领导成都副邮界、副总局。重庆邮政总局所管各局为：重庆府、顺庆府、叙州府、绥定府、忠州、泸州、保宁府、潼州府、叙永府、昭通府、成都副总局及其所管各局。其中重庆府管辖范围为：定远（今武胜）、永川、江津、长寿、涪州（今涪陵）、来凤驿、綦江、荣昌、铜梁、大足、璧山。

清光绪二十七年（1901），璧山县城和来凤驿设立邮政代办所。大清邮政开办后，所有文件逐步交邮政寄递。宣统三年（1911）五月，重庆邮政和重庆海关分设，清政府邮传部于当年奏请将驿站一律裁撤。邮路逐渐代替驿传，重庆的驿站于 1913 年 6 月全部撤完。

链接 1：成渝驿道与古代四川陆路交通

“清代四川陆路交通体系分为官道和省内大道两种”（蓝勇主编《重庆古旧地图研究上卷·第五章·清国道中里程图志》）。

清末《四川府州县图·重庆府图》，图中以黑点虚线勾勒当时陆路交通线，反映当时来凤驿仍是重庆地区清代官道上重要驿站和交通节点

四川官道　从北京起，经河北正定至山西阳曲，沿黄河至潼关而至陕西西安，分路经汉中而至广元。从广元到成都又有二路：一从广元渡嘉陵江到昭化，沿嘉陵江经阆中、三台，而达成都；一由昭化，过剑门关，至梓潼而达成都（北部大路）。

省内大路　以成都为中心，分别为巴县大路（东大路）、西藏大路（西大路）、宜宾大路、大理大路。

成渝驿道　即巴县大路（东大路）。至清雍正时，“东路现设驿传自龙泉驿起，巫山县止，共十八站”。

（录自清雍正《四川通志》）

链接 2：清雍正时期成渝驿道的 12 个驿站

龙泉驿　在简州西。“东至本州阳安驿七十里，西至成都县锦官驿四十里。康熙初年奉设，站马一十二匹，马夫六名。至四十一年抽调马六匹、马夫三名，安设南路驿站。雍正六年，又调马二匹、马夫一名，添设沈村驿。实在：马四匹、岁支草料银八十四两九钱六分，马夫二名、岁支工食银三十三两八钱零四厘，买补马一匹、岁支价银八两，棚厂槽铡、岁支银五两六钱八分。原设杠夫一十六名，康熙五十年抽调四名充入南路，存杠夫一十二名，雍正十年尽行裁汰。以上岁共支银一百三十二两四钱四分四厘。”

阳安驿　在简州治内。“东至资阳县南津驿九十里，西至本属龙泉驿七十里。康熙初年奉设，站马一十二匹，马夫六名。至四十一年，抽调马六匹、马夫三名，安设南路驿站。雍正六年又调马二匹、马夫一名，充入泸定桥。实在：马四匹、岁支草料银八十四两九钱六分，马夫二名、岁支工食银三十三两八钱零四厘，买补马一匹、岁支价银八两，棚厂槽铡、岁支银五两六钱八分。原设杠夫一十六名，康熙五十一年抽调四名，充入沈村驿，存杠夫一十二名，雍正十年尽行裁汰。以上岁共支银一百三十二两四钱四分四厘。”

南津驿　在资阳县治内。“东至资州珠江驿一百四十里，西至简州阳安驿九十里。康熙初年奉设，站马一十二匹，马夫六名。至四十一年，抽调马六匹、马夫三名，安设南路驿站。实在：马六匹、岁支草料银一百二十七两四钱四分，马夫三名、岁支工食银五十两九钱七分六厘，买补马二匹、岁支价银一十六两，棚厂槽鍘、岁支银八两五钱二分。原设杠夫一十六名，康熙五十年抽调四名，充入南路，存杠夫一十二名，雍正十年尽行裁汰。以上岁共支银一百零二两九钱三分六厘。”

珠江驿　在资州治内。“东至内江县仁安驿九十里，西至资阳县南津驿一百四十里。康熙初年奉设，站马一十二匹，马夫六名。至四十一年，调马六匹、马夫三名，设南路驿站。实在：马六匹、岁支草料银一百二十七两四钱四分，马夫三名、岁支工食银五十两九钱七分六厘，买补马二匹、岁支价银一十六两，棚厂槽鍘、岁支银八两五钱二分。原设杠夫一十六名，康熙五十年抽调四名，充入南路，存杠夫一十二名，雍正十年尽行裁汰。以上岁共支银二百零二两九钱三分六厘。”

仁安驿　在内江县治内。“东至隆昌县隆桥驿一百二十里，西至资州珠江驿九十里。康熙初年奉设，站马一十二匹，马夫六名。至四十一年，抽调马六匹、马夫三名，安设南路驿站。实在：马六匹、岁支草料银

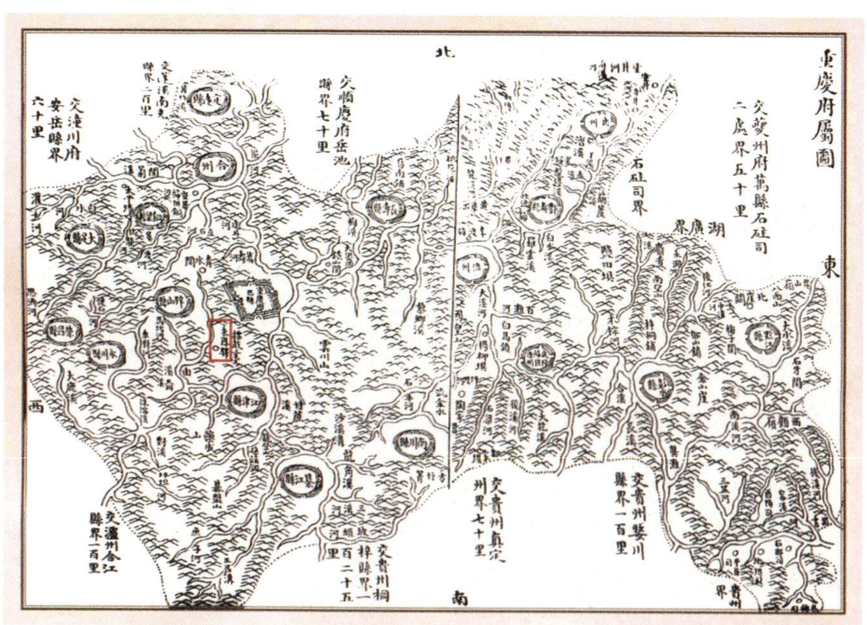

清雍正十一年（1733）刻本《四川通志・重庆府属图》，图中在各县城之外标注了许多重要的驿站和关隘，如重庆周边的来凤驿、清水关、铁山关等

一百二十七两四钱四分，马夫三名、岁支工食银五十两九钱七分六厘，买补马二匹、岁支价银一十六两，棚厂槽鍘、岁支银八两五钱二分。原设杠夫一十六名，康熙五十年抽调四名，充入南路，存杠夫一十二名，雍正十年尽行裁汰。以上岁共支银二百零二两九钱三分六厘。”

隆桥驿　在隆昌县治内。“东至荣昌县峰高驿一百四十里，西至内江县仁安驿一百二十里。康熙初年奉设，站马一十二匹，马夫六名。至四十一年，抽调马六匹、马夫三名，安设南路驿站。实在：马六匹、岁支草料银一百二十七两四钱四分，马夫三名、岁支工食银五十两九钱七分六厘，买补马二匹、岁支价银一十六两，棚厂槽鍘、岁支银八两五钱二分。原设杠夫一十六名，康熙五十年抽调四名，充入南路，存杠夫一十二名，雍正十年尽行裁汰。以上岁共支银二百零二两九钱三分六厘。”

峰高驿　在荣昌县东二十里。“东至永川县东皋驿九十五里，西至隆昌县隆桥驿一百四十里。康熙初年奉设，站马一十二匹，马夫六名。至四十一年，抽调马六匹、马夫三名，安设南路驿站。实在：马六匹、岁支草料银一百一十七两四钱四分，马夫三名、岁支工食银五十两九钱七分六厘，买补马二匹、岁支价银一十六两，棚厂槽鍘、岁支银八两五钱二分。

古驿道三百梯（2011年）

古驿道遗迹（2017年）

原设杠夫一十六名，康熙五十年抽调四名，充入南路，存杠夫一十二名，雍正十年尽行裁汰。以上岁共支银二百零二两九钱三分六厘。”

东皋驿　在永川县治内。“东至璧山县来凤驿七十五里，西至荣昌县峰高驿九十五里。康熙初年奉设，站马一十二匹，马夫六名。至四十一年，抽调马六匹、马夫三名，安设南路驿站。实在：马六匹、岁支草料银一百一十七两四钱四分，马夫三名、岁支工食银五十两九钱七分六厘，买补马二匹、岁支价银一十六两，棚厂槽鍘、岁支银八两五钱二分。原设杠夫一十六名，康熙五十年抽调四名，充入南路，存杠夫一十二名，雍正十年全裁。以上岁共支银二百零二两九钱三分六厘。”

来凤驿　在璧山县南五十里。“东至巴县白市驿五十里，西至永川县东皋驿七十五里。康熙初年奉设，站马一十二匹，马夫六名。至四十一年，抽调马六匹、马夫三名，安设南路驿站。实在：马六匹、岁支草料银一百一十七两四钱四分，马夫三名、岁支工食银五十两九钱七分六厘，买补马二匹、岁支价银一十六两，棚厂槽鍘、岁支银八两五钱二分。原设杠夫一十六名，康熙五十年抽调四名，充入南路，存杠夫一十二名，雍正十年尽行裁汰。以上岁共支银二百零二两九钱三分六厘。”

璧山县　东南至巴县白市驿五十里，南至县属来凤驿五十里。“康熙初年奉设，站马一十二匹，马夫六名。至四十一年，抽调马六匹、马夫三名，安设南路驿站。实在：马六匹、岁支草料银一百二十七两四钱四分，马夫三名、岁支工食银五十两九钱七分六厘，买补马二匹、岁支价银一十六两，棚厂槽鍘、岁支银八两五钱二分。原设杠夫一十六名，康熙五十年抽调四名，充入南路，存杠夫一十二名，雍正十年尽行裁汰。以上岁共支银二百零二两九钱三分六厘。”

白市驿　在巴县西。东至府城朝天驿五十里，西至璧山县来凤驿五十五里。“康熙初年奉设，站马一十二匹，马夫六名。至四十一年，抽调马六匹、马夫三名，安设南路驿站。实在：马六匹、岁支草料银一百二十七两四钱四分，马夫三名、岁支工食银五十两九钱七分六厘，买补马二匹、岁支价银一十六两，棚厂槽鍘、岁支银八两五钱二分。原设杠夫一十六名，康熙五十年抽调四名，充入南路，存杠夫一十二名，雍正十年尽行裁汰。以上岁共支银二百零二两九钱三分六厘。”

朝天驿　在巴县治内。东至长寿县分水驿二百五十里，西至县属白市驿五十里。“康熙初年奉设，站马一十二匹，马夫六名。至四十一年，抽调马六匹、马夫三名，安设南路驿站。实在：马六匹、岁支草料银一百二十七两四钱四分，马夫三名、岁支工食银五十两九钱七分六厘，买补马二匹、岁支价银一十六两，棚厂槽铡、岁支银八两五钱二分。原设杠夫一十六名，康熙五十年抽调四名，充入南路，存杠夫一十二名，雍正十年尽行裁汰。以上岁共支银二百零二两九钱三分六厘。”

（录自清雍正《四川通志》）

清雍正年间（1723—1735）成渝驿道简表

表 3

序号	驿传	位置	里程	实存		
				马匹	马夫	杠夫
1	龙泉驿	简州西	东至阳安驿七十里，西至锦官驿四十里	四匹	二名	十二名
2	阳安驿	简州治内	东至南津驿九十里，西至龙泉驿七十里	四匹	二名	十二名
3	南津驿	资阳县治内	东至珠江驿一百四十里，西至阳安驿九十里	六匹	三名	十二名
4	珠江驿	资州治内	东至仁安驿九十里，西至南津驿一百四十里	六匹	三名	十二名
5	仁安驿	内江县治内	东至隆桥驿一百二十里，西至珠江驿九十里	六匹	三名	十二名
6	隆桥驿	隆昌县治内	东至峰高驿一百四十里，西至仁安驿一百二十里	六匹	三名	十二名
7	峰高驿	荣昌县东二十里	东至东皋驿九十五里，西至隆桥驿一百四十里	六匹	三名	十二名
8	东皋驿	永川县治内	东至来凤驿七十五里，西至峰高驿九十五里	六匹	三名	十二名
9	来凤驿	璧山县南五十里	东至白市驿五十里，西至东皋驿七十五里	六匹	三名	十二名
10	璧山驿	璧山县城内	东南至巴县白市驿五十里，南至县属来凤驿五十里	六匹	三名	十二名
11	白市驿	巴县西	东至朝天驿五十里，西至来凤驿五十五里	六匹	三名	十二名
12	朝天驿	巴县治内	东至长寿县分水驿二百五十里，西至县属白市驿五十里	六匹	三名	十二名

写意来凤驿（2011 年）　　陈安乐　绘

古迹文物

王翰林府

位置 环境 王翰林府位于来凤街道孙河村五组老虎嘴山下，为清代翰林王倬建造，民国时期成为重庆著名药商黄岐生的宅第及开设的“天生元”药号。因原主人王倬在清道光年间（1821—1850）擢升翰林，因此庄园被称为“翰林山庄”“翰林院”。在第三次全国文物普查中，璧山县文物管理所以“王家宅”名字登记为不可移动文物点。

王翰林府背后是苍莽绵亘的缙云山脉，宅基地背面是挺拔高耸、层峦叠翠的帽形山体，山上有一块凸出的巨石，形如一只坐卧的老虎，跃跃欲跳，活灵活现，被称为“老虎岩”“虎跳石”，此山得名“虎岩山”。山岭上有一座天灯寺，始建于明初，又名圣灯寺，古时称为圣灯岩，寺庙与老虎岩相邻。相传半夜时，山岩有灯形光芒四射，夺目耀眼，故寺庙题有“危峦石火辟何年，变幻如荧照大千”诗句。至今在天灯寺的山崖上，还有不少摩崖石刻。王翰林府前面以前是大片良田，现改为池塘。一股从虎岩山流下的溪水，如玉带环绕庄园而过。

王翰林府（2011 年）

王翰林府·风雨亭（2011年）

王翰林府·内花园（2011年）

王翰林府·碉楼（2011年）

王翰林府·碉楼局部（2011年）

建筑风貌 王翰林府占地近13亩，建筑面积约1300平方米。山庄坐东向西，依山傍水，四周树木茂密，背后山峦叠翠。王翰林府由一座大三合院、一座小四合院、一处大院坝、一座前花园、一座后花园、两座碉楼、两道朝门组成。山庄周围建有高约4米的夯土围墙，大部分保留原样。门前院坝原为半圆形，被称为“月亮坝”，现在的地形地貌已发生变化。山庄有两道朝门，头道朝门开在偏离山庄中轴线西侧约30多米处围墙上，呈八字形，仿马头墙样式，两边收分，层层叠落。朝门墙面高约6米，面阔近10米，显得宽阔大气，肃穆威严。朝门上额题“野庐”二字，相传为民国时期国民政府委员会主席林森到此度假时，应山庄主人黄岐生所邀题写。后来朝门题刻遭到破坏，字迹现已很难辨认。

头道朝门里面是一处宽阔的庭院。内有一棵古银杏树，直径约0.8米，被当地人奉为“神树”，认为可以保佑子女考上大学，常有人进来烧香叩拜，墙上题写“傍百年树，读万卷书”条幅。二道朝门开在左侧，门柱题刻楹联：“斯地溯太原，金马玉堂，昔日曾为翰林府；此业归江夏，迁基换址，今朝改作处士家。”楹联为黄岐生请书法家撰写，石门上方匾匣题“岐轩”二字，灰塑题字，表面用青花瓷片镶嵌。

王翰林府・雕花构件组图（2011 年）

王翰林府・雕花桌椅组图（2011 年）

王翰林府・雕花牙床（2011 年）

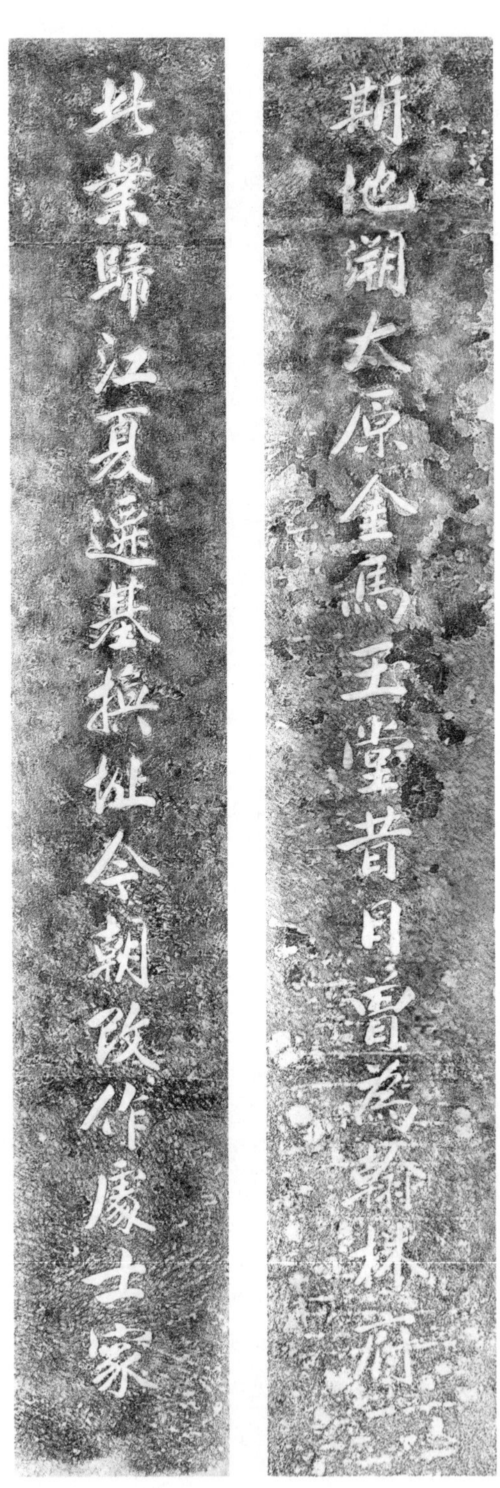

大门楹联拓片（2011 年）

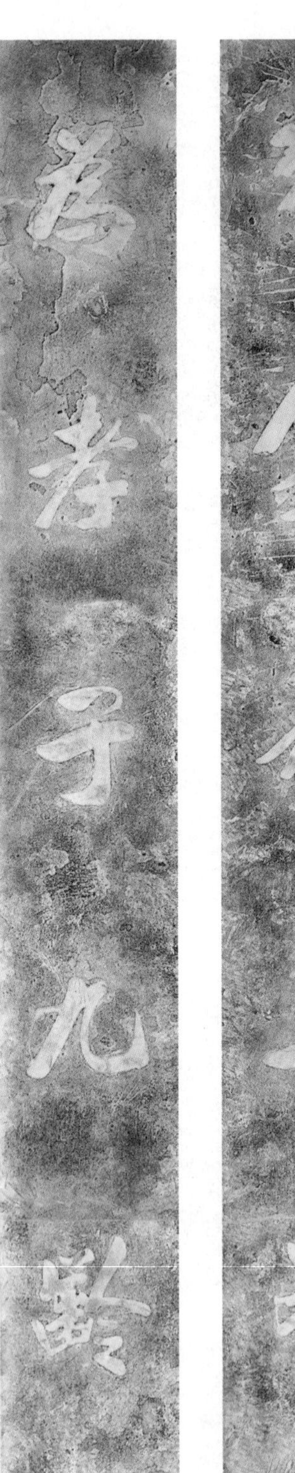

上厅门联拓片（2011 年）

大三合院两侧厢房进深尺度不小，右侧厢房进深达 9.5 米，据说当年被改为生产药材的作坊，所以比一般房屋进深大得多。正中庭院面积近 300 平方米，前方有一座花园，过去建有椭圆形水池，环池有回廊、步道、月亭、假山、奇石，现仅存一株黄葛树和一方小水塘。三合院正房面阔 7 间，进深 5.7 米，正房前宽阔的廊道用 6 根石柱支撑。正厅祠堂门柱上有一副对联："引皇祖三略，为孝子九龄"，是王倬亲笔所写，题字镌刻清晰，书法苍劲潇洒，寓意以汉代张良的谋略和九岁黄香的忠孝作为学习楷模和人生追求。大三合院北面靠前处有一座绣楼，三面为土墙，一面用花窗、隔扇和木板作墙，在庄园中显得灵秀美观。

小四合院位于左厢房背面，内有小天井。天井里有一座六角凉亭，高两层，三面空透，六角形砖柱，为庄园一景。王翰林府两侧各建有一座三层高的碉楼，夯土结构。

王翰林府现有建筑除正房是晚清修建外，其他房屋在民国时期和新中国成立后做过改建。王倬独子曾任广西思恩知县，不幸早逝，翰林院因王倬无子孙继承，产权曾由侄辈享有。1932 年黄岐生出资从王倬后人手里将翰林山庄旧宅买下，之后聘请风水师重修宅院。在改建王翰林府邸时，保留了大院主体、堂屋、东西厢房旧貌。大院正厅门口悬挂"江夏流芳"，堂内正上方悬"三七家风"横匾，后院山坡建"听涛亭"，当地乡民亦称此庄园为"黄家花园"。20 世纪 60 年代改作敬老院，在庭院前新建了一排房屋，使三合院变成四合院。2002 年改为"农家乐"，内部又有一些改造。2012 年被大圆祥公司买下，对此宅进行修复整治，开办一座民间博物馆。

链接：捐挑沮漳河道工竣请奖当阳知县王朝栩折

道光十八年三月二十五日（1838 年 4 月 19 日）

奏为捐挑沮、漳河道，并修筑堤塍验收如式，请将倡捐筹办之知县恳恩从优议叙，以示奖励，恭折奏启圣鉴事：

窃照湖北当阳县境有沮、漳两河，中夹一洲。漳河自南漳县发源，至洲北萦绕该县河溶镇而东；沮河自远安县发源，至洲南亦绕至东，与漳河合流，名为两河口，直达荆州之筲箕洼入江。《左传》有云："江汉沮漳，楚之望也。"以沮、漳与江、汉对举，则其为经流之大者可知。溯查道光六年，当阳等处蛟水泛涨，沮、漳两河不能容纳，泛溢四出，致荆州万城大堤毗连之得胜台民堤冲溃，经前抚臣杨懋恬奏明动项修筑在案。

臣等因楚北滨临江河各处，频遭水患，固须修筑堤塍，借资保障，尤必开浚河道，庶得疏销。节经谆饬各州县实力讲求筹办去后。旋据当阳县知县王朝枏祥称，该县河溶镇一带，因漳河淤塞，水无所容，道光六年夹洲溃口，漳水并入沮河。查沮河本已淤浅，加以漳水合流，更易漫淹，应将溃口筑堤，以拦漳水，并挑疏河身，俾资容纳。因经费难筹，斟酌估办，需银一万四千四百八十四两零。该县王朝枏首先倡捐银二千两，劝谕绅商士民捐输办理。嗣不敷银七百二十九两零，复由该县捐补完工。报经饬委荆宜施道梁宝常查验，河道挑挖宽深，堤塍堵筑坚实，由藩司张岳崧具祥请奏前来。

臣等伏查当阳县属沮、漳两河，下达荆江，逼近万城大堤，关系綦重，前因河道淤塞，水无所容，时虞漫溢，兹经该县倡捐银二千七百二十九两零，又劝谕士民捐输银一万一千余两，挑筑兼施，俾河道宽深，堤塍巩固，得资利赖，洵属奋勉急公。相应仰恳天恩，俯准将当阳县知县王朝枏交部从优议叙，以为讲求水利者劝。此外各处水道应须修浚之处，臣等仍随时督饬各属设法筹办，以期多一分之疏通，即少一分之泛滥。

除捐资各绅民造册咨部照例议叙外，臣等谨合词恭折具奏，伏乞皇上圣鉴训示。

再，此项工程系属捐办，请免造册报销，合并陈明。谨奏。

四月初十日朱批（缺）

（本文录自《林则徐集·奏稿》）

三道牌坊

古驿来凤，自明朝设驿以来，商贸繁荣。在原老驿路上，从来凤场口到东山白家店水库沿路，自西向东伫立着“功绩坊”“百岁坊”“节孝坊”三座牌坊，当地俗称“三道牌坊”。

古驿道三道牌坊段（2017 年）

功绩坊　“一道牌坊”为“功绩坊”，是来凤当地民众为纪念本地士绅周继盛的功绩而修建的。据《璧山县志》载，周继盛，璧山县来凤人，人称“周四老爷”。清道光十二年（1832）捐白银七千八百五十四两修建来凤凉桥；道光十九年（1839），县城城隍庙火灾，神像尽毁，他又出资修建；咸丰二年（1852），县城大成殿正堂毁损，周继盛再次变卖田产，甚至借钱筹集白银四千一百多两，予以重修。他一生为做善事，耗尽了所有家财。当地民众为褒扬他捐资修庙、修桥的功绩，自动出资修建了这道牌坊。因该牌坊在来凤场到重庆的第一个路口之上，人们也便俗称“一道牌坊”。

百岁坊　“二道牌坊”的全名为“旌表例赠奉直大夫周绍熙之妻何氏百岁坊”。周绍

来凤何氏百岁坊（2007 年）

何氏百岁坊拓片——官员款识（2011 年）

何氏百岁坊石雕局部（2011 年）

熙是璧山来凤人，妻子何氏待人和善，受人尊敬。道光二十五年（1845），其孙辈周继盛等在祖母何氏满 100 岁时，经圣旨批准在此修建这座石牌坊。该牌坊高 11.7 米，宽 7.88 米，四角八翘，巧夺天工，醒目的四根石柱构成了牌坊的三道门，正中是大门，两边是小门，门之间塑有栩栩如生的青狮、白象、麒麟等吉祥动物。正面刻有川渝高官恭贺名录及“升平人瑞”四个大字，背面刻有翰林刘宇昌篆书的何氏百岁坊序和“贞寿之门”四个大字。整座牌坊雕刻工艺精湛，形态优美，如今保存完好。俗称“二道牌坊”。

何氏百岁坊・龙腾・升平人瑞（2011年）

何氏百岁坊石雕・凤舞・贞寿之门（2011年）

何氏百岁坊・仙女神人组图（2011年）

何氏百岁坊石雕・期颐寿宴・琴瑟和鸣（2011年）

何氏百岁坊拓片——贞寿之门（2011年）

节孝坊 “三道牌坊”为“节孝坊”。该牌坊建于道光二十一年（1841），据来凤当地李氏老辈人口传和考证，是李氏入川的第五代孙李朝勋奉旨所建，经清道光皇帝圣旨敕封，为了表彰祖父李维屏祖母伍氏老夫人而修建。李氏老族谱记载的道光二十一年（1841）十二月十一日敕封圣旨如下：

奉天承运，皇帝制曰：考绩报循良之最，用奖臣劳；推恩溯积累之遗，载扬祖泽。尔杍维屏，乃捐职同知。李朝勋之祖父，锡光有庆，贤德务滋，清白之芳声，泽留再世，衍弓裘之令绪，祐笃一堂。兹以尔孙克襄王事，貤赠尔为奉政大夫。锡之诰命，于戏！聿修念祖，膺茂典而益励新猷；有谷贻孙，发幽光而丕彰潜德。制曰：册府酧庸，聿著人臣之懋绩；德门辑庆，式昭大母之芳徽。尔伍氏乃捐职同知李朝勋之祖母，箴诫扬芬，珩璜表比德。职勤内助，宜家久著其贤声；泽裕后昆，锡类式承乎嘉命。兹以尔克襄王事，貤赠尔为宜人。于戏！播徽音于彤管，壸范弥光；膺异数于紫泥，天庥永绍。

来凤驿的“三道牌坊”，原本是来凤驿的一道风景。在“文化大革命”时期破“四旧”中，原来凤镇组织人员对“三道牌坊”进行了拆除。如今只剩下“何氏百岁坊”一座牌坊。1986年，该牌坊被重庆市人民政府确定为首批市级文物保护单位，被誉为重庆地区清代石刻的代表，备受当地群众的尊崇和爱护。

来凤凉桥

旧貌 来凤凉桥，又称“梁桥”“鸣凤桥”。明正德十二年（1517）《四川志·重庆府·关津》记：“璧山来凤桥，在治南五十里。”后经几百年沧桑，来凤凉桥终因风雨侵蚀，年久失修，摇摇欲坠。一直到清道光十二年（1832），来凤士绅——人称“周四老爷”的周继盛捐银修建来凤凉桥，并易名为“鸣凤桥”。

该桥为三孔主洞石拱廊桥，两侧各有一个泄洪小孔洞，桥上中间孔拱前后均有雕龙，各孔拱之间也雕有龙凤及吸水兽。桥面左右两边有两排石栏杆，石栏杆的立柱顶端雕有造型各异、生动传神的十二生肖或石狮子。部分石柱上用浅浮雕刻有“鱼穿

来凤凉桥旧貌（20 世纪 80 年代）

来凤凉桥旁的吊脚楼（2010 年）

莲”“凤戏牡丹”等图纹。修桥时，桥身中置放有铁铸的可用作警镇洪水的“精物件”，桥中孔正中悬挂有一柄斩妖剑，后被洪水冲走，但至今仍可见原来的痕迹。

来凤凉桥造工精致，石与石之间用糯米浆浇灌黏合。当时设计为人行桥，两边均有七级石梯拾级而上，桥中间为廊亭，青瓦屋面，脊和翘角处均雕檐画栋。桥正中行人，两面各有木板店铺 18 间。桥中间为青石路，建桥时雕有一对鲤鱼，寓意为“鲤鱼跃龙门”，民间传说十分美丽。

变迁　来凤凉桥系周继盛用心建造，非常牢固。1931 年修建成渝公路时，抬高了桥两边路面，并拆去了桥上的 36 家店铺。1940 年前后，因过大车需要，又将廊亭全部拆除。在“文化大革命”期间破“四旧”时，桥上原雕刻的精美狮柱和鱼凤纹图被打毁，桥拱之间临水的龙凤等石雕也被打烂，甚为可惜。

20 世纪 90 年代中期，旧城改造，来凤凉桥两侧过水小孔被填埋，只剩下三孔主洞和历经百年的石栏杆。2008 年 7 月 17 日璧南河遭受特大洪灾，洪水漫桥而过，来凤凉桥全部淹没在水中，桥上两边的石栏杆被全部冲毁，只留下主桥身。

新开坦途碑

碑文 新开坦途碑位于来凤街道场镇西街，嵌在一户人家墙壁上。石碑高 2.18 米，宽 1.19 米，碑面正中自上而下刻有“新开坦途”四个大字，行楷，每字高约 50 厘米，宽约 40 厘米，其中“途”字已经严重风化剥蚀，几乎不可辨识。

从题款可以大概看出这块碑所记事件。碑右边为上款，题为：“前来凤桥系驿站冲道，每逢场期□□□开新路，中造石桥，自西路口至东路口计长□□□四尺，俱系募资。在田中新砌大路以便行人□□□。”下款题为：“署璧山县事□□□。嘉庆十七年岁次壬申仲夏□□□。”

新开坦途碑（2011 年）

典故 碑文内容为清嘉庆年间（1796—1820）新修来凤道路和过河石桥纪事。从剩下的文字分析，当时作为成渝交通要道的来凤驿道非常繁忙，特别是从来凤过河的驿桥太狭窄，每逢赶场的日子更是拥挤不堪。为使交通顺畅，所以新修这座桥梁连接场镇东西路口，并利用田地重新修砌一条大路，以便行人通行。

在此之前来凤驿横跨璧江只有一座桥梁，当地人称“梁桥”。这座新造石桥被称为“接凤桥”，竣工时间为嘉庆十七年（1812）夏。据嘉庆《璧山县志·津梁志》记载：“接凤桥，县东南五十里，长九丈八尺，宽四尺八寸，高一丈二尺，近来凤桥，因来凤桥系驿站大道，每逢场期人多挤拥，行者苦之，爰议另修桥路，以便行人。自桥东至东路口，长九十八丈六尺，自桥西至西路口，长二百三十丈，俱系募众捐资，在田中开砌新路，嘉庆十七年五月工竣，邑令李大经营修。”主持这项工程的是当时的璧山县令李大经，广东嘉应举人，于嘉庆十六年（1811）上任，嘉庆十七年（1812）六月该桥建好后就离任，继任者为江苏武进举人汤贻湄。

据资料记载，碑中所记这座“接凤桥”为 13 孔平桥，全长 32.7 米，宽 1.67 米，隔孔桥墩上雕石龙一条。1942 年修来凤堰后，加高四次，作人行桥用。2002 年被拆除，在原址修建了一座宽 20 米、长 36 米的公路桥，即今“来凤新大桥”。

老城墙

古时来凤驿地处成渝交通要冲，来往商贾频繁，可谓车水马龙，人流如织。加之驿镇商贸繁华，以致周边土匪猖獗，江湖多风多雨，世事纷纷。

来凤老街口版画（2011 年） 周继敏 绘

五道城门 清朝末年，来凤商界大亨王用之为佑一方水土，率人在来凤驿修筑城墙防匪。来凤驿城墙把整个驿镇包裹其中，共设有五道城门，一道城门是东街口老成渝驿路往重庆方向，二道城门是猪市坝往石龙场方向，三道城门是傅家油坊往中兴场方向，四道城门是文昌宫往鹿鸣场方向，五道城门是小桥街口往丁家方向。这个城墙修得很特殊，各城门以墙相连，修至璧南河边为止，以河为天然屏障，基本拱卫了全镇。凡城墙都是一尺见宽，两丈余高，城墙本身不能住人，但在城门口修的炮楼垛墩却能住人，便于放哨、打枪、防匪。

四座炮楼 来凤老城墙共修有四座炮楼，东街口、猪市坝、文昌宫、小桥街口各一座。傅家油坊城门口因沿河而修，故只有城门而无炮楼。这四个城楼都很大，可以住几百人。小桥街口的城楼内还修有堰塘，可供守城楼人饮水。从鹿鸣往丁家方向的城墙脚下挖有暗河，一年四季流水不断。如果城门关闭，则易守难攻。除了以城墙防土匪、佑平安，王用之还曾组织津巴璧清乡联防大队，组成一支专用于抵抗土匪的民团。因其特殊的地理位置和城防作用，来凤驿逐渐成为兵家必争之地。自辛亥革命起，先有炮兵第八团驻防，其团部就驻在来凤邓善芝家院。后又驻宪兵大队，国民政府迁都重庆时，宪兵大队三团就住在来凤场，许多大院内都有驻兵。1948 年，来凤驿又成为八十三师炮兵营驻地。解放战争时期，时任中国人民解放军第三十五师师长李德生也曾率兵在来凤进驻。新中国成立后，来凤一直都有驻军，虽经多次换防，至今仍有一个团驻扎在此。

黄家花园

旧貌 黄家花园位于来凤古驿东街南侧璧南河畔，占地面积 3000 平方米。是一座别墅式的花园住宅，系乡绅黄绍清于 1938 年请建筑师设计建造。主体建筑是一幢约 400 平方米的二层楼房，砖木结构，建筑采用中西结合式，造型小巧玲珑，俏丽别致。

主楼前庭建有水池、花圃，北侧建有凉亭。园中种植香樟、橡胶、黄葛树等各种林

黄家花园香樟树（2011 年）

木。春夏之季，这里碧水萦回，百花争艳，树林荫翳，鸟鸣叽叽，一派祥和安宁的景象。

新颜 20 世纪 50—70 年代，黄家花园是来凤镇医院的医疗用房，因此，来凤医院也称为“来凤花园医院”。改革开放后，这里进行了旧城改造，旧楼被拆除，盖了新房，但依然是医院的用地。而今，这里只有几棵又粗又大的黄葛树和香樟树，让人依稀记得当年的繁华。

邓家院

历史风貌 邓家院，清宣统三年（1911）由来凤乡绅邓仁和修建，后由其子开明士

上邓家院鸟瞰（2011 年）

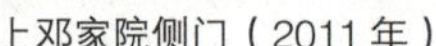
上邓家院侧门（2011 年）

上邓家院天井（2011 年）

绅邓善之继承，至今有 100 多年的历史。邓家院坐落于来凤古驿北边 1 千米处的何氏百岁坊旁，坐北向南，背靠土丘，面朝缙云山脉，屋前有一湾水田环绕。整个院子占地广阔，规模宏大，建筑精美。

在四合院整体布局下，房屋设计精巧，重叠有序，从南到北呈阶梯式递进。邓家院由北屋、南屋、东房、西房四围合成，形成一个“口”字形。一个中心庭院占据中轴线，大气、恢宏，庭院中心是一个几百平方米的花园。邓家院左右两边的东房、西房各有一大一小两个天井，形成前小后大、园中有园的格局。整个院子，皆白墙青瓦，楼上、楼下两层构建；门窗、梁柱建造精细；雕饰、彩绘，典雅大方，为独具特色的川东民居风格，把院落四合的传统营造展现得淋漓尽致。

以龙和凤组成的图案，寓意龙凤呈祥；以蝙蝠、寿字组成的图案，寓意福寿双全；以花瓶内安插月季花的图案，寓意四季平安。而嵌于门柱上的楹联，风雅备至，充满浓郁的文化气息。处处体现出主人对家庭幸福、富裕、安康、吉祥的美好愿景和追求。

发展变迁　新中国成立后，邓家院一部分分给当地的七八户农民作为住房，一部分成为石安村小学和村办公室用房。这个乡村小学，有 5 个班的教室，还有办公室和老师的住房；而村里的用房，有大会议室、医疗站、村干部办公室。而今，邓家院的体制规格基本保持了原貌，是一处现成的川东民居博物馆。

下邓家院（2011 年）

七宫五庙

明末清初，由于战乱、瘟疫、天灾等诸多原因，导致四川境内人口锐减，耕地荒芜。清政府采取自上而下的形式，发动全国十多个省移民四川，定居“垦荒”，故史有“湖广填四川”之说。移民入川大都是以家庭为单位迁移而来，一个姓氏的人相当少，最初从不同地方来的移民，最感亲切的是通过“乡音”结识同乡。为了联络感情，互相关照，扶弱济贫，预防其他地方来的人欺侮，便分别建立起同乡会性质的会馆（庙宇），遵循原籍的风俗并祀奉故地的神灵。那时的璧山 85% 的人口来自全国四面八方。于是，移民们在县城和各场镇大兴土木，修宫建庙便在全县场镇铺延开来，比如丁家、来凤、八塘等均有不少庙宇。来凤曾修建九宫十庙。这些宫庙是小镇历史的印迹，也是商业繁荣的见证，它们承担着一个古镇的宗教文化。行走古镇，偶尔还能听到很多关于这些宫庙的传闻故事，见到其中一些残留下来的宫庙。

文昌宫碑记拓片（2011 年）

来凤驿的“九宫八庙”大致是：文武宫、惠民宫、万寿宫、荣禄宫（又名三官殿）、天上宫（也叫天后宫）、地主宫、南华宫、紫云宫、文昌宫；文庙、武庙、城隍庙、川主庙、马王庙、禹王庙、雷神庙、玉皇观。这些寺庙大多修建于明清时代，各寺庙都塑有神像，专供市民烧香许愿。这些寺庙建筑大多环境幽美，构造精致，神像造型栩栩如生，如文庙、波仑寺、华藏寺等都享有盛名。但由于时代的变迁、政治历史等各种原因，导致很多庙宇被毁掉。来凤古镇“九宫八庙”在民间颇有名气的主要为“七宫五庙”。

天后宫 供奉妈祖。沿海一带的人们对妈祖的崇拜胜过观音。传说妈祖是福建泉州一渔家女，生得美丽动人，常常为当地渔民行善施恩。有一次为了救狂风大雨中的渔民不幸溺水而死，人们为了纪念她，将之演绎为神。天后宫当时香火旺盛，现已无存，原址亦不可考。

文昌宫 供奉掌管功名禄位、文人崇拜的文昌帝君。现已拆除，曾位于凉桥往鹿鸣方向的路口边。

万寿宫 为纪念江西的地方保护神——俗称“福主”的许真君而建。万寿宫也称“江西会馆”。来凤的万寿宫又被称为“石灰庙”。据悉，来凤东山盛产石灰，有许多耕夫驿卒为了生计，常挑石灰到来凤驿售卖，挑子就置于万寿宫面前空旷之地。久之，便形成一个众人熟知的石灰市场。遇雨天，为防石灰遇水流失，挑夫们就进庙避雨。故当地人又把此庙俗称为“石灰庙”。现位于街道办事处政府所在地。

地主宫 供奉关帝。存于现来凤街道办事处政府大楼后，原鸡鸭市场。

紫云宫 供奉玉皇大帝。玉皇大帝居紫宫，紫微星。据说原址在上场口。

南华宫 供奉六祖。曾列于广东会馆。六祖原名惠能（638—713），禅宗创始人。佛教为印度释迦牟尼的关门弟子达摩传入中国。达摩被称为始祖，而六祖就是第六代传人。原址在现在和平药房处，20世纪90年代被拆除。

惠民宫 供奉李冰。李冰父子兴修水利，大兴川渝，世代被人尊崇。位于东街，原来的新华路小学。

南华宫侧门（2011年）

雷神庙 供奉雷神。曾位于现凉桥农村商业银行处。来凤驿历来是川渝线上一条极为重要的驿道。驿站有一条波涛滚滚的河流穿城而过。但到18世纪末，却只有独木桥一座，由于来往行人过多，木桥每隔三五年就会朽烂，被认为是一些蟒蛇作祟、妖作怪，使桥坏掉。来凤人为镇住妖魔，特于桥头修雷神庙降妖伏魔。传说有一年，天降暴雨，一巨蟒要过桥渡海，到东海成仙。游到此地时，翻滚席卷，一时间恶浪滔天，很快就要拱破木桥。就在此时，雷神一锤敲下，巨蟒被打成几节，保住了木桥。今雷神庙遗址无存。

禹王庙 是纪念大禹的祠宇。大禹在远古历史中，至少在水事活动中，具有保护神的地位，禹王庙和关帝庙一样，在民众心里占据重要的位置。原址不可考。

文庙 供奉孔夫子，是祭祀伟大思想家、教育家孔子的祠庙建筑，由于孔子创立的儒家思想对于维护社会安定所起到的重要作用，历代封建王朝对孔子尊崇备至，从而把修庙祀孔作为国家大事来办，到了明清时期，每一州、府、县治所所在地都有孔庙或文庙。其数量之多、规制之高、建筑技术与艺术之精美，在中国古代建筑类型中，堪称是最为突出的一种，是中国古代文化遗产中极其重要的组成部分。来凤的文庙也堪称最精美的庙宇，修建在来凤地势最高的河坝街，以彰显对孔圣人的尊崇。

马王庙 供奉文曲星，祭祀马王爷的庙宇所在地，同时也是明清时期办“马证”的机关，有相当于现在交通局的功能。原址在现来凤小学。

玉皇观 地址不详。1917年被拆除。

风雨沧桑，朝代更迭，很多庙宇被毁于一旦，现在来凤古驿保存完好的宫庙所剩不多，而且很多也无从知晓当时的地址。

老关口

重庆第一关 老关口位于来凤驿东（今青杠街道境内）龙隐山拖木槽垭口，古川东

老关口（2017 年）

大道制高点，重庆西驿最为险要之地，古称“重庆第一关”。明代曾于拖木槽设桐木铺，明末毁于兵燹，清代复设拖木铺。据清同治《璧山县志》卷一舆地记载：“拖木槽，县东南六十里，老关口在其上。”老关口又名拖木槽关，清同治《璧山县志》卷五武备记载：“拖木槽关在县东南五十里，又名老关口，系巴县、江津、璧山三县交界之地，乃川东大道，距巴县九十五里，距江津四十里，外距巴县属之走马岗，江津属之九龙铺各十五里。”

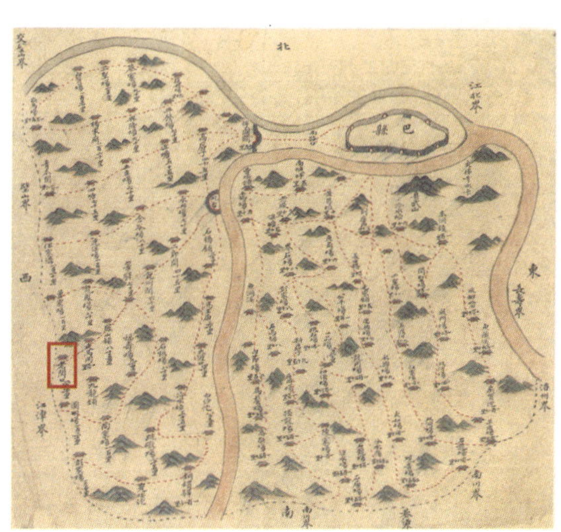

《四川分县详细图说·巴县图》系清道光年间（1821—1850）所绘，标注了老关口等渝西重要关隘

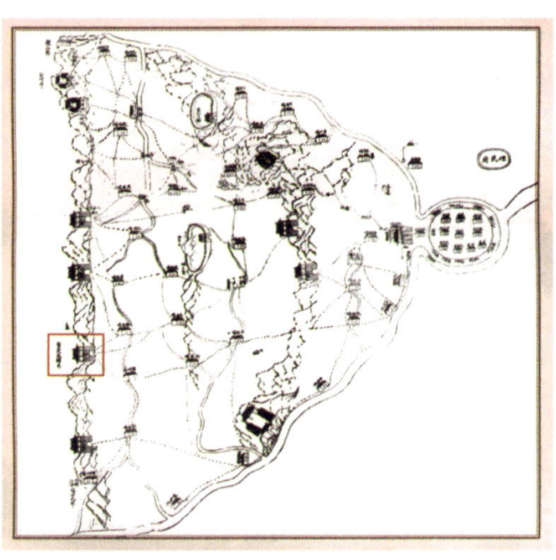

《巴县档案·重庆府图》绘制年代为清乾隆十九年（1754），图中将普通场镇、军事关隘、驻兵寨堡区别标注，并用虚线勾勒了道路分布。老关口上注明关楼

“险设天成”石刻（2017 年）

“巴县西界”石刻（2017 年）

据1939年《巴县志》卷一山脉记载："西山由南北迤入县境者为老关口，界三县，旧为成渝孔道，重庆第一关。其东山麓曰牛厂。渡岭而西，为拖木槽，隶璧山。自东徂西凡三十里，而其中复怀山涵阜。亦间得畎亩，峻阪上下，或行地底，或陟云端，岩石厢峭，与苍松峙立。山顶敞可数弓，于此置关，游目东西，望极百里。从来守是隘者，皆未尝摧陷。今马路辟通，关遂失险。"川东大道西段，行于丘陵区域，比较平坦易行。东段，须翻越老关口和凉风垭两座大山，比较艰险。如要避免东段翻越老关口之险，只能自来凤驿北折，由璧山东越青木关山口，而趋重庆，但绕行太远。清光绪三十二年（1906），川汉铁路工程师胡栋朝在初勘成渝铁路线路图中描述："来凤驿至重庆，唯越老关口、凉风垭两高山，其余之路极平。"并在测绘图上标注："测得老关口山高一百零五丈，凉风垭山高七十六丈。"足见老关口之险。1933年成渝公路竣工，东大路成渝段被公路取代，老关口遂失险要。

据清乾隆《巴县档案重庆府图》描绘，当时老关口曾修有关楼，为缙云山脉中最重要的垭口通道，关楼附近还建有民房。台湾段木干主编的《中外地名大辞典》记载："老关口，在四川巴县西。接璧山县界。关城凡三，一居山顶，二居山半。地势险要，为用兵者所必争。"据当地人描述，老关口关楼原有四个城门，向东两个城门前后相继，向西城门各通向西北和西南，西南为东大路正路。关内两边曾建有许多店铺，后来城门和店铺都陆续被毁，现已经找不到碥路痕迹。只在老关口两边石壁上存有明显人工开凿痕迹，路边石壁上留有城门卯洞。往东前行不远石壁上有"巴县西界"四字题刻，刻于道光二十八年（1848）十月，为时任巴县知县、会稽人朱凤枟手书。朱凤枟于道光二十八年上任，任巴县知县一年后，调任别处。在"巴县西界"题刻旁另有"险设天成"四字，其上未有时间标注，从风化程度及字体看，应和"巴县西界"所刻时间接近。离两处题刻不远，有一块1998年所立九龙坡、璧山、江津三个区县分界界碑，碑为三面，分别朝三个区县

"巴县西界"路牌（2017年）

界碑（2017 年）

的方向，今分属九龙坡区走马镇、江津区双福街道、璧山区青杠街道。

兵家必争地 老关口作为渝西兵家必争之地，曾历经数战。宣统三年（1911）四川保路运动中，同盟会重庆支部通过福寿堂仁字号堂口冉炳之，聚集各堂袍哥力量。11 月 19 日重庆独立前夕，这支袍哥队伍占领老关口，掩护重庆独立，接应夏之时军队到来，为重庆独立和蜀军政府成立做出贡献。此役被载入“辛亥革命重庆大事记”中。1917 年段祺瑞执政，非法解散国会，天下怨之，各省纷纷起兵护法。11—12 月护法运动中，滇黔川靖国联军攻打重庆，史称“重庆之战”。滇黔川靖国联军左路何海清旅由永川进击，于 12 月 1 日进占老关口，2 日克走马岗，3 日进迫佛图关。“因敌有援兵在后，乃在要隘处分兵扼守，置重炮于老关口，截断敌援兵来路，不一日，克复重庆城。”护法军总裁唐继尧复电云：“该总司令（指何部）自行军以来，战无不胜，攻无不克，胆略智勇，夙所仰佩。兹于老关口之役，勇猛独先，指挥有法，尤为钦佩，唯望继续取渝城，以除乱党，临电神驰，立盼捷音。”并在 1917 年 12 月 8 日致孙中山电文中说：“冬酉我军何旅长海清率周、蓝两团，分路进攻，已入老关口，夺获战利品无算，歼敌五百余。敌之交通已断，现正乘胜前进。支日，我军拂晓进攻，已将敌人击退，本日酉刻，我军大捷，已攻下黄桷垭。吴光新、周道刚率队离渝，渝城秩序暂由熊克武维持。”1920—1926 年四川军阀混战期间，老关口屡次成为各军阀争夺目标。1920 年 10 月 24 日刘湘通电：“东路陈国志师、张秉升旅进克永川，占领渝西要隘之老关口、白市驿。”1922 年 7 月 9 日，邓锡侯部前锋抵永川，与刘湘重庆二军傅常旅接触，傅常旅退老关口后全部溃散。7 月 15 日，熊克武、刘湘两军在老关口一带展开激战。1926 年 6 月，袁祖铭部黔军与川军刘文辉在老关口交战，6 月 18 日为川军突破，在四川参加川军混战数年之久的黔军最终被四川军阀联合驱逐出川。

老关口地处交通要道，往来商贾众多，三教九流汇聚。关口两侧山高林密，旧时匪患严重，老百姓称土匪为“棒老二”。“棒老二”经常在老关口一带出没打劫，至今拖木槽附近还有一地名“杀人店”。故往来商贾、挑夫大都选择在来凤驿或走马岗歇息一晚，等第二天一早，伴着鸡鸣声集结成群才敢出发赶路。新中国成立前，地方民团曾自发集结组成三县联防大队，设置岗哨，日夜巡逻，维护驿道安全。

诗文墨迹 老关口以其山势险峻，地理独特，令过往文人纷纷为之着墨。时任四川正考官的孙毓汶在同治六年（1867）十月十二日日记中写道：“自发来凤驿，不数里即拾级而上，近十里至山顶，竹树蓊郁，泉流清激，颇类大竹之黄泥塥。山顶累石为门，上书‘老关口’字，过此门即盘山而下，东面蜿蜒如长蛇，苍茫不断，即巴峡山阴也。是日浓阴，微雨，山上人家炊烟四起，与峰凹云气相间，少顷茫茫一白，尽掩峡山之背，仅余青痕一抹，如米画泼墨山尖，自此便行山梁上，膏腴万顷，无异平畴，四顾不复见山矣。”清代王闿运著《湘绮楼日记》光绪九年（1883）八月十八日记载：“过关口大坡，巴与璧山、永川三界地也。直下甚陡，颇为眩栗，驺从人马如蚁入穴。又二十里，宿来凤驿……”清末民初四川大儒赵熙有《题健夫老关口诗二首》。其一：“归路经冬来又春，关头日日送行人。山程若付丹青手，绝好悬崖斧劈皴。”其二：“家在孤云落照间，行人春去待冬还。乱麻皴仿黄公望，试写渝州两岸山。”

佛荫寺古碑

佛荫寺又名福荫寺，位于来凤驿东北（今青杠街道境内）龙隐山。相传明建文帝曾隐于该寺并题额。今存明万历十七年（1589）功德碑、清乾隆十五年（1750）重修大雄宝殿及帝庙功德碑等。

明万历十七年（1589）功德碑 此碑共8行84字，刻于万历十七年，内容为记述信众捐资塑大势至菩萨像并上彩或描金。其文字结体率意无意求工，具有典型的民间书写意味，刻工亦显粗率。但此碑之珍贵者，是碑文中“璧山县”之“璧”已是“玉字底”，说明到万历十七年时县名已由“壁”改为“璧”。

佛荫寺（2011 年）

万历十七年二月二十七日□白：大明国四川东道重庆府璧山县枫香里，喜舍背（通资）财信士陶学高、信女王氏，同兄陶学明、信女王氏，上同父陶志旺，诣本境龙隐（山）佛荫寺，塑妆势至菩萨一尊、重□一座，后□□芳者矣。

清乾隆十五年（1750）重修大雄宝殿及帝庙功德碑 全碑 14 行，共 332 字，刻于乾隆十五年，内容为记述信众捐资重修大雄宝殿和关帝庙。

尝闻：莫为之前，虽美勿彰，莫为之后，虽盛勿传。高峰山佛荫寺，上与虎峰、云□共峙，地拥峰高；下与宝峰、竹云并列，形势巍峨。前人大修建之举，后僧应补葺之忧。上而观音、中而大雄、下而帝庙，三栋焕然。前僧恒山之功，备矣！迨旨（诣）观音大殿倾圮，豫章居士何捐修。大雄宝殿，雨湿金容，关帝、韦驮，风雨飘摇，将来摧折之忧、倾颓之患，

佛荫寺佛像和石碑（2011 年）

势所必至。前人之功，不几废乎！况居士尚发重修之愿，贫衲住持于斯，宁甘置而不问？爰是捐买瓦片，盖造大雄，捐募檀那，重修帝庙。立碑垂古，永传众善。是叙！

会首众姓捐赀开列于左：

吴素懋、张伦、陶允治、王安仁，各币四百；

李文璧、李蒲璧、李奇菓、鲁元国、张问行，各币二百；

李良臣、黄川盛、黄甫盛、谢君重、邹廷升、温化彰、刘世宁、肖洪（二百四十）、袁德位、陈光玉、鲁銮生、鲁贵弼、常长庆、刘廷选、蓝尚具、李良贵、刘德华、刘德荣，各币一百六十。

一共用币十四串，以上各钱□佰文。

皇清乾隆拾伍年庚午□兴五月穀旦，住持僧声闻立。

其他遗迹

宝胜寺 位于境内孙河村，始建年代不详。寺址位于宝胜寺岗上，寺周翠竹环抱，青翠满目，景色幽邃，山冈四周丘陵起伏，绵延不断，形如座椅，寺址即位于“椅背”正中。据村民余国清回忆，寺院旧为四合院布局，木质建筑，殿堂中供奉有木雕、石凿、铁铸佛像100多尊，有寺僧三人住锡。寺院原有山门殿、天王殿、大雄宝殿、藏经楼等主要殿堂，两侧对称排列着钟楼、鼓楼、川主殿、文昌殿、祖师堂，以前在大殿脊檩上曾见写有题记“大清康熙十三年”字样，现无存。各殿堂的屋顶、屋檐皆铸起鳌头，殿堂之间回廊环绕，僧舍毗连，整座建筑布局严谨、庄严肃静。天王殿佛台上浮雕有野鹿含花、祥龙瑞凤等图案；川主殿佛台上供奉的都是木雕菩萨；大雄宝殿两面山墙上绘有伏虎达摩、天龙八部等重彩壁画。山门殿与天王殿之间各置一对钟鼓，山门前筑有青石铺砌的二十一级台阶，山门前有合围粗的银杏树、黄桷树各一株，枝繁叶茂，郁郁苍苍。相传建寺之初，因殿宇规模宏大，需用木材无数，而所募化的钱粮有限，工程进展缓慢。众僧正犯愁间，有位游方僧人来到寺中挂单，对众僧道："璧邑西山，有杉木无数。"说完径自往西山而去，找绅良化缘去了。绅良素来吝啬，对游僧说："山林中虽有杉木无数，但你如能把你相中的大杉树尾梢折断，便施舍与你，听任你砍伐。"游方僧和绅良立约后，摆下坛场作法，霎那间乌云密布、电闪雷鸣，狂风掠过，所需巨杉末梢顷刻间尽折。绅良见状目瞪口呆，虽心有不甘，仍然满面堆笑地说："树可砍倒，且看你怎样运走？"游僧道："这有何难。"说罢用禅杖向折梢的巨杉一撞，巨杉立时不见，而在宝胜寺前的古井里，却一株一株地浮涌出来，建寺的木材，就这样筹足了。寺院自建成以后，香火鼎盛，朝神拜佛者络绎不绝，每年会期不断，如二月初二"娘娘会"，四月初八"佛祖会"，五月十三"三圣会"，十月初一"牛王会"。凡遇庙会，广普、三合、丹凤、健龙等乡场，方圆几十里的乡民、商贾都聚集在这里，盛极一时，一直延续到20世纪50年代。新中国成立后，寺院建筑改为村小学使用，20世纪70年代末，学校搬迁后，殿宇为农户借居，又经逐年改扩建，寺院旧貌再难觅踪迹。

大佛岩 位于来凤古驿南端1千米。《璧山县志》载："大佛岩……岩上刻大佛像七尊。"佛寺中有碑记："大佛寺始建于隋唐佛教鼎盛时。"抗日战争期间，顾颉刚、常任侠、荆三林、祝嘉、邓子琴等先后到大佛寺拜谒考察，鉴定七尊大佛"系中唐石刻，是四川早期石雕大佛中的精品"。佛寺中有明代和清嘉庆年间（1796—1820）的题记"历经百余年始成"为证。

这七尊佛像，设计精心，构思巧妙，因地制宜，根据"山形地势和石质进行凿造"，从左向右呈一排，或坐或立，依次为药师佛、观音菩萨、善意佛、如来佛、阿弥陀佛、

大佛寺古井（2011年）

大佛寺铁钟（2011年）

金刚佛、日月光佛，统称“七佛如来”。每尊佛像高 5 米余，宽 2 米，依山势背西面东在绝壁悬崖上凿造，神态各异，或庄严肃穆，或慈祥和蔼，或安然自在，或温厚亲切。

宋代，大佛寺改称“石佛寺”。来凤清代翰林王倬撰文引古碑载“大佛寺古名石佛，南越有诗”。南越是五代末至北宋初期著名高僧，他游来凤大佛寺后撰《石佛寺》诗云：“松竹行大尽，香城绝世尘。倚崖开半殿，凿石见全身。钟鼓中天晓，烟花上界春。出门重稽首，愿值下生晨。”明末翰林编修文和在明亡后不仕新朝，出家为道人。他在康熙年间（1662—1722）云游路过来凤驿，欲到大佛寺借宿，时佛道派系相争，被寺僧拒绝，遂挥笔作《来凤驿大佛寺题壁》回文诗：“闲云野鸟宿村烟，唳鹤惊眠不似眠。参细细功禅密密，坐深深地月娟娟。三更五会空抛象，半夜中初火出莲。关外不行修佛事，南岩寄兴写诗篇。”

20 世纪 60 年代中叶，在“文化大革命”时期破“四旧”运动中，七尊佛像被破坏得面目全非，断手残腿，宋、元、明、清年间立在寺内的碑和摩崖题字几乎全毁，千年古刹毁于一旦。1994 年，来凤一带的信教人士捐资复修了七尊大佛。2000 年，修复大佛寺残存的大雄宝殿，重新修塑了七佛。修复了地藏殿，殿内塑造了地藏、文殊、文昌、送子观音、大势至、普贤、南海观音、药王、财神等佛像。

竺云惜字所 又称“来凤东山字库塔”。高七层，建于道光十七年（1837）。字库塔始于宋代，元、明、清时普及。受中国传统文化“惜字如金”“敬天惜字”观念影响，古人认为文字是古圣贤心迹，不可秽用。因此对文字十分尊崇，认为字应该羽化成蝶，写了字的纸不能乱扔乱弃。如果书生出行，有废弃的字纸，定该折好，带回惜字所，焚燃化灰，沉淀于字库里。于是古人就修建了焚烧字纸的小型建筑——字库塔。

古代字库塔大多只有两层，而来凤东山字库塔却有七层，较为罕见。塔基为正六角形，仰莲瓣纹作装饰。塔体共五层，上雕刻缠枝莲暗仙图案及戏剧人物浮雕 24 幅，塔顶为石质葫芦形塔刹，与塔顶相连处刻盘龙雕饰。该塔雕刻精美，保存基本完好，为璧山县现存的唯一塔类古建筑，对研究清代石塔、雕刻艺术和佛教等具有宝贵价值。第一层是字库，镌刻“字库”二字。第二层是惜字所，正面清晰可见繁体楷书“惜字所”三字。有五言对联一副，右书“残书归□□”，左书“遗迹化□□”。该层塔身刻有诸多文字，大约是记载该塔修建过程及时间，模糊可辨“□□十六年丁酉岁三月十一”等字样。由于年代久远，毁损严重，很多字迹已模糊不辨。字库塔上有五层，每一层均都有精美的人物、山水、鬼怪等雕刻。

字库塔所在的竺云寺初建于大唐至德年间（756—758）。殿宇依山而建，坐东朝西，分为上、中、下三殿。上殿送子殿，中殿大雄宝殿，下殿川主殿。中殿两旁建有20余间楼和平房僧舍。寺庙周围，山峰险峻，茂林修竹，溪流潺潺，风景如画。竺云寺曾拥有大量的山林和田产，历代的僧人颇懂经营管理之道，产业代代传承。但到晚清时山麓仅存一座小庙，庙中只有一个本全和尚。当时因为来凤遭天灾，瘟疫流行而死者众多，为了逃命，本全和尚连庙也不要，和一谢姓人家一起到贵州避难去了。20年后，本全和尚再次返回原地占地为业。他折树枝，挂上布条，插占了前山一列山地，南起新云村，北到天德村。随着庙宇扩大，和尚们购买了后面万亩以上山地。后来这一大片山林，被当地人称为“和尚坡”。

竺云惜字所（2011年）

由于不断有逃命而来的外地人在此定居下来，他们修建房屋，制造农具和家具，需要大量的木材，就向寺庙购买，这片占下的万亩山林就是最好的资源。寺庙大量出售松树、杉树、枫树和楠木。庙宇富了，投奔而来的僧徒也源源不断。山脚小庙无法居住，和尚们就伐木迁建，新庙址选在白云笼罩的半山腰慈竹大林旁，再次命名为“竺云寺”。

本全和尚不但会理财，也善世俗交际应酬。动乱之中，为了全寺庙的生存，他们不向富豪士绅乞求施舍捐助，反倒以送重礼结交，与之合作经营。清末，来凤驿的商号已全国有名，土布等商号林立。本全和尚将出售木材所得的钱财，部分用于购置田地，其余就借给来凤经营土布业的商家放利或者搭股分红，财产越来越多。光绪二十九年（1903），寺庙捐资白银一千两修建附近的石龙大桥。民国时期，由善印和尚接任主持，庙产颇丰，香火繁盛。

竺云寺焚毁于“文化大革命”时期，现仅存字库塔“惜字所”遗迹。

佛耳岩　位于境内普新村，始建年代不详。佛耳岩为东西向的陡峭山岩，山体郁秀处长满苍松和灌木山花，山下修竹幽篁掩映，景色幽邃。从山下竹林向里走不过百余米，便可见一片高 100 米以上的褐色绝崖，佛耳岩石窟就开凿于距地表 80 米的崖壁顶部天然洞穴内，向上有一条 28 级陡峭石梯可达，台阶宽不过 0.5 米，陡峭险峻。从前拜佛的香客，要手脚并用，攀登而上，令人望而生畏。佛耳岩石窟的始建年代尚须考证，但在清中期已初具规模，形成璧山地区颇具特色的石窟寺庙。洞内有石窟造像 9 窟，佛像 25 尊，姿态各异，栩栩如生。旧时在山崖下建有殿堂 3 楹，大佛殿居中，罗汉殿于左，观音殿在右。每逢佛诞会期，各村信众到此拜佛祈福，为乡中旧俗。

古佛寺　位于境内登凤村，始建年代不详。寺院背靠观音岩坡，面向木鱼堡，左邻狮子坡，右接傻子岚垭。寺前是大片大片的田地，种着青菜、油菜、萝卜等农作物，远处还有一片片水田，农舍毗连其间。每到黄昏时分，柔和的夕阳，绚丽的云彩，横卧在远处绵延的群山上，村社里家家户户的屋顶上，炊烟袅袅，鸡犬之声相闻，一幅自然和谐的田园风景。乡间传说，在明代时寺院即由附近的天平坡山冈迁移于此处风水宝地。据村民讲述，寺院旧为四合院布局，砖混土木结构，有寺僧五人住锡，有山门殿、大雄宝殿、藏经楼、禅堂、客堂、斋堂、僧寮等殿堂。山门两边门楣上各雕有两条蟠龙，一条在上面，一条在下面，各具姿态，中间浮雕一颗宝珠，以火焰围绕，双龙戏珠，栩栩如生。据村民回忆，大雄宝殿里供奉有一尊铁铸佛像，高约 2 米，呈迦趺坐于仰瓣莲花上，周身凡关窍穴位处皆铸有圆形小碟。信众若有病痛，即可在铁佛像相应部位处盛满灯油，每日来此诚心叩首拜佛，少则七日，多则四十九天，身体即可痊愈。据乡民所述，此尊佛像应为一尊燃灯古佛像，“古佛寺”之名即出于此处。20 世纪 50 年代，寺院建筑为村小学所用，名为“古佛村小学”。学校搬迁后，殿堂为村民借居，遗址现仅存下殿山墙一面，为寺院旧物。

三圣寺　位于境内鹿合村，始建年代不详。鹿合村旧名鹿鸣场，位于来凤驿西南隅，1930 年来凤设镇时，鹿鸣设乡。旧时从来凤至丹凤到正兴的大道即从鹿鸣场经过，场上有多所寺观，而以三圣寺规模最大。据村民讲述，寺院原为四合院布局，木质结构穿斗房，占地约 1600 多平方米，三进院落，共有殿堂禅房 40 余间。中轴线上依次为山门、戏楼、天王殿、大雄宝殿、玉皇楼等建筑，山门前立有石狮一对，寺内古木参天、花木繁茂、翠竹掩亭、环境幽邃。大雄宝殿内佛台上供奉有石雕阿弥陀佛、观世音菩萨和大势至菩萨塑像，故寺以“三圣”而名。阿弥陀佛高约 3.5 米，高肉髻，披袈裟，火焰形背光上铭刻着造奉者的姓名，此佛像用青石雕刻，两侧的观世音菩萨和大势至菩萨均用汉白玉雕刻，三尊造像比例匀称、气韵生动、面目庄严，望之即令人生虔诚之心。寺院自建成以来，一直香火不断，鼎盛不衰，每年会期（庙会）不断。而以每年的四月初八释迦牟尼诞辰规模最盛，从各处赶来朝拜礼佛的香客达数万人之众，会期长达月余方渐歇。寺中长老和尚名“通为”，涪陵人氏，通晓武术、医学，新中国成立后去了峨眉山，不知所终。20世纪50年代，寺院建筑被改为学校使用，为修建学校运动场，佛像俱被填了地基，殿堂经逐年改扩建校舍，早已不复旧貌。

天灯寺 位于境内孙河村，始建年代不详。寺院建于层峦叠翠的金剑山脉虎头岩山顶，此山亦名虎岩山，山顶有一突露的岩石高垒于崖上，远看似一只跃跃欲跳的猛虎，故而得名“虎跳石”。山中层层叠叠的树木，苍翠欲滴，茂密处游人难以穿行，清净幽雅。站在山顶向南眺望，林峦攒簇，天成画图，溪涧纵流，弯弯曲曲，无限风光尽收眼底。古寺即位于山顶，依崖而建，环山抱水，佳境天成。相传明清时期，寺周古木参天，恬静安谧，每当夜幕时分，有高僧将一巨型油灯置于山顶，灵光万道，照亮四方，灯光闪烁，方圆百十里可见。璀璨的灯光给迷路的人指引方向，为迷惘的人指点迷津，天灯寺因此得名。据村民回忆，以前寺院建筑依山随势，倚岩而筑，循石阶而上，依次有三重殿堂，下殿供刘、关、张三圣像；中殿为僧寮；上殿奉观音圣像。殿前有木制灯杆高两丈，粗围一尺有余，今灯杆底座尚存。仰望其势，只见石幢宝塔矗立，寺后峭壁高耸，寺嵌其中，殿宇飞檐拱角，古朴典雅，庄严而肃静，确乃修持之净地。兴盛时的天灯寺，殿宇宽敞，僧侣众多，寺产丰厚，香火不绝。新中国成立后，寺院历经浩劫，“大炼钢铁”时期，寺院建筑被毁，寺僧还俗。至20世纪70年代末，寺院基址破旧，香火断绝，成为一座废寺，仅遗有佛像残件、石柱础等寺院古物。

西寿寺 位于境内来凤村，始建年代不详。寺址位于帽子铺梁子上，坐东朝西，占地800多平方米，与来凤驿古刹大佛寺仅咫尺之遥。站在寺址前，可远眺来凤街景，只见街衢分明，车辆穿梭，人来人往，一派祥和之气。据村民王洪吉回忆，寺院旧为四合院布局，土木结构建筑，有三重殿堂。下殿两侧神台上供有木雕的药师琉璃光佛和川主神像。中殿正中佛台上奉释迦牟尼佛塑像，两侧神台上祀有十八罗汉和八大菩萨像，均为泥塑。后殿为寺院最后一层，殿内佛台用石砌，宽阔方正，正中镌有铭文，为捐资建寺的功德芳名，佛台上供奉有三尊石雕阿弥陀佛、孔子、老子塑像，沿山墙左侧神台供有木雕的地藏王菩萨和文殊菩萨像，右侧神台还有泥塑的地母、药师琉璃光佛、送子观音等塑像。在西寿寺内，佛、道、儒三教的塑像兼而有之，充分体现了三教合一、广纳外化、不持一孔之见的教风。后殿的殿门两侧书有梁漱溟题写的一副对联："道合天人，无用之用；心有权度，不平以平。"抗战时期，国学大师熊十力、梁漱溟等曾借住寺中相聚月余，探讨佛学。20 世纪 50 年代，寺院建筑为村民借居，寺僧返回原籍不知所终。"文化大革命"时期，寺中珍贵的玉佛、法器、经卷等文物，或被毁，或下落不明，现遗址仅存配殿一间，内部结构已变。

禹王庙　位于境内新七村，始建年代不详。禹王庙历史悠久，始建无考，村民传为清初所建。据村民回忆，寺庙旧为四合院布局，木质建筑，有山门、戏楼、禹王殿、财神殿等建筑，庙内供奉有禹王、财神、药王、观音菩萨、地藏王菩萨等多尊神佛塑像。每年的正月初三到正月十五，寺庙举办禹王庙会，先由各村会首募资，再请寺僧选定贡品，并要延请戏班酬神唱戏，舞龙灯。庙会期间，方圆百里的信众赶来朝拜，车水马龙，川流不息，香火极盛。每届庙会的前一个月，庙内僧众和各村会首便开始筹备庙会的工作，如募化钱粮、商定会期议程、选定当值会首、为出资还愿的信众制作香案等。正月初二这天深夜，寺僧已为禹王神像换上新袍，披红挂彩，从正月初三清晨起便带领信众在神台前诵唱佛经。天还未亮，殿堂庙廊里的善男信女就已摩肩接踵，烧香许愿的香客川流不息，鞭炮之声此起彼伏，不绝于耳。庙外摊贩林立，游人如织，卜卦、算命及各种杂耍、土特产、山货应有尽有，饮食小吃摊位遍布，热闹非凡。分布于璧邑各乡场的禹王宫多为清初"湖广填四川"时期所建造。禹王庙即为湖广会馆，为湖南、湖北两省人士聚会之所，因奉祀大禹，所以又叫禹王宫。新中国成立后，寺庙建筑改为学校，20 世纪 70 年代后改为村卫生室使用。

链接：重庆大圆祥博物馆

重庆大圆祥博物馆位于来凤境内翰林山庄和原璧山国营瓷厂。2012 年 7 月 23 日，重庆市文物局复函同意筹建。2013 年 4 月，经重庆市文化广播电视局、市文物局批准成立，系璧山首座民间博物馆。馆藏文物 10 余万件，集明清木雕、石雕、民俗、红色收藏和现代艺术于一体，是西南地区古建收藏规模最大、藏品最为丰富的民间博物馆。

主要藏品　博物馆主要收藏具有中国传统文化内涵的古代木雕、石雕

重庆大圆祥博物馆展馆（2017 年）

等藏品。藏有明清时期的门、窗、家具等木雕艺术精品数万件；清代中晚期富贵人家用于住宅室内装饰的字板数千张；宗教造像数千尊；匾额、古床、桌椅、神龛、神位等上万件；石像、石墩、石板、石狮、石窗、石柱等数千件；汉砖两万余块。还收藏有“文化大革命”时期的宣传画、瓷器、像章等，中华人民共和国成立以来历年一月一日、七月一日、十月一日的各类报纸，各种材质伟人像等红色藏品，以及名人书画、微雕等当代艺术精品。

陈列展示　博物馆先后收购清代古建筑“翰林山庄”和一座始建于清代咸丰年间（1851—1861）的“重庆天福制碗厂”（新中国成立后改名为

佛道艺术造像馆（2017 年）

石雕馆（2017 年）

木雕字板馆（2017 年）

木雕家具馆（2017 年）

科举匾额（2017 年）

清代百寿窗（2017 年）

“璧山国营瓷厂”），并进行修缮保护，将其作为陈列展示藏品的博物馆，供市民参观。

翰林山庄由清代翰林王倬建造，为不可移动文物点，之前整体破败陈旧，随时面临倒塌危险。大圆祥博物馆完成对翰林山庄的修缮和陈列布置，

清代木雕彩绘（2017 年）

木雕婚床组图（2017年）

并对其外围几十亩土地进行园林式配套打造。院里屋内陈列有各种石碑、石像、石刻、匾额、建筑装饰构件、明清家具等。

原壁山国营瓷厂距翰林山庄仅两三千米，是始建于清代的工业遗址。其历史遗存非常丰富，拥有高大的烟囱与宽阔明亮的大跨度车间。博物馆在保护碗厂历史原貌的基础上进行创意设计改造，维修整理出1万平方米的厂房车间用于文物藏品的陈列布置，并陆续对市民开放。

来凤鱼

来凤鱼的起源与传承

发轫 距今约2400年以前，广袤的四川盆地和中原腹地还没有深层次的联系。因为，此时的巴、蜀是两个国家，虽然向周朝称臣，但实际上还是国家之间的关系。由此，在饮食等生活习惯上联系也不多。据史料记载，当时的巴蜀地区饮食以粗粝为主要特点，谈不上什么精湛的烹饪技术。但是当张仪、司马错的秦国大军势如破竹地攻取巴、蜀，使其成为秦国的两个郡之后，其饮食习惯发生了第一次大融合。西汉著名辞赋家扬雄的《蜀都赋》对当时巴蜀地区的饮食有这样的描写："调夫五味，甘甜之和，芍药之羹，江东鲐鲍，陇西牛羊……脍鮻龟肴，粳田孺鹭。形不及劳，五肉七菜，朦猒腥臊，可以颐精神养血脉者，莫不毕陈。"此时的巴蜀菜肴已经成为东、南、西、北大融合的典范。但是，巴蜀人民一直延续了重口味的习惯。晋人常璩的《华阳国志》记载当时巴蜀人"尚滋味，好辛香"。虽然当时辣椒并未传入中国，但是姜、花椒、茱萸等土生土长的中国香辣作料是有的，而且在汉朝，胡椒、大蒜也已经传入中国，四川盆地乃是一个南北融汇之地，人口、文化、生活的大融合导致饮食习惯的融合和创新。此当为包括璧山在内的巴蜀地区原住民烹制来凤鱼一类的菜肴提供了发轫的基础。

由于"难于上青天"的蜀道的阻隔，巴蜀地区的社会在历史上一直是比较巩固的，但也有一些大的历史节点打破了这种稳固。特别值得一提的是，唐天宝十四年（755）安史之乱爆发，唐玄宗带着皇族逃奔四川，随之而来的是一大批各个阶层的难民。正是在这样的情况下，"诸州逃户多来此营种……"（《元和郡县图志》），来凤鱼诞生地的璧山即在大量难民到此谋生的情况下两年后，即至德二年（757）建县，第二年，附近的荣昌建县，11年后从璧山划出一块地建了永川县。可以想象，此次中原内迁移民与巴蜀地区原住民融合的状况应该是空前的，这一阶段各方饮食烹饪技术的会合与交融也当有一番盛况。

来凤鱼（2017 年）

宋末元初和明末清初，四川遭受了空前的战争浩劫，每次都出现了十室九空的惨烈局面。故此，在元至正二十二年（1362），璧山被撤掉县的建制，由永川代管，直到明成化十九年（1483）才恢复建制。清康熙初年（1662），璧山由于战乱又被撤掉县的建制，直到雍正七年（1729）又再回到县的建制。这两次撤县，均是因为人口的急剧减少，不足以设置县级行政管理。特别是康熙初年的那次撤县，出现了著名的“湖广填四川”的大移民。大家都十分清楚，每次大移民，都是饮食文化的一次大融合。还值得一提的是到了明末清初这一阶段，巴蜀地区特别是璧山所在的重庆地区，人们的饮食习惯发生了一个重大变化，那就是辣椒的引入，而在这之前，辣椒只产于南美洲，直到哥伦布发现美洲，才让辣椒的种植和食用传扬出去并传到了中国。而中国的最先传入地为江浙一带，后来才逐步深入西南地区。据考证，宋代的巴蜀人是爱吃甜食的，特别是蜂蜜，几乎到了不加蜂蜜不成菜的地步。可以想象，当时的璧山人，除了沿袭汉唐的辛辣口味外，糖也成了人们必不可少的食品。糖醋鱼就是当时的一道名菜。应该说，辣椒加入璧山人的菜谱，才算是为来凤鱼的真正诞生打下了麻、辣、鲜、香味型的基础。

诞生 经过千百年的融合淬炼，来凤鱼诞生了。根据对来凤鱼历史脉络的梳理，我们终于找到了其诞生的年代——康熙年间（1662—1722），由来凤驿有名的邓家鱼馆创制，其以麻、辣、鲜、香、嫩为突出特征吸引了南来北往的食客，并声名远播，使这一技艺一直延续并逐渐发扬光大。

抗战时期，重庆成为陪都，作为陪都迁建区，近郊璧山又迎来了一次饮食文化的融合。主要以江南、华东、华北地区的难民大量涌入而形成。这期间，有政府高官、文化名流、商界精英、民间人士等，江南风味与巴蜀口味产生了调和作用，酸甜、酸辣等味道大行其道，又为来凤鱼菜品的多样性添加了助力，并一直延续至今。

发展 到改革开放后的20世纪80年代初，来凤鱼又迎来了一个发展高峰。此时，由于成渝公路承担了重庆、成都主要交通，所以，来凤鱼以其独有的风味吸引了川渝两地的大量食客。很多人以到来凤吃鱼为重要旅途目标。也正是在这一时期，来凤鱼迈出璧山，走向全国，并一路走出国门，发展到了美国旧金山等地。

璧山饮食经过千百年的不断演变，特别是三次大融合（“湖广填四川”、抗战陪都内迁、改革开放），逐渐形成了以“江湖菜”为主要特色的璧山菜系。璧山菜以“土”“粗”“杂”为主要特点，在烹调手法上不拘常法，具有浓厚的乡土气息，做出来的味道又叫人拍案叫绝，鲜美无比。来凤古镇，系成渝古道的四大名驿之一，地处成渝路上，因其盛产肉质鲜美的各类鲜鱼，逐渐形成了以鱼为主要食材的“来凤鱼”系列美食。全盛时来凤成渝公路两旁，有排列长达数千米的几百家专营来凤鱼的食店、餐厅，生意红火，直到华灯初上，还食客满座，市声喧嚣，成为璧山的一道亮丽风景线。很多到重庆的名人政要、富商巨贾，都要特意到璧山来凤品尝这道名菜。成渝路上的过客，更不会错过品尝来凤鱼。

传承 清代初期，璧山邓氏家族在来凤开设“邓家鱼馆”，康熙五十年（1711）名师邓厨家传烹鱼技艺给邓三娘。雍正、乾隆年间（1723—1795），邓三娘将烹饪技艺传给邓氏子弟，同时期又将技艺外传给姻亲龙国绶。嘉庆、道光、咸丰、同治年间（1796—1874），邓氏子弟将鱼技家传族人历四代。嘉庆末期，名厨龙国绶将邓氏鱼技家传龙姓子弟。光绪末期，邓氏子弟又把祖传的鱼技外传给甘龙泉。民国年间，龙国绶的六代孙龙长辉承祖业为乡厨。1949年前后，名厨甘龙泉将传统烹鱼技艺回传给邓氏子弟邓永泉，另传黄正康、陈海云等人。

20世纪50年代初期，龙长辉将烹饪技艺传给儿子龙朝富（乡厨），20世纪70年代前后，邓永泉将技艺传给邱国财、曾德宇等人。1981年春，邓永泉主厨来凤“鲜鱼”店，为《重庆广播电视报》记者等人掌勺烹鱼，记者一行美食后赞叹不已，遂请北京同人邀书法家杨萱庭题店招牌为“鲜鱼美”。从此来凤鱼名传国内海外，为人称道。邓永泉继承了传统来凤鱼烹饪技艺，弘扬了来凤鱼技艺，其徒又分数支继承烹饪技艺。

20世纪80年代后，邱国财将烹饪技艺传给乡厨龙朝富之子龙大洪以及曾克祥等25人，名厨龙大江将技艺传给王川、杨波等40人。《食都文化》《重庆美食》《四川烹饪》等书载记：龙大江致力于传承发展来凤鱼，在2011年第五届中国（重庆）国际美食节的舞台上，一举夺得“中国名宴”称号，使来凤鱼传统技艺得到发扬光大，起到保护文化遗产、承前启后的作用。

20世纪90年代后，王川将烹饪技艺传给朱华杨等20人，杨波将技艺传给杨小龙等10人。

2000年后，朱华杨将烹饪技艺传给第14代传人李小红等5人。

来凤全鱼宴加工工艺

2013年，来凤全鱼宴被列入璧山县县级非物质文化遗产保护名录。来凤全鱼宴，以“麻、辣、鲜、香、嫩”，品类丰富，风味独特而著称。

来凤全鱼宴（2011年）

用料 来凤全鱼宴以本土多种优质淡水鱼为原料，使用各种上乘土特调料作配料。

烹制 来凤全鱼宴应用煎、炸、熘、烧、爆、炒、蒸、炖、烩、氽、拌、焖、酥、烤、卤、煸 16 种烹调技艺，烹饪出刀工精湛、火候适度、色彩艳丽、香气浓郁、滋味鲜美、形状别致、营养丰富的全鱼、鱼块、鱼片、鱼条、鱼丝、鱼丸、鱼糕、鱼卷、鱼饼、鱼松、鱼面等适合各类人口味的全鱼宴。

品类 来凤全鱼宴，集传统川菜技艺鱼类之大成，分八类风味近百种鱼肴。最具代表性的鱼肴有建文椒盐鱼鳞、酒香榜眼鱼肠、状元鲤跃龙门、豆腐焖王鲤、皇姑三鲜鱼丸、包公糊辣鱼头、名旦鱼凤丁、邓三娘凉鱼丝等。

来凤鱼传统烹饪技艺

在重庆饮食界，真正兴盛并为世人喜爱的不光是火锅、小面，还有渝派江湖菜。来凤鱼就是其中代表。

刚烹制出锅的来凤鱼（2012 年）

剁椒鱼头（2011 年）

2016 年，来凤鱼被重庆市人民政府列入重庆市第五批非物质文化遗产代表性项目名录。其主要特点是色彩艳丽、香气浓郁、滋味鲜美、形状别致、菜名文化深厚且多掌故传说。

选料 按不同鱼菜要求择鲜活美肥无异味的鱼作主料，鱼环保质优，源自本地溪河湖库。

配料 将饲养在清净水中的鱼选用 20 种刀技中的若干种宰杀，去杂物净身码盐，而后与辅料按大小、长短、粗细、厚薄精心配制备用。

烹制 用 16 种传统烹鱼技艺的若干种烹制，如麻辣鱼先烧沸油放置自制的泡姜、辣椒、豆瓣等入锅，而后放鱼入锅加适量水煮，适时入调粉、料酒，稍后起锅将鱼倒进能快速散热避免嫩肉变老的大盘中，再下优质花椒入沸油中，快速翻制后浇淋至鱼菜上，最后放葱花上桌食用。

逸闻轶事

报社记者首推来凤鱼 1981 年 2 月 21 日，《重庆广播电视报》记者前往重庆大足，途经来凤镇被食店门前的鲜鱼所吸引。停车入店，品尝了有着 30 多年烹调经验的唐德兴制作的色、香、味均佳的“鲜鱼”，备加赞赏。提笔写了“轻车游大足，主雅客来勤。

鲜鱼美餐厅旧貌（20 世纪 80 年代）

来凤鲜鱼美，宝顶酒味醇。临崖赞石刻，回首道古今。迂回登胜地，看仙不信神”的诗句。并写了一篇《鲜鱼为游者助兴》的文章刊登在《重庆广播电视报》上，还来信建议将该店名改为“鲜鱼美”食店。并特地委托《北京日报》友人转请著名书法家杨萱庭题写“鲜鱼美”三个大字赠送来凤食店。

杨萱庭题写“鲜鱼美” 杨萱庭是著名书法家，北京市书法家协会原主席。杨萱庭自幼习武，尤喜双剑，练就了强劲臂力，这对日后双手挥毫大有裨益。杨萱庭的书法作品多次参加国际书法交流会，还被毛主席纪念堂、人民大会堂所收藏。闻“来凤鱼”美名，杨萱庭欣然命笔，为来凤鱼题写了“鲜鱼美”三个大字，从此“来凤鱼”就有了“鲜鱼美”这块金字招牌。杨萱庭书写的“鲜鱼美”招牌打响后，带来了很大的名人效应，来凤鲜鱼肴馔由此迈向全国，走向世界。

杨萱庭题“鲜鱼美”（1981 年）

梁上泉喜题“鱼味无穷” 梁上泉，重庆市作家协会名誉主席，著名诗人、歌词作家。他创作的军旅歌曲《小白杨》红遍全国，家喻户晓，并入选中国音乐学院教材。1997 年春天，他应邀到璧山参加“桃花笔会”，主办方安排到来凤品尝“来凤鱼”。在品尝了“来凤鱼”后，他赞不绝口，欣然留下了“鱼味无穷”的墨宝。

梁上泉题“鱼味无穷”（1997 年）

传统工商业

来凤土布

来凤土布从清朝末年开始一直到民国后期，都曾独步一方，成为整个璧山甚至重庆的一张名片。来凤土布业的发展大约分为三个时期，即沿袭期、发展期和衰颓期。

沿袭期　来凤土布早期系以花白手纺的土纱织成，叫花白布；而发展时期的土布，以机制棉纱织成，叫土布。二者的界限，以重庆、来凤地区市场上先后出现机制棉纱交易为依据。重庆市场出现机制棉纱交易时间大约在中国海禁大开之后，即清光绪二年（1876）和光绪六年（1880）前后开始盛行。来凤比重庆稍晚一些，大约在光绪十六年（1890）左右，来凤最早经营纱布的“巨元通”“同昌永”“泰顺乾”“福盛裕”等几家店，大约就是在这一时期发展起来的。

民众为农本局布厂牵纱（1943 年）

来凤驿现有白花店遗址，是当时土布交易的场所。肖家花铺就是当时规模最大的土布经营场所。此外，南华宫、万寿宫等地，也是土布交易市场。遗存在民间的旧式脚踩手梭织布机，为数颇多，是当时织布的主要工具。当时有一批商人如蒋义顺、龙正顺、曾兴太等，就是背“件件布”跑永宁、宜宾及贵州各地起家的杰出代表；王用之、王元太兄弟二人则是以办窄布发家的典型商贩。这批通过原始积累的商人，大多顺利地进入了发展时期。

发展期

来凤土布的发展，也可分为两个阶段：光绪六年（1880）至1915年为初级发展阶段，1915—1928年为黄金兴旺阶段。

初级发展阶段 清光绪初年前后，重庆已有大量的机制棉纱在棉花街市场出售。一般称此种棉纱为“洋纱”或“洋线子”，来凤地区也流入了这种棉纱。机制棉纱土布要比白花棉土布平整细密，既受看又方便销售。织布者乐于用机纱织布，贩运者也乐于贩运机纱土布。因贩运有利可图，专门从事贩运的人逐渐增多，织布的人也相应地增加，土纱织布逐渐被机纱织布所替代。随之，手梭织布也逐渐被扯盒织布取代。许多人在来凤“开号”“设庄”。开号就是在来凤固定场所打出招牌，把在来凤收购的土布加工后，运出外销。来凤土布，就是这样逐步进入发展时期的。

抗战时期璧山妇女为农本局布厂织布（1943年）

由于外地土布市场销售量大，贩运土布的小商贩越来越多，促进了机纱织布的发展，于是早期的“巨元通”“同昌永”“泰顺乾”“福盛裕”等商铺率先在来凤和外地开号、设庄，经营纱布业务。到了1915年，在来凤开号经营土布的商铺已有30多家，纷纷在外地的永宁、宜宾、古蔺及贵州的毕节、新场、温水等城设庄。据统计，每月从重庆购入的棉纱在300包（每包40并）以上，每月生产的土布数量已达1000挑（每挑60件）以上；织布者多达2000～3000人；从事内号、外庄的员工不下200人；每天往返重庆运纱的力夫不下200人；每月发运外地市场的土布1000余挑，即需挑夫1000余人，又常用骡马数十匹不断驮运土布到江津中渡街堆栈待运。旺季的数量则过之。如以年计，土布销量之大，以及常年参加运输的劳力人数之多，与沿袭时期比较，已远超百倍以上。为此，来凤驿专门成立了“白布业联合会”，还在永宁、毕节等地设立联合会办事机构，雇用了近百名人员组成的武装保商队。保商队于1916年解散，王用之是这一时期重要的中心人物。

黄金兴旺阶段 1915—1928年，来凤土布业在大发展的基础上，进入了黄金兴旺阶段。主要是生产与销售扩大，吸引了更多人员从事织布行业。在此期间，先后加入土布行业的商家如雨后春笋，人员迅猛增加一倍以上，时人号称来凤布业为“百家布商”。在外地开辟了黔西、六定、土城、太平渡、瓢儿井等销售市场，在重庆购进的棉纱品种更多更丰富，有申纱、楚纱、外纱、细纱等品种。生产的土布有加尺、二台、大台、红边、阳罗、五二、六二、大布、宽布（分白布、花布）等10多个品种。从业人员遍及街上、乡下，家家户户都有机头织布，也有雇工开织机房的。

由于布业的迅猛发展，附近的鹿鸣、石龙、中兴、丹凤、正兴、丁家、狮子、健龙等乡，以及巴县的走马、江津的双河等乡，也搞起了土布业。各家布号，都按赶集期派专人前去收布。因此，土布的销售量更是成倍增长。重庆买纱运纱的夫头龙荣安、李兴顺等，也附带做起了土布生意。领运土布去外地的夫头甚多，其中以严太顺、范伯仲为首，两个夫头领运的土布，每次少则四五百挑，多则八九百挑。1918年左右，来凤驿商会成立，首任会长郭敬舆，后为周卓云，直到新中国成立为止。

衰颓期 1928—1948年，是来凤土布业的衰颓期。1928—1938年，来凤土布业承袭发达期余运，总体局势尚属平稳。此后，则出现衰颓。第一期兴起的布号仅存太昌恒、王燮廷、马五常等寥寥几家。第二期兴起的布号，也只有以协兴祥为首的十余家，所有布号，十有八九或亏损倒闭，或因故停业。这些幸存的布号，加上第三期新增的吉昌、刘联三、周仲猷、邹卓三、李德基等十余家，总计不过30余家。这段时间，虽然其他行业有新的发展，而土布的产销量实已大为衰退。1940年前后，虽有“福生驿庄”承办军服布，最后又有“平教会”主办的“平教布”，为数均不算多，且其产品运销途径与来凤窄布有所不同。当时也有外来资本大户到来凤立号、设庄，经营纱布，但他们另有他图，于来凤布业无足轻重。

来凤土布业晚期没落的原因，是受时代变迁和社会发展的影响所致。20 世纪 20 年代中期之后，机织布已大量上市，花色品种多，价廉物美，至此，土布市场锐减，来凤土布因技术落后被淘汰。

来凤玻璃

1921 年，璧山县内各地逐渐普遍燃用进口煤油（时称“洋油”）照明。但煤油灯必须要用玻璃灯罩才能明亮。当时玻璃制品很少，县内所用的一切玻璃器皿，也须从外地购入，而且价高还不易购到。

创办 来凤镇（东街）人邹海全和李祥云等，敏锐感到在县内办厂生产玻璃制品的必要，乃积极筹集资金，大约于 1926—1930 年租用离来凤场镇东南 2.5 千米的天德村王家祠堂（该祠堂为砖木结构的四合大院，系清朝翰林王虎岩的宗祠）为生产玻璃的厂房。由邹海全任经理，李祥云任厂长，并聘用、雇用技师、工人及分管财务、采购和经销人员共 20 多人，办起了璧山历史上第一家玻璃厂。

发展 该厂以祠堂大厅为主要生产车间。制造玻璃的主要原料是石英石（白色鹅卵石）。工人先将石英石用煤火煅成颗料，装入石坛内加高温炉火熔化成液，再将熔液吹入各式模型体内，待冷却后铸成各种玻璃制品。如荷叶灯的罩子、油包、荷叶盘以及其他各种模式的玻璃瓶、杯等器皿，便是如此制成。刚做出来的玻璃制品让一些足不出户的农户感到十分新鲜，在本地就能买到由本地人生产的玻璃制品，感到有一种扬眉吐气的自豪感。大家一传十、十传百，很快，新出炉的一批批玻璃制品便销售一空。邹海全和李祥云也尝到了创业的甜头，一门心思想着继续把玻璃厂做下去，要做得更好。

停办 该厂所用的主要原料石英石，要从长江沿岸一带采购，那时县内外还没有公路，运输只能靠人力和畜力，爬坡上坎、翻山越岭的原始运输，使得产品生产成本居高不下，成为挡在玻璃厂发展的重要拦路虎之一。不停地投入也挤干了邹海全和李祥云并不充实的腰包。销路方面，在经过一段时间的就近（本镇、邻镇）消化，基本饱和后，外部市场没有打开，玻璃厂的市场销路也逐渐不景气，加上产品本身的质量不高，新的款式又接不上，该厂从开办起大约不到两年时间便停办了。

来凤陶瓷

天福碗厂时期 清咸丰四年（1854），曾成之在来凤石龙场古石桥开办天福碗厂，迄今已有 160 多年的历史。由于来凤土质良好，烧出来的碗质量好，且印有一个“天”字图记，所以被人称为“天字碗”，备受大家欢迎。

璧山县土陶制造，分为窑罐和土碗两种，清代已处盛期。沿山各乡窑罐十余家，碗

天福碗厂厂区（2015 年）

厂七八家，窑罐以大路乡天堂庵和蒲元乡冷家湾两家较有名。随后，来凤、丁家又办起碗厂多处，较大的有光绪元年（1875）王志清等在王家沟办的新民碗厂及肖家嘴同心碗厂，各碗厂年产土碗 1 万只以上。宣统年间（1909—1911），新民碗厂聘请江西瓷工黄道尹后，改土粗碗为红花碗，时销江津县，远售陕西、甘肃、宁夏、青海等地。璧山碗的声誉与日俱增。民国初年，土碗业已有十四五家，碗车 200 多架，工人 700 人。1934 年，巴县人王绍洲等在广普办水口山碗厂。1940 年，因日本侵略者轰炸，土陶制品多被损坏，重庆、巴县属璧山县销区，常供不应求，使土陶业继续发展。

津璧连山土碗联销处时期 新中国成立初期，璧山县土陶有 18 户，主要集中于来凤、八塘。1953 年从业 52 人，产日用陶瓷 375 万件，其中土碗 307 万件，产值 3.2 万元。但由于碗厂处于深山，交通不畅，加上各种政治运动相继展开，销售市场十分疲软，碗厂出现很多困难。对此，政府十分重视，给予了大力支持，1954 年曾由省供销社包销，让企业一步步走出困境。时任厂长刘天任牵头组建了津璧连山土碗联销处，销售点设在江津县通泰街，以集团的名义进行销售，逐步打开了销路。1956 年 2 月，天福、新民两个碗厂和大同锅铧厂合营，更名为“四川省地方合营璧山县天福陶瓷厂”。3 月，水口山、同心等厂合营，更名为“四川省地方合营璧山县水口山陶瓷厂”。该年的陶瓷生产仍以土碗为主，产量 408 万件。

新记天福碗厂时期 “三反”“五反”运动结束后，江津的土碗联销停止，厂长刘天任邀请江津的商人到厂合伙经营，碗厂更名为“新记天福碗厂”。这时“天字碗”广受川西群众欢迎，十分畅销。1954 年，“天字碗”被列为二类产品，由省、县供销社包销，主要运往川北地区。后来驻厂干部到厂抓生产和发展党员，使天福碗厂工作有声有色，为公私合营创造了有利条件。

天福陶瓷厂时期 1956 年 2 月，天福碗厂与新民碗厂、来凤丝烟厂、大同锅铧厂纳入一家企业，宣告公私合营，定名为“四川省地方合营璧山县天福陶瓷厂”，厂址设在来凤区石龙乡新石村王家沟原天福碗厂所在地。合营后，为发展生产和节约生产用木柴，国家拨款 35000 元进行技改，修建厂房 1000 多平方米和煤窑（倒焰窑）两座。碗的质量大为提高，“改良碗”“普细瓷碗”取代了土碗，产品供不应求，经济效益有了较大提高。

1957 年，瓷器业欣欣向荣。天福瓷厂工人张南轩改革土碗工艺，“天字碗”盛销一时。接着改柴窑为煤窑，细瓷试制成功，开始生产日用瓷器，为县内陶瓷业骨干企业。全县陶瓷业陶器与土碗的比重调整为 1:3 ～ 1:2。1964 年，璧山水口山陶瓷厂撤销并入天福陶瓷厂。至此，璧山只有这么一家国营碗厂，即现在的璧山瓷厂。

1978 年，天福陶瓷厂实行全面质量管理，建立产品“自检、互检、专业检”及废品调换制度，半成品合格率由 63% 上升到 86.5%，扭亏为盈万余元。20 世纪 80 年代后，土碗业主要由乡镇企业开办，瓷器生产比重渐增。1983 年，天福陶瓷厂研制成功釉面砖，1984 年批量生产，产量为 23973 平方米，利润 40 万元，使企业摆脱了连年亏损。1985 年，天福陶瓷厂更名为“重庆市璧山瓷厂”，有职工 224 人，占地面积 27405 平方米，建筑面积 8906 平方米，固定资产 102.9 万元，产值 138.8 万元，利税 48 万元，产量为日用陶瓷 754 万件、釉面砖 93592 平方米、碗 108.15 万件。

1981 年，天福陶瓷厂经批准新建釉面砖生产线，由国家贷款 75 万元修建厂房 1000 平方米和小型隧道窑一座、多孔窑一座，并购置专用设备多台（套）。经过多次试烧，于 1984 年试制成功，投入批量生产。

璧山瓷厂时期 1985 年 3 月，璧山县人民政府同意璧山县天福陶瓷厂，更名为“重庆市璧山瓷厂”。璧山瓷厂占地面积近 2.8 万平方米，建筑面积 1.2 万余平方米，有职工 350 余人，设 4 个车间，有 80 米隧道窑和 35 米隧道窑各一条，有 20 孔窑两座及比较完整的化验设备。主要产品为釉面砖和日用陶瓷，畅销西南各地。由于改制后的瓷厂不断改造，革新丢掉了落后的生产方式，不仅生产优质的杯盘碗盏，而且还大力生产外墙砖和釉面砖。生产实现机械化，产值跃上新台阶。1991 年，璧山瓷厂单是釉面砖、外墙砖就生产了 30 万平方米，为璧山县和毗邻县的一座座高楼大厦和百姓小楼增添了光彩。1993 年，璧山瓷厂与香港罗保投资有限公司合作经营“重庆罗保墙地

天福碗厂生产场景（1981 年）

砖有限公司”。1994 年壁山瓷厂进行股份制改组，但至此以来连年亏损，1996 年 7 月宣布破产。1999 年重庆市璧山方正瓷砖厂租赁璧山瓷厂进行生产。2000 年璧山瓷厂正式停产。

“天生元”药局

“天生元”主人 黄岐生（1877—1940），号子云，谱名黄学彬。弟名学礼（1883—1963），号庆云，字楚九。璧山丁家坳石河大桥坎上张家屋基人。幼时家庭贫困，父亲去世早，靠黄岐生卖针头麻线生活。弟楚九长大后，兄弟两人先后迁往来凤驿改抬滑竿为生。

初名“济生堂” 相传，有一天，黄岐生抬滑竿到江津，巧遇长江边有一艘载米船翻了。大米进了水生了霉，被船主抛弃，触动了黄岐生挑回家去做丸药卖的想法。于是寄了滑竿，雇了几个挑夫把霉米挑回家晒干，炒煳后磨成粉，加上蜂蜜制成健脾丸（专治小

“天生元”药局旧址（2011 年）

儿肠胃病的丸药）出售。由于疗效好，买的人一天比一天多，遂在本地租房雇工扩大生产。黄岐生又派专人到重庆商业场（今重庆市渝中区解放碑处）租柜台销售，最初的商号取名“济生堂”，之后更名为“天生元”。逐渐积累了资金，后又陆续开发出藿香正气丸和戒烟丸等新品种丸药。

“仍丹”由来 民国初年，日本“人丹”流入中国，至 20 世纪 30 年代，其销售扩展到全国各大商号，引起了国人抵制洋货自制“仍丹”的爱国行为。

据说黄岐生在卖针头麻线时是三天三个场（一四七赶丁家、二五八赶正兴、三六九赶来凤）轮流转，在路上巧逢一个既会治病，又会制药的江湖郎中（跑摊医生）。这个医生医术高明，只因无钱开铺坐店，只好去赶场摆四平摊子。黄岐生与医生结识逐渐成为好友，医生经常摆药理与他听，后帮助黄岐生增制丸药品种。仿制出“仍丹”，促使天生元药业兴旺发展。还有一说是重庆鹿嵩玻璃厂老板何鹿嵩通过日本药师获得“人丹”配方，黄岐生从何鹿嵩处购得此配方后，开始仿制成“仍丹”推销，促使天生元药业兴旺发展。

天生元“仍丹”销路打开后，还注册了商标获得专利权。

发展历程 天生元总行设在重庆商业场，并在西三街和公园大道设分支机构。约 1931 年前后在来凤天灯寺附近租赁翰林院部分房屋为主要基地，抗日战争初期将翰林院买下，经过装修，在院内外植树种花，取名“野庐”，药号仍名天生元。该处既是药厂又是别墅，环境优美，药香扑鼻。黄岐生又在来凤东街另买住宅和门面，取名“广川号”，方便了外地客商进货，比去天生元少走几千米小路，销路更畅。1949 年年底璧山解放，1950 年天生元收归公有。

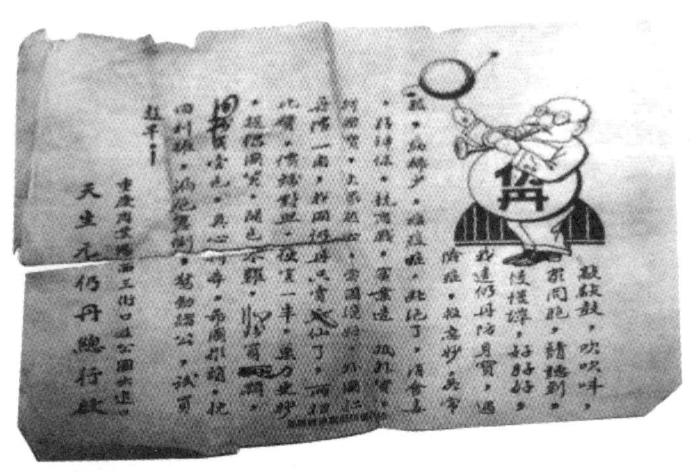

天生元仍丹仿单（20 世纪 30 年代）

肖家花铺

肇始于清乾隆年间（1736—1795）的来凤驿肖家花铺，经七代人的苦心经营，名震川东，以其经营早、生意活、规模大、销售远、时间久而驰誉四川、云南、贵州等地，持续一百多年，成为璧山近代工商业的一大支柱产业。

初创时期 据肖氏宗谱记载：肖氏三世祖肖文公与祖母戈氏，于乾隆年间（1736—1795）从本县健龙乡沙田湾迁至来凤驿后，便在西街经营花、纱、布生意。他们从外地购进棉花，散借给贫困纺纱户，让其纺成纱子，再以纱换棉，付给纺纱者一定的酬金，并在重量上以棉花作为补贴，待纺纱者赚取足额的棉钱以后才归还借棉。肖家花铺收回纱子后，又以同样的方式生产棉布。还棉还纱称为"脱水"。这一举措，既解了贫困户无钱购棉购纱之急，又为肖家花铺赢得了劳动力市场，还节约了购置纺纱机、织布机的费用，把生产环节节省下来，腾出人手，专心致力于采购原料和拓展市场。这种经营模式，颇具现代商业意识。

鼎盛时期 肖文公在世时，经营花、纱、布生意已奠定了相当雄厚的基础。五世祖尔俊公时进入鼎盛时期，每年净赚白银一千多两。尔俊公之妻郭氏，曾奉圣旨在来凤驿下场口官道旁立一块节孝碑，碑文为"肖尔俊之妻郭氏百岁节孝碑"。这个聚族而居的大家庭，在极盛时期，族中人口加上从业人员，每天开饭时多达四五十席人，蒸饭的甑子大得需用吊杆才能移动。那时的厨房地点就是现在的来凤小学的校址。

肖家花铺极大地推动了来凤地区以及周边地区手工纺织业的发展，形成"家家有纺车，户户有织机"的大好局面。花铺所需棉花，都是从外地购进。进货地点主要是遂宁、合川、重庆。那时交通不便，运进棉花及送出货款全靠人力。棉花经纺纱织成布匹后，除供本地市场外，大部分转运到外地销售。销售的重点地区主要有两处：一处是叙府（今宜宾市），年销售量达 500 挑（每挑 60 件）以上，全都用人力或畜力运输，经永川、荣昌、隆昌、富顺、邓井关，在宜宾河北岸吊皇楼过河到宜宾，之后再由宜宾分散到云南的镇雄、昭通，甚至远达昆明、保山一带；另一处是永宁府（今泸州市叙永县），年销售量也有三四百挑，经永川到泸州过河，从纳溪、江门到叙永，再由叙永转销到贵州的毕节、黔西、大定、水城一带。其运输方式一般靠人力或畜力，运往泸州或宜宾等地也有水运的，就是先将布匹用人挑马驮至江津中渡街，然后装木船溯江上运。

肖家花铺经历几代人的辛勤经营后，曾积累了相当可观的财产。花铺大院正房就有近百间房屋，纱街的白花店铺的铺房有 30 多个套间，在四乡购置田产 600 多石。

衰落时期 到同治年间（1862—1874），因时局不稳，生意难做，便开始衰落了。光绪初年（1875），内忧外患，族人称为“乡约大公”的肖鸿敦当家，从遂宁购进棉花，在棉花包中惊现一具干枯女尸。按当时清朝律例，人命关天，必须报官，由此肖鸿敦卷入一场人命官司，遭到官府多方敲诈勒索。与此同时，族中纨绔子弟胡作非为，恣意挥霍。不久后，肖鸿敦去世，所有财物经手者纷纷将财物据为己有。接着瘟疫肆行，肖家花铺得力男子连殁七人，整个花铺再也无人能够统管。光绪十四年（1888），这个辉煌一个多世纪的肖家花铺最终散伙分家，子孙四散。

来凤“同昌永”

来凤“同昌永”成立于清光绪十六年（1890），专门经营土布，并兼营山货、药材等土特产品。极盛时期，在重庆设有总号，在云南、贵州的一部分县、市、场镇设有庄号，在本县的中兴、狮子等地设有分号，负责货物的调换、收、售、转运。该字号的经理、店员、学徒等达几百人。经常有成百上千的力夫为“同昌永”运输货物。

创始人王用之 来凤“同昌永”的创始人王用之，是清末武秀才，人称“王九老爷”，来凤县青杠乡石河村人。幼年时性格开朗，但贪玩好耍，不爱读书。父亲见他学问不行，便叫他习武，舞枪弄棒，还给他买马修（跑马的地方），供他练习跑马射箭。王用之 13 岁时，到县里参加了“童生”武场考试，轮到射箭的时候，考官见他人小、个子不高，便说：“你可以上前几步射靶。”王用之一声“遵令”，随即跑近靶牌，正欲举箭射时，考官问道：“你为啥跑那么近？快退下来射！”王用之恭敬地答道：“回禀大人，学生只能上前，哪有后退之理？”考官见他聪明、伶俐，就同意他在那里射箭。由于靠“靶牌”很近，自然箭箭命中靶心，考上了武秀才。从那以后，他曾经几次到府里参加考试，每次都名落孙山，眼看做官无望，就决定去做生意。

开办煤厂、铁厂　当时，由于清政府腐败无能，列强侵略中国，帝国主义的炮船打开了夔门，魔爪伸向重庆。外国人到处采矿、修路，开办企业，激起了各阶层人民的义愤。一些有志士绅，维护民族利益，纷纷集资兴办厂矿，以抵抗外来侵略。19 世纪末 20 世纪初，重庆及其周边等地，就有巴县、江北士绅组建的“四合公司”“江合公司”，接着猪鬃、火柴、丝绸、玻璃、印刷、运输、机制纸等国人自办的企业也相继问世。民族工商业的兴起，打击了帝国主义侵略势力，改变了一些洋奴思想，开创了新的途径，推动了社会进步。这时候，王用之也挺身而出，他筹集各方面资金，先在青杠乡杨柳村开办“人和煤厂”，接着又同族人、亲戚合股，在云台山麓开铁厂。那时璧山县用铁全靠“外援”。王用之通过很多关系，在重庆请来工程技术人员，建起一座土高炉，开始炼生铁。年产量虽然不多，但对当时缓解生产用铁起了一定作用。更重要的是给农村一部分剩余劳力，带来了就业的机会，其中开矿、烧结、伐木、烧炭、转运、冶炼、烧石灰、运销和生活服务等方面，有几百人为之效劳。

成立“同昌永”　王用之办煤厂、铁厂赚了钱，在取得经营管理企业的经验之后，又开始筹办商业。那时候，来凤县农村原有木机织布，主要是农民把在田边地角间种的棉花收储起来，利用农闲纺纱、织布（长度有三丈五、四丈八、五丈二、六丈二的，名为“小布”“四八布”“五二布”“六二布”，都是一尺二寸宽）。加上“土靛”染色，有的还用污泥、草木灰、黄栀子染后，缝成衣服、裤子、被褥、鞋袜等，一般是供自己穿用，有的也卖或换给别人。有的帮别人织布，有的将布运往贵州、云南出售，虽然数量不多，但是利润很丰厚。王用之看准了这种商机，在光绪十六年（1890），成立“同昌永”字号，专门经营土布，并兼营山货、药材等土特产品。那个时期，几乎家家织布，户户纺花，纱布市场相当繁荣，养活了很多人口。

盐糖运销

来凤镇因地处成渝和县内陆路要道，地理优势独特，自古便是商业重地。新中国成立前，在此地集散运销的民用商品，除以兴盛闻名的清朝和民国时期的土布从该镇集运云南、贵州外，其次当为历代盐糖运销此地了。盐糖是人们必需食用的食品，新中国成立前，璧山县人多食自贡盐和内江糖（白糖、水糖，民间多作为馈送亲友礼物）。主要由盐糖商贩从自贡、内江购进运至来凤批销或由来凤转运县内其他场镇零售。但盐糖产地与璧山县相距几百千米，在成渝公路未修筑以前（即20世纪20年代以前），盐糖运输完全靠人挑和牛马驮运。

运输 古时的盐糖运输路线有两条：一条路是由自贡将盐经石板大路运至内江，再由内江将盐糖沿着成渝驿道直接运至来凤；另一条路则是将盐糖从产地交木船由沱江转长江运至江津县中渡街，再由中渡街交人力和畜力翻山越岭运至来凤。因成千上万斤的盐糖购量大，而每个人力和畜力的运量小，势必增加更多的人力、畜力结成合力搞运输，这样盐糖商业的发展也就促成了人力、畜力运输业的发展。由于运输人畜的增加也带来了沿途旅栈业的兴盛，那时来凤镇东、西场口的驿道两旁，到处是土木建筑的栈房，这些栈房主要是供给客商和力夫的食宿旅店，有的还是盐糖堆栈或是拴喂牲口的牛棚厩。

清嘉庆年间（1796—1820），在来凤镇的盐糖批售量和运输量很大，那时的驿道界面甚窄，特别是来凤凉桥还是狭窄简陋的木桥。本地和外地来来往往的人马过此，甚为拥挤，常常发生事故。为解决这一拥塞现象，据来凤镇现仍存在的石碑记载：该镇人士在嘉庆十七年（1812）筹资在东南面街外，从西场口直向东场口，另修一条石板路和一座石平桥，才使该镇街面紧张、交通堵塞现象有所缓解。

1921年年初，成渝公路建成通车后，因汽车运货的载量大、运输快，从自贡、内江运销来凤的盐糖，人力、畜力运输逐渐被汽车运输所取代。

销售 1921年后，由于汽车运输便捷、载量大，以来凤为盐糖批销中心的销售面也较前扩大。当时零售范围已不限于县内场镇，连邻近各县场镇的盐糖商贩也来此购运。来凤盐糖商业的经营方式也随之有所改变，从抗战初期到来凤解放十多年里，先后有自贡市商人雷显文、晏克谦、刘仲鹏和来凤镇商人傅森林、谢仲光等多人，他们各自集资组成商号（商号有正昌、顺昌、德盛、联益等多个名称，各家商号均设有经理、采购、会计和卖手等专职人员）。这些商号在生意兴盛时，曾发展至十多家。

经营发展 各家商号在最初的营业尚好，但因国民党的法币逐渐贬值直至一文不值，各家商号往往将盐糖售出尚未购进时而其价已大涨。所以各家商号到新中国成立前，多因亏本甚巨而纷纷破产告终。更为悲惨的如雷显文的顺昌商号，最初筹集所购四五万斤盐的资金，到临近新中国成立时只剩下一万多斤盐本了。这万多斤盐又被当地大恶霸李炳琳作为他入股的本利资金而全部扣押出售。因李仗其恶霸势力，硬说亏本是盈利，是雷显文私吞。雷显文因在来凤人单势薄，又临战乱之际，无处可以申诉，最终空手回家，抑郁而终。

福生璧庄

机构 福生璧庄，即农本局（原名“中国农村经济调整委员会”）福生庄璧山办事处。福生庄为农本局的直属机构。1937年7月，抗日战争全面爆发。不久，国民政府从南京迁往武汉，为了对日经济作战，8月，全国实行总动员。关于对日经济作战方面设立了农村贷放和农产品调整委员会，其具体工作由农本局执行。先直属行政院，后改属经济部。

福生庄建立之初的主要业务是抢购、抢运敌占区或敌我交错占领区的粮食、棉花等主要农产品到后方，并负责后方的农贷工作。后来，则变为农本局下属专管棉花购运和纱布加工的一个机构。这个名称很像一个民营商社，他们以一般商号“福生庄”名称进行业务活动，既含“福利民生”的意思，又便于隐蔽。

农本局福生庄璧山办事处设立于璧山县城原大同街 15 号。另外在去铜梁的公路离城约 1 千米许的黄泥湾设纱布交换门市部和堆存纱布的库房三大间，还有运输站，并建有职工宿舍、办公室、厨房、卫生间等，专营以纱换布业务。福生璧庄于 1940 年元旦开业，并在县属来凤驿、丁家坳设两个办事处。农本局福生庄这块牌子于 1943 年取消，改为花纱布管制局。农本局原辖于经济部，花纱布管制局则属财政部，但下属业务不变。直到抗战胜利后的 1946 年 3 月，福生璧庄全部结束，全体职工均遣散回家。

业务

1939 年，中国沿海和长江中下游地区相继被日本侵略者占领，后方机制棉纱棉布来源困难，重庆附近的豫丰、早新、渝鑫等厂，虽有少量纱锭设备，但苦于敌机轰炸，无法正常生产，更不能谈增加新的纺织设备。而广大军民衣着问题异常严重。福生庄虽从全国各棉产区购运、储存有一批棉花，又苦于无法加工成成品以缓和紧张的衣着问题。当局研究结果，只有用恢复落后的手工纺纱布办法来解救燃眉之急。于是，选择手工纺织基础较好的地区如遂宁、三台、江津、璧山等地，设立分支机构，培训业务管理人员，开展业务。

换纱 即由办事处雇工将棉花疏松，除去水渍、泥污、杂质等，再用弹花机疏松后，制成棉条纺纱。原为农村妇女工作，但因中断已达二三十年之久，年轻一代已不能操作，能操作手摇车纺纱者均在五六十岁以上。经办事处人员深入农村广泛宣传动员，并贷给纺车、棉条，由试纺而逐渐推广开来。

掉布 织机为“湖北式”脚踏织布机（由织布者自备），每匹布幅宽 1 码、长 40 码，棉纱为机纱 20 支，织布工人在自己家里织成布后向办事处换取定量棉纱，另每匹给工资 2 元（系 1940 年上半年国民政府发行的货币）。业务进行两个月后调整，并入福生璧庄专营。

出售棉纱 1942 年总庄运来一批 10 支机纱按规定价格出售，因定价低，购买者多，秩序不好维持，只出售了半天就停止了。

效果 福生璧庄在这四年零三个月中，共换进手纺棉纱约 20 万千克（用这些棉纱织成布可缝制军装或中山服 28 万套，纺纱者作为工资提走的棉条，纺成纱织成布，还可缝制 9 万套，合计 37 万套），全部运福生璧庄配合 20 支机纱织成布匹运到总庄以供军需，都提前超额完成任务。

麻油水烟

水烟的起源与制作 水烟最初起源于13世纪的印度，也有说起源于古代波斯，从16世纪开始在中东地区流行，已有500年历史。水烟传入中国的确切年代已无从查考，一般多认为在清乾隆年间（1736—1795），如黄钧宰在《金壶七墨》中说："乾隆中，兰州别产烟种，范铜为管，贮水而吸之，谓之水烟。"到了道光年间（1821—1850），就已经"吃水烟者遍天下"了。

刘德辉家院（2011年）

刘德辉家院·天井屋檐（2011年）

刘德辉家院·天井花园（2011年）

刘德辉家院·楼顶局部（2011年）

刘德辉家院·大门梯坎（2011年）

刘德辉家院·内楼梯（2011年）

推水烟磨刀石（2011年）

最初的水烟烟具包括烟瓶、烟管、空气阀、壶身、烟盘、烟湾等部分，由椰子壳与空竹管构成，主要用来吸食老式黑烟草。

水烟的种植和普通烟草相似，而加工过程、使用方法和使用效果却与一般香烟有很大不同。一般的水烟所使用的烟草与蜂蜜或水果混合而成，也有将烟草配以食用油等作料，再将饼块烘干，刨成烟丝制成。但有的水烟加工过程却是一个典型的中药炮制过程，除了水烟的烟叶以外，以麝香、冰片为主由一二十味中药组成一个传统秘方，相配的中药具有活络开窍、醒脑安神、健脾宣肺、消炎止痛、清热解毒诸多功效。

刘德辉创制“麻油水烟” 刘德辉从20世纪20年代就开始在来凤及周边乡场经营水烟生意，自产自销。他的水烟推得细，味道纯，在当地享有一定声誉。乡码头赶场，叶子烟（旱烟）、水烟摊子很多，但刘德辉的水烟却卖得最快，摊子收得最早。刘德辉做水烟生意除了保证质量、分量、薄利多销外，他还善于动脑筋、想办法。通过实验，他创制出一种麻油水烟。这种水烟选料净，工艺讲究，色泽新，香味浓，颇具特色，一上市就深受烟民欢迎。从此，麻油水烟让刘德辉的生意日渐红火。为了生意方便，他于 1921 年后，由新隆湾乡下搬到来凤场镇内居住，并在西街开办水烟铺，雇用工人为其大量生产麻油水烟，每天还派出四五挑烟担子，到县城和来凤附近的乡场上销售。县城的一些商贾士绅甚是喜欢，非刘德辉水烟不吸，也有人购买刘德辉水烟作为馈赠亲友的礼品。

风土风情

端午划龙舟（1980 年）

岁时节令

过年 巴蜀民间习俗约定的过年日子为正月初一至初十。乃依据西汉东方朔之记载：一鸡、二犬、三猪、四羊、五牛、六马、七人。后来人们又添上八谷、九鬼、十强盗。所以，巴蜀地区人们过年是正月初七，若这些天的气候温和晴空无雨，人一年少疾病灾祸，反之则异，牲畜也同样如此预测。

正月初一 新年第一天，向为人们所重视。民间有行春、挂桃符、吃汤圆、上年坟、不打骂小孩、不扫地、不向屋外倒水等习俗。行春又名出天行，巴蜀习俗由县令于正月初一晨，率衙中的三班六房僚员，到县城东郊外迎新春。祭礼毕，民众争相以手摸春牛，预知一年吉凶。正月初一大清早，民间以桃木成板，画神荼郁垒像挂在大门上，借以驱鬼，世称“桃符”。正月初一吃汤圆，以糯米粉拌搓为丸状（包心）入沸锅煮之，故名“汤丸”。每年正月初一，由长辈率领，合家去拜祭祖先。

元宵节 来凤驿民间以正月十四日为元宵节。有放烟花、猜灯谜、偷青等民俗，称“闹元宵”。放烟花意取火树银花，以应世道升平。元宵节前悬挂灯笼于户外，一面靠壁紧贴谜底，三面书写谜面词，是为猜灯谜。而每年正月十四夜来凤地区有“偷青”的习俗，即以互相偷别人家的蔬菜取乐，引起互相谩骂，越骂得犀利越好，才能一年四季庆吉平安。

偷青 偷青是璧山地区流传久远的民俗之一。璧山北部地区的“偷青”时间在正月十五日元宵节之夜，而璧山南部地区的来凤、丁家、健龙、广普、正兴等地却是在正月十四日，这一约定俗成的时间代代相传，一直流传至今。

每年正月十四日，家里长辈们在自家糊上几个纸灯笼，中间插上一支蜡烛，等天黑之后，让孩子们提上灯笼到田野中去。一路上，大家整齐地唱着“吆黄雀”的童谣：“黄雀黄雀哦喂，缺牙巴老汉过河去，豇豆、茄子过河来。”祈福来年风调雨顺。到蜡烛尽灭时，小伙伴们便趁着夜色，到别人家的菜地里偷上几把青菜、蒜苗、白菜、萝卜等，然后高兴地回家。菜地的主人一般不会干涉这些偷菜的人。这一天的“偷”，不认为是在做坏事，因为都知道“偷青偷青、越偷越亲”的习俗。

二月初二土神生 是日，曾在婚嫁等喜庆日供奉祈求“土地神爷”赐予安福、贵子的人们就会来到立在街头巷角的“土地神爷”供龛前，再次供奉祷告或答谢“土地神爷”。农民以土地为赖以生存的根本，也尊称土地神为田社公、田社婆，故在神诞日虔诚祭祀。

文昌会 农历二月初三是文昌帝君诞辰，蜀中各地皆有文昌宫或文昌庙。文昌帝君主管人间禄籍，凡人的学位功名、官爵荣显皆在文昌禄籍册中。

春社 立春五戊为春社，约为二月中旬，亦为春分日。农家必置酒筵，以祭社公。祭毕众客就席，至醉方散。

观音菩萨生日 农历二月十九日是观音诞生日，六月十九日为观音成道之日，九月十九为观音受封之日。寺庙均要办庙会。

寒食节 清明前一日为寒食节。除禁烟火用寒食外，檐插新柳以为纪念。

清明节 祭祖和扫墓的日子。偕儿孙、族人等整理祖先坟墓，然后三跪九叩，焚化纸钱。

清明会 每年清明节期间，姓氏宗亲一族人欢聚。祭仪开始，族长司仪，三跪九叩，读祭祖文，鸣鞭炮，族人皆三叩，然后按辈序入席就餐，小辈末座，替长辈端茶敬酒。

三月会 农历三月初四，是战国时期巴蔓子将军刎首留城的忌日。三千年来，巴人都要隆重举行庙会，故称“三月会”。

东岳生日 民间以农历三月二十八日为东岳齐仁圣帝诞辰日，世人趋相朝拜。

吕仙生日 民间以农历四月十四日为吕纯阳（吕洞宾）生日，乡人以米粉做五色糕以奉敬，祝贺仙诞。

药王会 逢农历四月二十八日，民间办药王会，沿袭已久，医家骈集办会，祭祀行业祖先。

端午节 农历五月初五为端阳日。俗以门上挂菖蒲、剑蒲驱鬼。民间以五月为毒月、恶月，乡村贫民预防疾病灾祸，避瘟疫。故端午采百草为药，俗称“草头方”，用以洗浴，或储存作煎汤清热解渴。民间还有包粽子、划龙船等习俗。龙舟竞渡，游船聚集，男女喧哗，投鸭于河，龙舟之人争入水相夺，以为娱乐。来凤驿百姓，在此日夜，到河边放河灯。

傩舞 傩舞戏，至唐代已经较为完整，始由太常侍及其所属大乐署令乐舞机构管理，傩舞戏的演出阵容十分庞大，乐师全都训练有素。《新唐书·礼乐志》载：“乐工二十二人，其中一人为领唱师；演工数十人，着假面，黄金四目，蒙熊皮，黑衣，朱髯，皆执盾，操刀戟，合为一队。”

来凤街道代表队参加各镇街组织的龙舟比赛（2013 年）

立秋尝新 民间以立秋日吃新米饭，先以新米饭、高粱酒、新瓜果合成三新食品，祭祀神农祖先后，方能下田收谷。

青龙戏 农历七月本是农村收割的大忙时节，但某些较大的场镇，集资凑股邀请川戏班子前来开台唱会戏，最少唱半个月，这种戏名曰“青龙戏”。由当地乡绅出面，向各商家店铺、宗族祠堂、绅粮富户募捐筹款。

盂兰会 农历七月半为三元之中元节，又称七月半为鬼节。民间办盂兰会，到了初九之后，要游城（地狱鬼府）施路粥，撒鬼蛋，放河灯，放烟火架等，每晚举行一项，到农历七月十四日夜放孔明灯，十五日结束。

漂河灯

缘起 漂河灯为来凤流传久远的一种民间祭祀活动。相传是由宗教道场在放生池里燃放放生灯演变而来，意为慈航普度。每年农历七月十四日夜，人们为缅怀先人，祈盼天下升平、风调雨顺、五谷丰登、平安祥瑞，常以漂放河灯的形式祭祀祖先和“河神”，以图吉祥。来凤驿来往客商众多，商业发达，经济基础雄厚，各路会馆和宫庙齐备，每年大型民间文化祭祀活动多有乡绅或富贾资助，活动内容层出不穷。

中元漂河灯 中元节祭祀，多伴有诵经法会、水陆道场、放烟火架和漂河灯等活动。漂河灯是件颇为庄重的事情。各宫庙或乡绅大户在每年祭祀时，都要专门请制作河灯的匠人精心制作，传说河灯漂得越远，福祉越多，所以特别受商贾富绅重视。河灯的形态多种多样，除常见的莲花灯、橘瓣灯、四方灯外，也常有匠人别出心裁，把河灯制作得异彩纷呈，有飞禽走兽、花鸟鱼虫、宝莲赐福、龟鹤延年、龙凤献瑞等。放河灯仪式也很隆重，多数居民都要在家设酒馔，烧香烛、化纸钱，祭奠先祖，然后秉烛漂放。璧南河在来凤穿场而过，漂河灯时成百上千、各式各样的自制河灯随波逐流，灯照水流，水映灯摇，星星点点，水光一色，映衬得波光潋滟，蔚为壮观。沿河两岸前来观灯人群众多，所以来凤河灯声名远播，成为璧南地区一道口碑极佳的民俗风景。

影响 来凤漂河灯的民俗虽然声名在外，但因历史原因没有很好地传承下来。新中国成立后，每年民间仍有漂放河灯的习俗，但已明显没有以前隆重，只有极少数老人参与。20 世纪 80 年代后期，县文化馆胡珍容根据这一民间习俗，把河灯改制成手提小灯，编排出舞蹈《漂河灯》进行舞台演出，受到观众欢迎。

中秋节 农历八月十五日。以烧线香、走月亮、点塔灯、打糍粑、送月饼等为习俗。中秋日烧斗香万事吉祥，世人争相购买。以香绕盘旋如太极图附以七颗香珠成北斗七星状，名曰“太极北斗神香”。中秋夜凉，妇女结伴着盛装出游，互相拜访回送，或拜佛庵，踏月彻晓，称为“走月亮”。凡有白塔之处，村民于八月中秋前以瓦叠成七级浮屠置放于塔顶，四周燃灯，称为“塔灯”，以祭祀地藏王菩萨，祈求保佑一方庆吉平安。中秋打糍粑，巴蜀民间至今盛行。中秋节之前，民间世俗流行互送月饼为礼物。

十月初一牛王生　十月初一前一天，各家各户打好糍粑，待初一早上粘在牛圈、牛角上，然后把牛牵到水最清亮的河边喂水，目的是让牛看见自己美丽的形象和装饰。传说远古的时候，牛是天上的一个王，天公让牛王下凡给人间传种苞谷，结果牛王记成种草并传给人间，使人间满地生草，粮食无收。天公动怒，把牛王罚到人间，犁地除草。传说天公罚牛下凡这一天就是十月初一。

腊月二十四灶王生　有祭灶、打扬尘、接灶神等民俗。民间认为腊月二十四日灶王府君上天宫述职，向玉皇大帝汇报人间善恶。民间以二十三日备糖果香烛，为灶神饯行。待灶神“上天”后，家家户户都于二十四日起打扬尘直至除夕。

除夕守岁　腊月最后一天的晚上，俗称“除夕”。民间有守岁的传统。是夜，一家人在一起燃守岁烛，长辈给小辈压岁钱。

建屋习俗

来凤地区民间流传“点儿吧点儿谷，不敢修屋”的说法，可见建屋在农村的确是件大事。而上梁又是整个修屋过程的关键一环，正所谓“房顶有梁，家中有粮；房顶无梁，六畜不旺”。因此乡间非常重视，一般到时都要庆贺一番。在上梁之前，首先要精心选梁和制梁。梁木制作完成之后，主人便选定吉日良辰上梁。按传统习俗，上梁这一天不能和房主一家任何一个人相冲，否则会产生不利影响。另外，其他人的生肖如果与上梁的时辰相冲、相克，也要回避。上梁仪式分为“祭梁、上梁、接包、抛梁、待匠”五道程序。

祭梁 上梁前祭梁是必不可少的一道程序。人们将贴上红纸或红绸的正梁抬进新屋堂前，在供桌上摆上猪、鱼、鸡、鹅、蛋、豆腐、香烛等祭品，由泥瓦匠、木匠等边说吉利话边敬酒。中国自古就被称为礼仪之邦，凡事都讲究礼仪，建房作为生产生活的一件大事，各种仪式当然必不可少。建房中的礼仪其实是一种祈福仪式，人们举行这些仪式的目的是祈求房屋永固、生活美满。

上梁 祭梁结束后，便由匠人把正梁抬上屋顶，或用绳子将正梁拉上去。抬梁或拉梁的时候，鞭炮齐鸣，上梁师傅要唱上梁歌，高喊："上啊！大吉大利！"

接包 在上梁的过程中，有些讲究的人家还要求在正梁放平稳后，主人则将亲朋好友送来的"五谷彩袋"搬到屋顶，放在梁的正中，并将红布披在梁上，寓意"五谷丰登"。有的人家则在红布的底端缝上一双布鞋垫，寓意给新房主人铺垫家底。有的人家则在正梁中间挂上装有红枣、花生、米、麦、万年青等的红布袋，寓意"福、禄、寿、喜，万古长青"。此后，匠人将果品、食品等用红布包好，边说吉利话边将布包抛入主人双手捧起的箩筐中，这个程序称为"接包"，寓意"接住财宝"。

抛梁 上梁仪式最热闹的程序是"抛梁"。当主人"接包"后，匠人便将糖果、花生、馒头、铜钱、"金元宝"等从梁上抛向四周，让前来看热闹的男女老幼争抢，人越多主人越高兴，此举称为"抛梁"，意为"财源滚滚来"。在"抛梁"时，匠人还要说吉利话，他们常说："抛梁抛到东，东方日出满堂红；抛梁抛到西，麒麟送子挂双喜；抛梁抛到南，子孙代代做状元；抛梁抛到北，囤囤白米年年满。"抛梁结束后，众人退出新屋，让太阳晒一下屋梁，这叫作"晒梁"。

待匠 最后，主人设宴款待匠人、帮工和亲朋好友，并分发红包，整个上梁仪式结束。

婚嫁礼仪

请媒 巴蜀农村极少见专业媒婆，但兼职者众多。天上无云不下雨，人间无媒不成婚。求婚的方式是父母要给儿子求婚，已经寻得门当户对的某家淑女，即托熟识女家者为媒人，前往提亲。

提亲 一种情况是女方家看中了男方忠诚可靠，托人做媒撮合。另一种情况是，某家有女，某家有男，两家都有心成为亲家，就是不好当面开口，只好托一人从中做媒。通过媒人两边说合沟通，若均无异议，约定时间地点当面提亲。

看人 看人的地点一般在街上茶馆或酒肆雅间，有时也在媒人家里。男方可以公开亮相，敬候岳父、岳母的问话，而女方要看对方男子，只能躲在屋里从帘内偷看。看人时，男方要支付茶酒费用，还要准备一份礼物，若双方同意，则将礼品奉送给女方家。

合八字 由媒人向女方父母索取女子的出身日期，有照片的拿出一张半身照片交男方。然后约定时间，去请算命先生合婚八字。所谓八字，就是出身的年、月、日、时的“甲子”，共八个字，两方父母都关心儿女，请算命先生推算，是否相生或相克。男方要看女方犯不犯“十恶大败”，女方要看男娃是否有“七杀羊刃”，两张八字合起来是相冲或相合，合的是上婚或中婚及下婚。八字合了，亲事就算定下，这是纳吉。

订婚 巴渝农村叫“歃香”，仿古歃血结盟之意。订婚这道礼节，若农村双方都不富裕，就简化了，但一般中等富庶家庭还是要举行的。订婚要办酒席，由男方备办鸡、羊、猪肉三牲，酒一坛，大香三柱，大红蜡烛一对和金银首饰、衣料等，装入抬盒送去女方家。双方都要设宴招待各自的亲戚，女方家则返赠各种甜食糕点，将原抬盒装满送回男方家，正式确定婚姻关系。

请期 即媒人沟通双方意见，把结婚日期定下来，根据男女生辰八字选出良辰吉日。期单由男方用红纸缄封，并附礼金若干，便于女方备办嫁妆，视期单礼金多少，则为陪嫁的厚薄，交媒人送去女方家。一般在订婚之后一年，最短半年才送期单。吉期确定，按时举行婚礼。

迎亲一 男方要做的是向亲族戚友送请柬，送大红请柬时要附上一封糖（一般不富裕的人家，只一封糖，口头邀请，告诉结婚时间）；提前三日请厨师和帮忙亲友，杀三头猪（不富裕的也得杀一头，绝不能杀两头猪，犯忌）和鸡、鸭、鱼等，治办喜宴；帮忙亲友布置迎亲的一切场面，张灯结彩、打扫厅堂、租赁花轿、凤冠霞帔、抬盒、旗伞等，请轿夫、吹鼓手，书写对联等。富裕人家，几十个帮忙的都要忙七天左右，每日三餐要开十几席；不富裕人家，两三天也有三席至四席人。无论家贫家富对联都是不可少的，贴的对联一般都是现成的“幸有香车迎淑女，愧无旨酒宴嘉宾”“堂上行周官六礼，阶前咏王化三章”“百年歌好合，五世卜其昌”等。横额不外乎是“燕尔新婚、百年好合”“花好月圆”等。娶亲之家，无论朝门、厅堂、卧室、书房，凡是有门处都要贴红对联，以示喜庆。另外，还要在大门及洞房上额贴一小红纸条，上写“姜太公在此”五字以镇邪。

开脸 女方家先于十天或五天，把陪奁的木质家具床、椅、桌、衣橱、妆台等送到男方家。姑娘要提前三日开脸、绞面，脸上撒上白粉用一根红丝线，交叉绞去两鬓及脸上的细绒毫毛，名曰“开脸上头”。到出嫁那天才梳头挽结，俗称“毛纂”，从此再不是闺中“黄毛丫头”了。

女方父母事先也要请三亲六戚，邀请时送上一封糖，男方送来的，被请者就得准备一份“添香”礼品（衣物布绸之类）。同时安排至亲长辈或同辈哥嫂送亲，其中需要一名十多岁的童子作“押轿”。送多少亲客，提前由媒人告诉男方，以便准备轿子。在喜期的头天，新娘开始绝食或少吃、少喝水，以免在花轿里、拜堂时内急失格。

哭嫁 迎亲前一晚上开始哭嫁，邻里和亲戚中的姑娘也来参与陪哭。一直哭到深夜，有的哭通宵，至第二天上轿时为止。历代相传的规矩，有专门的《哭嫁歌》书卖，凡女儿家都要熟读领会，如果不会哭，别人就会笑话没家教。新娘出嫁时必须哭嫁，一种说法是取其吉利，另一种说法是舍不得父母。女大当嫁，人之常情，一般说来，姑娘内心是高兴的，哭嫁仅是仪式而已，故不显得悲沉，而是欢快、喜庆，乃至姊妹嬉戏打闹，表示庆祝新娘结束闺房女儿生活，故此时亦是众姊妹最后一次团聚，所以哭嫁又称唱喜歌，喜歌一般是唱《五句半》开头：

春季开的芝麻花，叫声爹来问声妈，
女儿明天要出嫁，不知嫁到哪一家？
你的女婿我的他，他姓啥？

夏季开的石榴花，叫声爹来问声妈？
女儿明天要出嫁，婆家房屋在哪坵？
盖的茅草或是瓦？小吗大？

秋季开的丹桂花，叫声爹来问声妈？

您儿明天要出嫁，心头有个大疙瘩！

我那个男人高或矮？瓜不瓜？

冬季开的蜡梅花，叫声爹来问声妈？

女儿明天要出嫁，男女陌生共一家，

晚上同床来睡下，我害怕！

歌声显出似喜似爱，如怨如慕，唱完稍歇之后，继续唱《山歌调》：

石榴花儿舍，开红花呀，

明日您儿嘛，离爹妈哟！

儿在娘家做闺女，蹦蹦跳跳多好耍，

下雨不得打湿鞋，太阳不晒水不沾。

我家屋后青石板，青石板上栽牡丹，

牡丹开花我做女，牡丹结籽我离妈。

明天一早要离娘，还有好话谢爹娘，

我妈从小把我带，百般辛苦说不完。

脚踏尖子一朵花，又离婶娘又离妈，

脚踩尖子一根草，又离哥哥又离嫂。

我若是个男儿像，会读书来做文章，

我若是个男人家，永远在家孝敬妈，

只怪我是女儿身，长到十八离娘亲。

由于旧时包办婚姻，遵从“父母之命，媒妁之言”，婚姻不如意，父母是不敢骂的，满腔怨气都发泄在媒人身上，于是便产生了《骂媒歌》：

堂屋当中三炷香，媒人回去生疔疮，

一个疔疮九个头，十人看到九人愁。

对门河沟有座桥，柳木作架不动摇，

媒婆眼睛看花了，一跤摔下柳木桥。

跌断脚杆当柴烧，跌破脑壳做瓜瓢，

跌断手杆被狗咬，四肢不全做猪槽。

堂屋门前栽冬瓜，媒人回去死爹妈，

堂屋门前种辣椒，媒人回去遭火烧，
堂屋门前栽李子，媒人家中死女子，
堂屋门前栽茄子，媒人回去死儿子，
堂屋门前三炷香，媒人回去烂牙腔。
一张桌子四角方，媒人是个吃人狼，
一把剪刀两面口，媒人是条搜山狗，
这头吃了跑那头，油嘴滑舌不知羞，
这头吃的猪鞭子，那头又喝夜壶酒，
九盘十碗吃不够，临走还要偷骨头。

把媒婆骂够之后，到临行上轿踩斗，又要哭唱一段《辞行歌》：

我今出行要踩斗，娘家银钱年年有，
我今回头踏一脚，唯愿媒人烂舌头。
我今左脚先踩斗，爹妈百岁得高寿，
我今右脚来踩斗，婆家屋头金满斗。

踩斗哭唱之后准备上轿，娘家人将红纸包着的筷子向轿子四周抛撒（因筷子谐音“快生子”的吉利话），新娘又得哭唱：

筷子落地十二双，哥哥捡到买田庄，
兄弟捡到做文章，姐妹捡到买衣裳，
嫂嫂捡到存私房，好人捡到作门枋。

新娘又哭唱辞行歌：

堂屋门前挂绣球，女儿走了妈莫愁，
堂屋侧边挂算盘，养女别用算饭钱，
门神对子年年贴，女儿走了回来歇，
门神对子年年换，女儿走了回来看。
橘柑好吃要剥皮，姊妹好耍要分离，
梨子好吃要吐渣，弟兄和睦要分家，
一窝芋子本同根，爹妈割肝痛在心，
今天辞别亲人去，明日回门再相聚。

新娘上轿，坐在轿里，由哥哥、嫂嫂前来关好轿门。新娘轻轻掀开门帘，又哭唱起来：

花轿已经抬进门，要想久留不得行，
脚踏莲花十二朵，难为哥嫂来送我。
相知不过兄妹们，难为哥哥关轿门，
堂屋门前金贴金，难忘爹妈养育恩。
堂屋门前银贴银，难忘爹妈苦操心，
檐前小燕今长大，女儿嫁了妈牵挂。
往日离娘三两天，今天离娘隔层山，
我家姊妹多又多，姊妹多来话好说。

宣布起轿，新娘坐在轿里还要哭唱一段：

眼看花轿要起身，哥哥嫂嫂要送亲，
哥哥莫把嘴嘟起，未必还怕当舅子？
嫂嫂一边不开言，未必还怕花了钱？
灯盏无油不得亮，哥嫂不去不像样。
弟娃送姐很在行，你接媳妇姐帮忙，
弟娃送姐不要慌，姐姐帮你找婆娘。

迎亲二　吉期早晨，男方家的迎亲队伍起程。由媒人坐轿带领，叫人抬上若干抬盒，装上各种礼品，主要是装扮新娘的凤冠霞帔。另外是“三鲜水师”——蒜苗三根，柏枝一束、鸭子一只，每个抬盒都装得一样，不得空着。迎亲队伍少则二三十人，多则上百人。

有的女方家距男方家数十里路程，天不亮就得出发，一路上吹吹打打，走到能看见女方家屋时，火炮手放起炮来，吹鼓手更要使劲地吹，锣打幺二三（璧中和璧南地区则按慢三、快四、急五落槌）。女方家主人热情接待，把抬盒迎进堂屋，礼物取来供摆于桌案之上。花轿摆于中堂门外，客轿陈列两旁，彩旗插在院坝周围，对于吹鼓手设“特座”，一般是在朝门口处，让他们尽情地吹。此时，主人对来的所有人等都要发喜钱，打旗的童子得到喜钱，都很欢喜，时人有《竹枝词》云：

花红彩轿到门时，忙了女家支客师；
遍赏喜钱童子辈，铜圆两个笑嘻嘻。

女方家安排迎亲队伍及本家来宾入席就餐，出嫁宴都是早餐。另一部分女性内亲，则分别给新娘扮妆和陪奁的衣、被、枕、席、镜、帐、化妆品等。男方送来鸭，女方换成鸡返回，须臾席散，姑娘戴上凤冠与霞帔，妆已扮好，由女方家长辈或嫂子搀扶出房，至堂屋向祖宗及父母行揖拜礼辞别，堂屋门口设有一只斗，姑娘踩斗出门。此时父母及长辈给铜钱若干，备作闹洞房时之用。

媒婆和女性长辈揭开轿帘，新娘入内，放下门帘。轿夫起轿，转一圈，送亲客相继入轿，媒人宣布良辰到，起程队伍就拉开了。仍是大锣开道走在前头，火炮手、蓝伞、彩旗、花轿、媒人轿、送亲轿、抬盒和吹鼓手等依次排列成单行，缓缓出门，吹鼓手使劲地吹，队伍上路后由知客师检视是否整齐就绪。若两家距离很近，还要按预设的路线绕道使迎亲队伍多过一些地方，让更多的人知道这一场婚事。

途中，打大锣的两人走在前面，鸣锣开道，接着是火炮手，打旗手，一般是十多岁的英俊儿童，媒人轿子走中间，最后是吹鼓手、花轿、迎亲轿子。队伍走单行，浩浩荡荡俨然一条长龙，有《来凤轿子谣》为证：

前大，后小。
照高，勾腰。
抬头望，有坡上。
幺二拐，两边甩。
跳蹬路，步赶步 。
铁篱笆，莫挨它。
斜石带溜 ，稳踩莫丢。
筋筋绊绊，一脚踩断。
越走越陡，上去好走。
一踩一滚，十拿九稳。
稀泥烂窖，乱踩乱跳。
横的一丈八，顺的一步踏。
天上明晃晃 ，地下水凼凼。
远看一枝花，近看牛屎粑。

这幽默风趣的迎亲轿子谣，令人欢喜，可窥巴人结婚典礼的隆重。

花轿临门 进男方家门之前，要由一人手提鞭炮绕轿燃放一周，俗称“驱邪气”。

在朝门口或院坝口摆一张桌子，铺围台桌布，桌上放四个盘子，用红纸封口，纸上用芝麻粘成“迎凤接驾”四个大字，也有只摆香烛和果品的。送亲客下得轿来，桌前一瞥，拱拱手，即由知客师引进客厅敬烟茶。抬盒里的东西，由男方亲戚帮忙，拣出来用米筛端进新房。花轿门向着花堂停放，厨官师傅左手捉一只雄鸡，右手执刀，喊礼师出来“还车马”，先向花轿撒一把新米，念道：

日吉时良，天地开张，
新人到此，车马还乡。

一张桌子四角方，张郎设计鲁班装。
四面嵌镶云牙板，中间焚起一炉香。
此香本是非凡品，来与新娘掩煞香。
天无忌，地无忌，年月日时都无忌，
姜太公在此，诸神回避，大吉大利。

念毕，再次撒米。厨官杀鸡，将鸡血淋洒在花轿周围地上。再进入新房于床头用鸡血贴上一片鸡毛，也是为了辟邪。以上各项，新郎都要安排人员给予赏赐，喜钱多少不限。

拜轿　由男方的小辈孩童向着轿门行三叩首的跪拜礼，新娘从轿内把铜圆抛出来。正堂屋神龛下紧靠一张桌案，铺有龙凤桌围，由男方长辈德高望重者点燃龙凤大喜烛，名为“发烛”。此时，新郎官头戴花冠，平常的帽子上加插两枝银花，身披大红绶带，仍由长辈牵着由左至右一步一步地踩踏地下红毡走一圈，叫“双脚踏四方，年年买田庄”。

行周堂礼　拜轿之后，由一位年高又多子多福的老太婆前去揭开轿门搀出新娘来，让她踩米筛而过，款步进入花堂。赞礼人（即司仪）唱《周堂礼歌》：

桃之夭夭配凤凰，之子于归正相当，
牛郎织女鹊桥会，夫妻双双拜高堂。
一拜天长地久，二拜麟子呈祥，
三拜福禄寿喜，四拜金玉满堂。
金童玉女排两行，灵宝无双寿延长。
东方一朵白云起，西方一朵红云开，

两方腾云共结彩，云中现出美人来。
男站乾位，女站坤位，
成婚以后，百年共昌。

赞礼人高呼："行周堂礼！新郎新娘就位。一拜天地，二拜高堂，夫妻对拜，礼成！送新人入洞房。"新郎一手端烛，一手牵新娘头上红巾一角慢步进入洞房。梳妆台上早已摆好两杯酒，龙凤大红蜡烛分龙左凤右陈放，新人在桌前一把长椅亦分男左女右坐下。此时，由媒人叫新郎揭红巾，当新郎揭起头巾，双方才启眼观看"素不相识的陌生人"，新娘只瞥一眼便低下头。新郎犹在呆住时，门内外的青少男女开始哄笑。

闹新房　新房里的安床、挂帐铺床、理被等工作，由男方亲戚中多子多福的妇女承担。在布置新房的过程中，必唱一段"七言四句"，以讨得新娘子的赏赐。铺床人唱《安床歌》：

一张床儿四角方，鲁班弟子造此床，
上有金鸡来闪翅，下有双凤迎朝阳。

象牙床儿金灿灿，摆在房中众客看，
你来看时我亦看，明年都来吃红蛋。

又唱的是：

这张新床真好看，全是香樟做栏杆，
新郎新娘睡拢点，养的儿子中状元。

安床后，开始挂蚊帐，又唱：

一对金钩挂得好，挂帐好比乔国老，
刘备东吴去招亲，国老当然称月老。

手挂罗帐喜洋洋，罗帐制来根源长，
一对新人偕白首，好比梁鸿配孟光。

铺床唱"四言八句"：

铺床铺床，地久天长。娘家制被，婆家铺床。
花花枕头，放在两旁。睡到半夜，喜气洋洋。

铺床铺床，金玉满堂。先生男娃，后添姑娘。

品种齐全，顺利成长。男的读书，女坐绣房。

接着又唱“七言四句”：

一床单被五团花，二人睡下笑哈哈，

今晚夫妻同睡下，明年生个胖娃娃。

每唱一段新娘都要给予赏钱——铜圆两个。闹房就此开始，除祖父母及父母不参与闹房外，其余无论长辈、平辈、晚辈都参加闹房，俗称“新婚三天不分大小”。新郎、新娘在床沿上挨肩坐下，任众人发话“胡闹”。民间说法是“闹得越是稀奇，才会生儿子”。宗亲唱“四言八句”：

恭喜新郎，贺喜新娘。天长地久，地久天长。

早生贵子，早生儿郎。螽斯衍庆，瓜瓞绵长。

然后，打连箫掀起高潮，大伙儿跟着连连唱起来：

连箫一打就开唱，柳呀啊柳连柳哦，荷花闹海棠，呀海棠花。

回门 回门的礼节，巴蜀地区从前是婚后第二天回门，如两家相距较近也可以当天回门。回门时新郎、新娘只坐一般的单轿，与送亲客和媒人一道。回得门去，照例要拜女方家的祖宗父母，然后逐一行礼拜见各位长辈及哥嫂、姐弟、姐夫等。这时，亲戚邻居，男女老少都来看新女婿，女方家的小弟及晚辈都来给新姑爷作个揖，免不了被赏赐几个铜板。新郎被邀去客厅品茶、敬烟、喝酒、闲谈，由女方家长辈相陪，试探新郎的品行、才学、习惯、好尚及性格修养。回门后的归时，上半年酉时，下半年申时一定得返回，如果超过时间，父母要责怪儿子、媳妇没家教。

入厨 最后一道程序是“上灶”，也叫“拜灶”。朱庆馀上张籍诗云：“洞房昨夜停红烛，待晓堂前拜舅姑。妆罢低声问夫婿，画眉深浅入时无？”王建亦有《新嫁娘》五言绝句云：“三日入厨下，洗手做羹汤，未谙姑食性，先遣小姑尝。”儿媳尊称翁父、婆婆为“舅”“姑”，或“翁”“姑”，称丈夫的妹妹为“小姑”。新婚次日早上，新娘要早点起床，梳妆后入厨房，烧好茶汤，先送公婆请安敬上，次送同家的长辈。入厨之时，要将娘家带来的新花围腰拴起，焚香敬灶神之后，开始做饭菜。从这时起，新娘便是夫家主妇，掌管家务了。

丧葬礼仪

丧葬礼仪缘起于远古社会的灵魂观，发展成维系家庭孝道伦理的礼仪规范。旧时来凤地区百姓对丧葬礼仪特别重视，随着时间推移，丧葬礼仪逐渐简化，农村地区还保留部分习俗。

祭礼 富裕人家，父母进入暮年，即为预备后事的棺木，俗称“寿木”，以柏木为主，聘请经验丰富的工匠秘制。有八大块镶合的；有以大树刨制如印章盒的，分内棺外椁，其价值可高达数百银两。木质棺椁用生漆调银珠涂敷数次，可埋藏地下千年不朽，同时备办以丝绸及棉布寿衣，请风水先生测阴地吉穴。

易箦至入殓，则是一套烦琐的陈规。箦即席子，将死者卧之篾席换掉。本来生离死别，是人生最痛苦的事，儿女众多的老年人，死前都希望和子女见面，做最后的诀别。因此，儿女守着父母死，叫送终。在这个时候，死者当着众后人吩咐一些身后的事，对子孙的教导，或交出已先写好的书面遗嘱。如果全体子孙守着死者撒手人寰，世俗认为这是难得的善终。死者还未落气时，将他抬下床，卧于临时架起的木板上。床上的席子、帐子撤掉，这便是古礼易箦。当死者闭息，即点香烛焚烧落气钱纸，将一张新白布放入瓦盆净水里，取出拧干，向死者尸体，离五寸高从头到脚作揩洗状，称为“净身”。换下旧衣裤，穿上新老衣。

报丧 报丧的规矩是，若父亲过世，则先对亲房伯叔报告；若母亲过世，则先向舅家报告。报丧时，由正孝子免冠赤脚束麻在尊辈面前下跪，不言也知来为报丧。在亲丧期间，凡见着尊长或同辈来祭，都要行下跪礼。

请道士 道士到来要做的有开路、公布七单、含殓、入棺、设灵堂、成服、诵经、立幡等过场，每一道都要做“法事”。预先请乡里学究老师写好“家祭文”，由司礼生宣布“孝子就位举哀”，一家人按长幼次序伏跪地上，司礼行念祭文，全体孝子放声大哭。

随后就是礼生及童子（十二三岁能诵诗经的）歌诵《诗经》中的“蓼蓼者莪”一章，其音调跟读祭文一样，哀声扬扬，把尾音拖得很长。

开奠　亦名“开吊”，一般在出柩头一天举行。开奠就是接受亲友的祭奠，有的大户人家亲友多的，开奠都要一天时间，主孝子陪祭陪跪，折腾得疲乏不堪。为答谢众亲友多日辛苦操劳，富裕人家便来一场“闹丧”活动，习惯在出丧的头夜，请本场镇的“玩友”来举行坐唱川剧。所唱剧目，多与丧家有关，如二十四孝的、目连戏的《傅相升天成佛》等剧目。

出丧　前面抬着死者的灵牌，支撑着的“引魂幡”，接着是孝联、孝幛、彩旗和仪仗队。棺材上盖着彩绸丧罩，十六个抬夫抬着缓步行走。孝子们头拖长尾孝布，身披麻布，手拄“戳丧棒”（其实叫哭丧杖）。《礼记》所示：“父丧用竹、母丧用桐”，约长尺许，匍匐而泣行。另外有两人，一人打灯笼，一人撒买路钱纸，过桥、过庙要烧香、烧钱和燃鞭炮。落井时辰到，抬棺入井，再试试方位是否正确，孝子跪地叩头，此时将“老包罐”及“路引罐”放于棺材左右两侧。然后，由正孝子去掩上第一撮土，随后帮忙的人将土堆成坟形。

从此时起，孝子拖在背上的长孝布，挽在头上不再脱了。安葬后第三天早晨，众孝子要做复山望坟，以谷草编一条草辫，死者是多少岁则编多少转，置于坟头，烧香磕头后，点燃草辫，若此草辫被全烧尽，说明死者寿数已尽。

烧灵　亲丧死者虽已入土，但道场还没做完，那就又有一番折腾，就是“烧灵”。时间是在道场结束之日，一般都在上午。法事做完之后，发灵，将灵牌、引魂幡、灵房、纸人纸马和大量的冥币、冥具一齐送到郊外烧化。化灵之后，安排宴席招待众亲友。宴席间孝子到席前叩谢，名为“告奠”。从此孝子便不再向人磕头。

烧七　安葬之后的“烧七”和“回殃”，无论死者为谁，皆以死者死亡之日算起，七天作为一个祭奠日期，直到七七四十九天为末七，每七天都要烧纸祭祀。“圆七”之后，还要“烧百期”“烧周年”以及“谢土”“复山”等，有钱人家要请道士来做法事，一般家庭则自行设祭烧香化帛。

清代福寿石雕（2017 年） 重庆大圆祥博物馆 提供

生育生日礼仪

报喜 来凤地区风俗，一旦小孩诞生，第一项礼仪就是报喜，即小孩的父亲向岳父家报喜。其礼必有“红蛋”，即将鸡蛋煮熟染成红颜色，有的人家还要加上两瓶白酒。岳父家回礼必备三只鸭蛋，表示“压子”之意。其他随礼不限，越多越好。生子添丁，旧时要向左邻右舍送红蛋，送“喜粥”。吃完喜粥，必须还礼，在碗中放上几块钱。送红蛋数量有讲究，成单不成双，三、五、七个不等，所送范围也不受限制，大方的人家全庄家家都送到，有的甚至用箩筐抬到集市上，逢人就发，不计其数。

打三朝　小孩诞生第三天，称为“三朝”。这天要办酒请客，俗称“打三朝”或“三朝酒”。所请客人主要是孩子的外公、外婆和其他直系亲属。吃“三朝饭”亦有讲究，一是有请必到，不能缺席，否则，将来孩子养不大，得承担责任。二是要给喜钱，不能空手，否则不吉利。过去，三朝这天，接生婆要为婴儿洗澡，也称“洗三朝”。一般要在浴盆中放上红蛋、金银首饰等，据传可以为婴儿压惊消灾。洗澡时还要说一些吉利话，如“先洗头，做王侯，后洗腰，节节高”等。三朝这天，一般要为孩子起名。有的是孩子的长辈起名，也有的会专门请本地有学问的人来起。起名时，会根据孩子在族里的班辈以及生辰八字、生肖五行等来选字。如孩子五行中缺水，要选有“水”字旁的字。有的人家怕孩子难养大，起上猫、狗等动物名字，以示该孩子是牲畜，不是人，阎王老爷拿不到。

满月酒　孩子满月时，家中要办满月酒，宴请亲朋好友，以示祝贺。孩子当天要剃胎发，剃头仪式既严肃又庄重，如果在脑后留一“桃子”形的胎发，必须等十岁生日时，由娘舅来剪，称“留胎毛子”。剃下的胎发一般用彩布包成球状，用彩线缝上，给孩子戴在手臂上，传说可以辟邪，保孩子一生平安。现在，有的人家将胎毛送给专业商家，制成毛笔，称“胎毛笔”，亦有纪念收藏意义。三朝之后，满月之前，亲朋好友登门送礼庆贺，称作“送月礼”。送月礼一般有馓子、红糖，也有鱼肉、猪肚、猪肺、猪腰、老母鸡等。现在因市场繁荣，购物方便，一般送钱较多，这一个月是生小孩家庭最热闹的日子。

满百天　小孩出生后一百天，家庭一般都要办酒请客，亲朋好友登门祝贺。贺礼名目繁多，孩子外婆家有的地方时兴送“六个百”，即百个馒头、百块米糕、百只粽子、百寸布料、百枚钱币、百两面条，还有鞭炮、蜡烛等，用特大的竹篮装上送来。其他亲

清代福禄寿木雕（2017 年）　　重庆大圆祥博物馆　提供

戚朋友有送衣物的，有送玩具的，还有送钱的。有的外婆家还专门送“百家锁”，就是跟一百户姓氏不同的人家讨要钱粮，如果当地姓氏不多，就找一家姓“柏”的人家，用讨要的钱打造一只银锁，据说这样可以保佑孩子一生平安。有的人家还会用上百种布的边角料拼起来，缝制一件“百合衣”，预祝孩子可以过百岁。

满岁　周岁是孩子的第一个生日，必须祝贺。孩子外婆家是主客，常规礼物是馒头、粽子、鱼肉、鞭炮、蜡烛等，现在一般都要买上一盒大蛋糕。孩子的姑母、姨母除正常礼物外，还必须送鞋子和袜子，叫“姑子鞋、姨娘袜，宝宝过到八十八”。周岁生日当天，主家要大宴宾客，少则几桌，多则几十桌。有些地方仍流行“抓周”，即敬菩萨、放鞭炮时，在小孩面前摆上算盘、钢笔、鸡蛋，看孩子先抓哪个，以预示未来志向。一般都是大人诱导小孩先抓算盘、钢笔，以示孩子将来读书成才；如果先抓鸡蛋，则预示孩子调皮捣蛋不成器。

生机酒　也称“做寿”“做生”，一般指10年一次的大生日。来凤民间主要有这些讲究：一是“三十四十无人得知，五十六十打锣通知”。即一般在小孩10岁生日时办一

清代百仙贺寿木雕（2017年）　　重庆大圆祥博物馆　提供

次酒席，20 岁、30 岁、40 岁生日都不请客办酒，即俗谚所谓逢这样的年庚，只是吃饭时增加一些荤菜而已。40 岁不做寿，还因“四”与“死”谐音，做寿不吉利。所谓“做寿”通常是从 50 岁开始，50 岁为“大庆”，60 岁以上为“上寿”，两老同寿为“双寿”。在寿辰日儿女要给父母做寿。二是“做七不做八，办九不办十”。即 80 岁寿辰多延至下年补办，俗称“补寿”“添寿”，也有的提前一年庆寿；旧俗还因百岁嫌满，满易招损，故不贺百岁寿。此外，民间还有“男办九，女办十”的说法。

寿堂 一般设在堂屋，堂前正中挂金色“寿”字，或“百寿图”，两边挂贺联，诸如“福如东海，寿比南山”等。八仙桌上摆有香炉、蜡千、寿蜡、“本命延年寿星君”神码，以及黄钱、纸元宝、千张，并使之下垂于供案两旁。条案上则摆放寿桃、寿面等寓意长寿的食品。八仙桌正前方的地上放置一块红垫子，供拜寿者跪拜时用。

拜礼 前来祝寿的，平辈以上者做拱手礼，以下者行叩头礼。寿辰前一天晚上，红烛高照，寿星先焚香拜告天地祖先，之后端坐上座，受子孙和幼辈的叩拜礼，俗称“拜寿”。寿诞日为正日，清晨，鸣放鞭炮，亲族好友登门祝贺，俗称“拜生日”。此时，寿星回避，堂上虚设空座，贺客向虚座行礼，儿孙侍立一旁答礼。

回拜 寿宴过后，寿星本人或由儿孙代表，登门向年高辈长的亲族贺客致谢，俗称“回拜”。

打发 又叫回礼，即主人为了答谢亲朋而特别回赠礼品的习俗。比如，来凤地区办寿宴通常给客人“打发”的是寿碗，小孩生日酒一般“打发”毛巾之类，近年也有一律“打发”小额现金“红包”的情形。

农业生产习俗

出秧门 又叫开秧门，就是择吉日插秧，即插秧前举行的一种仪式，主题是预祝秋季水稻丰收。首先，焚香点烛，放鞭炮，祭土地神。接着，全家聚餐，喝开秧酒。最

农民在拔秧（2012 年）

后，由德高望重的长者或家长，到水田中插第一棵秧苗，晚辈边唱插秧歌边插秧，年轻人互相泼洒泥水，被泼得最多的人为吉利。

打幺台 来凤地区每年栽秧时节，主人家要请帮忙的人吃栽秧酒。届时，主人买回新鲜菜并把早已准备好的菜肴端出来盛情招待栽秧者。栽秧酒自晨至晚吃五餐，早、中、晚三次正餐以外的称为“打幺台”。当太阳当顶时，主人边说笑，议论谁栽得好，边殷勤劝食。酒足饭饱后吸一袋烟又下田栽秧。如果栽秧酒吃得不满意，栽秧人会给主人添麻烦，以示惩罚。此外，巴蜀一带还有“栽秧的女婿，打谷的舅子”的民谚。这是说主人盛情款待栽秧人，每日吃五餐，有酒肉之类。而打谷时的伙食相对差些，但饭管饱，菜品较简单。

装口袋 插秧时，不分长辈、晚辈，可以互相嬉闹，所谓“栽秧田里无老少”，以

农民在插秧（2011 年）

捉弄嬉戏对方为目的。遇栽秧速度慢的，速度较快者边栽边围，用秧苗将其围在中间，谓之“装口袋”，被围者须将“口袋”里的秧田栽完才能出田，以示惩罚。

薅秧子 以前农民对薅秧的环节非常重视。来凤地区就有谚语：“光薅不淋，一半收成；光淋不薅，一把柴烧。”薅秧的时候，要用脚将秧窝周围的泥巴搅转，才算做到家，来凤山歌中就有《薅秧要薅五寸深》：“薅秧要薅五寸深，莫在田中打水混。误了功夫瞎胡闹，误了秧苗一年春。”薅秧的过程中，还要注意拔除稗子，来凤情歌中有一首《一下田来稗子多》：“一下田来稗子多，扯了一坡又一坡。只想埋头扯稗子，哪有闲心唱山歌。”

挞谷子

有一首流传于来凤地区的山歌《挞谷子》：“六七八月谷子黄，农家开镰收割忙。要帮就帮情妹割，还要送件花衣裳。”挞谷一般分工是三个人割，两个人挞。割谷的人负责担毛谷子到晒坝（有时是专门的人负责运输），挞谷的人负责拴谷草。

割谷 用镰刀割谷动作要快。和栽秧相反，栽秧是退着走，割谷是往前行。每人要割十多行宽的一大幅。割稻谷的镰刀是事先到街上铁匠铺磨过的，特别锋利。右手拿着镰刀，左手握住稻秆，一刀一窝。割完三窝可能还不到一秒钟的时间，只听到“楚楚楚”的声音。割上四五窝为一手，两手为一个“谷把子”，割完整整齐齐地放在顺着挞斗过来的位置上，便于挞谷的人取。

挞谷 即双手抱起一个“谷把子”，用力朝挞斗里的斗架子上摔打，将成熟的稻谷挞落在挞斗里。挞斗是一个圆形大木桶，直径大约130厘米，高约50厘米。为了方便挞谷时挞斗在田中挪动，挞斗的底像锅底一样中间向下凸出近10厘米，是一个圆形球面。挞斗里面有一个斗架子，谷把子就砸在斗架子上，把成熟的稻谷挞落在挞斗里。为了防止稻谷乱撒，在挞斗上围了斗席，这斗席是用竹篾编成的席子，有两米高，长度是挞斗周长减一米。两个人就在这一米的空缺处挞谷子。一个谷把子举过头顶使劲往斗架子上挞下去，挞谷是力气活，一个水淋淋的谷把子，少说也有十多斤，要举过头顶并使劲挞下去，力气小了就举不起来，或者挞了几下就会累得不行。挞谷还是技术活，将谷把子挞下去后要用手立即分开抖几下，把谷把子中间被挞落了的夹在稻草中间的谷粒抖出来。不然，在第二次举过头顶的时候，大量的谷粒就会撒在身后或越过斗席撒在田里，辛辛苦苦得来的稻谷就这样丢弃了，实在可惜。一个谷把子要这样分开抖两次到三次，过后的两三下就没必要分开抖，中间已经没有夹多少谷粒了。

担毛谷子 挞下来的谷子要担到晒坝去晒。距离近的几根田坎远，远的就可能有一两千米路。一挑少说也是一百七八十斤，多的是两百多斤。担谷子先是在田坎上走，这田坎不是路，很窄，有豆类、高粱等农作物，加上坡又陡，箩筐大，走起路来是左撞右拌。一步不得一步地挨，一步一步地往上撑，稍有不慎，就把松软的田坎给踩崩了。为了避开高温酷热，割谷子、挞谷子可以提前到早上六点钟以前，但担谷子时也一定是烈日当空了。把谷子挑到一棵树下或竹林，避开火一样太阳的地方歇息片刻，若有一丝凉风，心中顿生莫大的满足。

套谷草 谷草是牛的粮食，各家各户的床铺、搓绳也离不开它，所以必须保证谷草不腐烂变质和谷草的清洁卫生。挞谷时是4个谷把子丢一堆。套草的人，从谷草堆中拿十多根稻草理顺，左手拿着谷草稍的一头，右手拿着稻草的头，弯腰把谷草从水中扶起来。双手交会时，右手的草稍从下传给左手，让左手拇指掐住，右手握住草头一拉，就成了。就这一点，很多人没有学会，套的稻草松松垮垮，站立不稳。手艺高的人每分钟可以套2～3个。

春耕春播

“春打五九尾，不种谷子也吃米；春打六九头，不种芝麻也吃油。”这一谚语包含了农民耕作一年之计在于春。

开耕 掐辰训小牛，忌戊动犁锄为耕，又称“教耕”。以立春（或称“打春”）时节牵绳犁教稚牛（或称“交担牛”），每次训毕，握泥土涂牛肩，俗以增稚牛记性，其为夏耕解困而备。

春种 于立春、雨水、惊蛰、清明、谷雨时节，适时择日下种为播，又称“春播”。

翻土 一般在立春至谷雨时节犁土，又称“铧二道土”，以便为种苞谷、种辣椒、种茄子、种瓜（黄瓜、南瓜、冬瓜、丝瓜、地瓜、苦瓜）、种豆（四季豆、豇豆、刀豆）等锄窝、下种、淋粪做准备，谓之“点瓜”“点豆”“点苞谷”。

育秧 惊蛰、清明时节是做秧地、育秧苗的时节，育秧环节有三：其一，泡谷种，将谷种盛于桶、罐等器物内，用水浸泡谷种10～15天后，或将其浸泡谷种于每晚用温水淋，加温使之生芽，待破壳见“谷嘴”为宜，有的为了抢季节，于惊蛰时节泡谷称为“撒早秧”或“做惊蛰秧”；其二，做秧地，须择肥沃之田，于清明前后水犁秧地浸泡秧田，待撒谷、撒秧时，将牛粪犁盖于下，平整田面，储留厘米之水（称为“抹抹水”）即成；其三，撒谷种，忌戊，忌妇嘴不吉或手触谷种，撒谷均匀，功在手指伸屈，手窝缩放与抛撒高矮、远近之间，俗谚曰“秧壮肥田，苗匀人手”。

农谚 春来耕播以冬备为基础，20 世纪 80 年代前沿袭春耕播春的传统时令，至今来凤地区仍普遍流传着“惊蛰泡谷，清明撒秧”“谷雨前后，种瓜点豆”“庄稼佬懵懂，谷雨才泡种”等农民谚语。

夏收夏种

旧时称农历四月为“麦秋之月”，一边收小麦，割菜籽，储蚕茧，采茶叶，挖马铃薯，摘豌豆、胡豆等夏收活动，一边忙于翻犁空田闲土与麦田菜地、插秧及烤烟、豆类等农作物的种植。

敬秧神 来凤地区以大米为主食，冀望风调雨顺“吃白米饭”，因而信奉土地米神，谓之“秧神”。新中国成立以前，当地人通常要举行“敬秧神”的仪式。即“秧子满月”，谷种撒入秧地一个月，第一天扯秧时，须在田边烧香化纸，念咒语，以酒、茶敬秧神。

白水秧 插秧不用灰粪，称“栽白水秧”。

灰包秧 盛于秧船浮于水面，退步而行，拈秧撮灰而插，称“栽灰包秧”。栽用小便或牛粪拌草木灰，称“尿酵灰”。

秆子秧 插秧时，有的直线破田而栽，称“栽秆子秧”。

巴田弯 插秧时，有的随田坎走势而栽，称“栽巴田弯”。

斜三撮 插秧形式常以传统的栽“弃子口”状衡量排行与退行的窝距，排栽四窝秧为自己前进的走向，称“意头”。如“意头”所向遇退行拐弯而窝尽，则按横向多栽三窝而补之，始终保持各自所栽四窝“意头”的平行，称“栽斜三撮”。

关门打狗 插秧劳作间，设“口袋阵”“槽子口”，戏谑称“关人”或“关门打狗”。栽秧能手多有心机，往往以快取胜，寻其“好意头”为优势，甩掉对手取胜。有的以此作栽秧胜败的赌注，有胜者吃着喝着逗乐败者，相互打趣，嬉闹之后继续下田插秧。栽秧田间犹如赛事，栽秧歌时起时落，鞭笞取笑，亦劳亦乐，轻松娱然。

放栽秧稍 早饭后至晌午间须小息，称“放栽秧稍”，主人要送酒和盐蛋犒劳。

定根粪 旧时，为旱地苗淋粪，称“定根粪”。

定根灰 有条件的水稻田须放水撒草木灰，称“定根灰”。

壮苗肥 适时用牛粪、秧草通过浅埋、播撒等形式施以“壮苗肥”。

农谚 夏季抢收抢耕，忙插忙种，勤管勤灌，农事活动繁忙。来凤地区流传“立夏立夏，会到亲家不说话”“立夏三巴掌，到处连盖响”等农民谚语。

秋收秋种

入秋，气温渐变寒，雨水少，光照足，正是农人抢收苞谷、水稻，翻耕稻田，种油菜、蔬菜的时节。入秋后既要收，又要耕和种，称“三秋”。

搬苞谷　在“三秋”农事活动中，称玉米为“苞谷”，其有小黄苞谷、白苞谷、糯苞谷等自留自选的传统品种，该种于20世纪80年代自行淘汰。入秋，玉米成熟，将果实（苞谷）从茎（苞谷秆）上搬下运回，称“搬苞谷”或“取苞谷”，将果实的壳撕开留于茎腰，取走果实称“剥树开花”，“剥树开花”时须选择颗粒饱满的果实为“种子”，要储留两三片果壳于果蒂，便于辫结悬储于屋梁，称“种藏”。有的为了缓冲繁忙的三秋时间或遇“收天”较差，也按此方法辫结储存（称为“蓄提子”），其通风良好，不易霉变，有待在充裕的时间或晴天时，再从屋梁上取下去核晒干而用。

砍火焰　一边焚山撒荞或小谷，以锄泥掩盖种粒而成，称“砍火焰”。

扯豆子　一边收黄豆，将其茎秆果实扯出土，扎成把子运回，晾于房屋通风处，称“扯豆子”。

挖红苕　随苕窝垄埂犁之，用锄头翻泥，使红苕显现出来，称“挖红苕”。

开斗　收完苞谷，稻谷成熟，须择日收稻，将斛斗、挡席运至田边，由主人择种割毕并斟三杯酒供之，再烧三张纸，点三炷香，待香纸焚尽开工，称“开斗”。

封斗　挞完谷，主人舂打糍粑佐餐，称为“封斗”，也叫“打完全粑”。

来凤人民庆丰收（1980年）

冬耕冬种

农历十月初冬，天气暖和，称“小阳春”，农人趁时而栽、种、播萝卜、白菜、青菜、萵苣及胡豆、豌豆等蔬菜。

炕田炕土 一般须抢在小雪、大雪节气前，翻耕完田土，以备霜雪侵蚀而让泥土变疏松，称为“炕田炕土”。

铲田背干 “三九”“四九”时节，农人铲割田土坎埂、杂草荆棘，称为“铲田背干”。牛犁不能入铧之隙地，须以锄挖，田土边缘须以锄而覆，称“挖土”。旧时，农人借挖土御寒。

烷地皮灰 选择山坡、山腰、山顶厚林之处，砍割杂草、灌木与荆棘成堆，铲锄地表腐烂堆积物覆盖其上，焚烧成灰运回，储藏于“灰厂”，称“烷灰”或“烷地皮灰”，可备做插秧灰或旱作物的底肥、追肥；烷灰处称“灰塘”。农人通常以锄松其土，用来育辣椒、茄子、旱烟及瓜类秧苗。

理沟 为“抢水田”清理疏通拦水积水沟，称“理沟”。

栅堰 于低洼处以木桩、竹篾编栅筑泥成堰蓄水，称“栅堰”。

饮食习俗

打牙祭 来凤地处巴渝的腹心地带，本是富庶地区。但是从明末清初一些文献中的只言片语中了解到，在生产力落后、经济凋敝、战乱频仍的历史时期，那时老百姓的饮食是十分简单粗粝的。清初至雍正年间（1723—1735），其饮食没有一定形式和档次，除上层人物有一定的饮食规格之外，民间连吃饱肚子都难以保证。那段时间，只有军队饮食算是有保证，每月初二、二十六日两次祭旗，祭旗完毕分配肉食。由于旗帜有牙边，名为牙旗，祭祀之后吃肉，就叫“牙祭”。从那以后流传下来，凡雇工吃肉都叫“打牙祭”。那时的手工业工人受雇于人，就有一年需“二十四个牙祭”的要求。即每年十二个月，每月初二、二十六日两次牙祭。那时的农家，就是过年杀头年猪，制作成腊肉后，管一年的肉食。因此巴渝人也把吃肉称“打牙祭”。

打粑 巴人食俗中还有一个特色，就是“打粑”。来凤地区有山有水，旱涝保收的稻田，盛产籼稻和糯谷。平时吃饭用的是籼稻，但家家户户都要种一些糯谷来打粑。一年开始，当地家家户户每个节气都要“打粑”。过春节包汤圆，叫“汤粑”或“猪儿粑”，为什么叫“猪儿粑”呢？因为来凤当地包的汤圆有甜、咸之分。甜的是白糖或红糖加猪油、芝麻、花生之类做成的馅，咸的是用廋猪肉、榨菜剁成肉末加香葱炒香后做成的馅，为了在煮时将这两种馅的汤圆区别开来，就把咸味馅的搓成长椭圆形，煮熟了盛到碗里，就像一头头白胖胖的小猪，大人哄孩子吃，就叫“猪儿粑”。清明节采来嫩嫩的清明菜，和糯米粉蒸熟，蘸红糖汁吃，叫“清明粑”。中秋节，家家户户都要打糍粑。打糍粑的方法各地、各民族大同小异，但来凤地区有些特色，人们用砍来的新鲜湿嫩的“楼梯竹”两根搅打，这样打出来的糍粑有“楼梯竹”的清香。来凤地区有山地、丘陵，广产高粱、玉米、小麦、杂豆等五谷杂粮，为了把这些粗粮做得可口一些，当地人就做成名种粑。春天小麦出来后做桐叶粑；夏天玉米出来后做嫩苞谷粑；秋天高粱红了，打高粱粑。高粱粑的做法与打糍粑差不多，有特色的是当地用炒香的黄豆磨成粉加上白糖来拌着吃，很有独特的风味。

猪儿粑（2011 年）

酿造 巴人善酿造。巴地阴湿多雨雾，食物容易发霉，不易保存。比如豆腐之类，多了吃不完。聪明的巴人渐渐摸索出把霉变的豆腐制作成美味的豆腐乳，把吃剩的豆类制作成豆瓣、豆豉等。历史传承下来，来凤地区的老百姓，特别会制作红豆腐、水豆豉、红油豆瓣之类，家家户户的饭桌上都有这类食品。

巴人的酿造，还表现在善酿酒上。来凤地区民间也很会酿酒。一是酿咂酒。到了秋收高粱红了后，来凤人家家户户都要做咂酒。割回新高粱，打下来后，上甑蒸熟，然后摊开和上祖祖辈辈传下来的曲药，待稍凉后，装入坛子里让其发酵，一周左右，就能闻到酒香了。此时也正逢中秋节和秋收季节后的一段农闲，乡亲近邻相互酬谢。特别是在中秋的夜晚，大家聚集在月光下的院里，中间放一大坛高粱咂酒，插上许多小竹管，大家围绕着酒边跳、边唱、边喝，欢度佳节，喜庆丰收。咂酒就是因这种酒用小竹管咂饮而得名。到年关，家家户户又要为过年做甜酒了。甜酒又叫醪醩，它的做法与咂酒差不多，只是用的是糯米。这两种都是发酵酒，酒精度数都不高，难以应付巴渝地区常年阴湿的天气。宋、元后，高粱酿的蒸馏酒兴起，来凤地区璧南河两岸广种高粱，来凤也就兴办起了许多酿酒作坊，这种小酒厂又称“糟房”。在清末民初时，来凤地区的酿酒业就十分发达，璧山来凤干酒酒精度达 60 ~ 70 度，因为酒精度数高点火就着，所以又称“烧酒”。璧山来凤地区的白酒品质好、度数高，深受西南阴湿地区消费者的欢迎，远销云南、贵州、四川。喜聚好饮的来凤人自然就兴起很多喝酒的习俗，如划拳、估子、摸牌骰、榜灯笼等。每到逢场天或夜晚，来凤场镇的划拳吆喝声不绝于耳，声震大街小巷。

水八碗 来凤地区乡风淳厚，来凤人在生老病死、婚葬嫁娶、生朝满日、造屋乔迁、节日庆典时，凡有重大事情，无不聚集，或庆祝，或悲伤。当然，这些活动就离不开吃喝了，于是形成了不同风格的宴席习俗，产生了名目繁多的宴席种类，诸如婚宴、寿宴、丧宴，清明酒、冬至酒、三朝酒、周岁酒、升学酒、庆功酒、出师酒、买田酒、

水八碗（2011 年）

凉菜（2011 年）

酥肉（2011 年）

假参（2011 年）

贺菜（2011 年）

羊菜（2011 年）

肘子（2011 年）

喜沙（2011 年）

烧白（2011 年）

蒸笼（2011年）

插秧酒、挞谷酒、上梁酒、乔迁酒、杀年猪等。办酒席大多是一方乡党都参加，几百上千人的聚餐，一办就是几十席、上百席。来凤地区属四川盆地，冬季阴湿多雾且寒冷，乡里酒席旺季又多在农闲的冬天，加之巴人懒散，赶酒赴宴多不守时，于是乡宴大多办成了"流水席"。因此来凤地区的酒宴就慢慢形成了以蒸菜为主、利于保温、人齐开席、热气腾腾的"水八碗"。所谓"水八碗"，就是席面上主要有八碗蒸菜，一般是用大蒸笼蒸制而成，合汤合水，所以称"水八碗"。主要菜品是烧白、肘子、喜沙（夹沙肉）、粉蒸肉、酥肉、红烧肉、芙蓉蛋、洋菜、什锦盒菜等。水八碗，名义上只有八碗，实则在300～400种热菜中选用，一般是鸡肉、鸭肉、鹅肉、猪肉、羊肉等。在菜品的制作手法上，包含有烹、炖、烩、烧、氽、溜、煸、炸、烤、熬、蒸、爆等。可以说，水八碗是来凤地区饮食特色的综合表现。

家常小吃

朱瞎子"角钱一碗" 朱瞎子，合作商业食店的一名厨工，因双目有疾，人称"朱瞎子"，其实也有一定的视力。此人调得一手好汁水，招徕很多回头食客。每逢赶集日，朱瞎子在桥头河坝街一小店门口，支起一灶一案，卖起羊肉汤锅。赶集人流拥挤时，灶上火旺汤沸，鲜香味浓，四处飘散，诱人口水长流。彼时汤锅，不像此时之锅

胡椒汤圆（2011 年）

仔。一口大锅，直径一米，坐在木架竹筐红泥灶上，锅中倒扣一无底土陶缸钵，那滚烫的羊肉汤在钵内翻滚，钵周码陈熟透的羊肉、煮过的白萝卜，案板上一大筐麻花。食客递上一角钱，朱瞎子立刻左手取碗，右手掌勺，在锅沿内舀得大半碗萝卜，再舀上些许羊肉，洒上葱花、芫荽，热汤淋入碗中，一角钱就搞定了。在冬天，一碗热食下肚，浑身暖和。

王福寿担担面和谭兴川胡椒汤圆　有时王福寿的担担面挑子也驻足桥头，挑子一头置火炉子，坐铁鼎锅；一头置原材料及若干佐料。食客要时，立刻煮面，瞬时即成。一碗担担面麻辣鲜香，吃后即解腹饥，更是留香齿颊。早晨和晚上，谭兴川的胡椒汤圆也在桥头叫卖。糯米小汤圆放入油锅炸后，陈放在筲箕里，旁边一个鼎锅熬制着沸腾的猪骨头汤。食客需要，往碗中抓一把汤圆，撒少许葱花，放一点儿胡椒粉，热汤淋上，一股香气扑鼻，美不可言。

小吃摊摊　过去来凤驿的家常小吃还有周瘸拐的白糖锅盔、曾歪嘴的油炸果子、吴癞疤的馓子、肖开禄的小面、蒲老太的熨斗糕、黄脸李的糖沙板栗等，既不名，也不特的家常小吃，也曾让人回味。

扯场子

扯谎棒卖打药 就是扯场子摆摊叫卖。扯场子，利用某种技艺或方式吸引人围观，以扩大影响。来凤驿上河坝、下河坝，只要是逢场，就有扯谎棒卖打药的。“打药”为巴蜀方言，从字面上理解为治疗跌打损伤的药物，在川话里也可解为堕胎之药。“卖打药”之人就是靠走乡串县摆地摊卖药为生的江湖人，旧时皆称为“跑滩匠”。“卖打药”分为两大门派，一为“外家”，二为“内门”。因所售药物用途不同，其经营方式也有所区别。

外家 所售以外用药酒为主，卖药之人懂得一些药理，能按摩，可接骨。其人外形多彪悍，会得几路拳脚刀枪。因而常以卖艺为幌，售药是真。做买卖时，先来到当地人多喧闹之处，寻一空地便开始摆摊。川人以爱凑热闹闻名，在摆摊的时候便已围上来几个闲人，在旁交头接耳猜想是做何行当。待卖药人在地摊上摆好瓶瓶罐罐后，就拿出一面铜锣敲打，围起看热闹的人就更多了，这时卖药人便开始交代他的场面话：“各位父老乡亲，兄弟落难来到贵地讨点生活，承蒙祖上留下几套拳脚，今天在此要上几路为各位助兴消遣。俗话说得好，在家靠父母，出门靠朋友，如果大家看我耍得好，还有那么几下子，就请在场各位有钱的捧个钱场，没钱的帮兄弟捧个人场。”场外这时有性急之人喊起来：“莫东说西说呢，你要不要得来哟！”。卖药之人随即接过话口：“这位大哥说得好，光说不练是假把式，光练不说是傻把式，又说又练才是真把式，好，我给各位要起来。”立马脱下对襟衣褂开打，先拳后腿，练得是风生水起，来上几个回合，看场外围观的人聚得差不多了，叫“好”之声也有了，便停下拳脚边擦汗水边进入正题：“多谢各位助威帮衬，兄弟在此谢过。稍后再给大家来套祖传‘追风刀’。”这话就是留客，先把看客的胃口吊起来，以免人走场散，接着又道：“刚才有位大哥问我，像你们练武之人是不是常常受伤？”其实根本就没有人问他，这是他的过场话，一种自问自答的方式。“我说是，练武之人难免有个跌打损伤，碰到手，扭到脚，那我靠什么，靠的就是我这祖传药酒，它专治各种跌打损伤、风湿麻木、腰酸腿痛。在家里备上一瓶，可除湿，可祛淤。如果你碰到哪儿，撞到哪儿，你拿我这药酒擦上几次，包你三天见效，好了之后，你上山可打虎，下海可捉龙。今天兄弟只来收个成本，不为赚钱，只图大家为我传个美名。”以前医疗条件差，百姓又相对贫苦，经过他这一练一吹之后，便有所需之人图便宜上前买上一瓶，是否真的有效，就只有用了才知道了。

内门 即是卖口服之药。此类“卖打药”的人全靠口才混饭吃。他们会用一点草药，懂得一些偏方，所卖药丸也是自己所配，不敢说吃了他的药能否把人医好，至少能做到不会吃死。这些人善于察言观色，口才了得，两眼透着狡猾，一看就知是江湖油子。摊上备了很多药罐，里面是各色的药丸，你说得了什么病，他就可以拿出什么药来，总之是没有他医不了的病、治不好的痛。甚至还有包生男生女的灵丹妙药，当然等吃了他的药以后，他在何处就谁都不知道了，生男生女他也管不着了。一张嘴是吹得天花乱坠，还时常冒出一些老中医都不知晓的医学名词，都是“卖打药”的人自己随口杜撰，几次吹侃就把人骗得晕头转向，着了他的道。

清代门神图案（2017 年） 重庆大圆祥博物馆 提供

民间艺术

舞蹈与曲艺

来凤地区民间舞蹈源远流长，主要有龙灯舞、狮子舞、彩船舞、连箫舞等，均在20世纪80年代收入省、县民间舞蹈集成。城乡流行的曲艺主要有评书、竹琴、花鼓、荷叶、清音、故事、莲花落、金钱板、对口词（多口词）等。评书、荷叶、清音、竹琴、花鼓等多为民间艺人在茶馆演唱，花鼓也有在街上演唱的。1958年，评书艺人刘静轩参加江津地区首届文艺调演，评书《武松打虎》获表演一等奖。1984年，故事《鲜鱼美》获重庆市故事调讲创作二等奖和优秀讲述奖、重庆市庆祝中华人民共和国成立35周年文艺调演创作奖。1985年，来凤镇代表队的舞蹈《漂河灯》获县文艺调演一等奖。

龙灯舞　又称“玩龙灯”。来凤地区流行玩火龙、彩龙、板凳龙和草龙。火龙，用竹、纸、布扎制，除首尾，龙身一般为五节至七节或者更长，节数都是单数，节内灯笼燃烛，下有竹柄，前有火弹。玩火龙多在春节期间，人们燃放鞭炮、烟花，举着龙灯，在锣鼓的伴奏下穿梭于硝烟中，犹如巨龙在云霞里翻腾舞动，蔚为壮观。火龙的玩法有龙出海、龙入海、龙摆头、龙摆尾、波浪浮、三点头、拜四方、龙舔项、下钻洞、上翻身、大盘龙等舞式。彩龙，用竹、纸、彩色绸布扎制，除首尾，龙身一般为五节至七节，也有九节、十一节或是更长的，但节数都是单数。玩彩龙者需化装，旁边有乐器伴奏和“鸭脚板”照明，前有一人打松香粉火开道，一人耍宝珠逗龙。彩龙的玩法有黄龙缠身、曲鳝滚沙、金龙滚浪、飞龙追珠、倒挂金钩、雪花盖顶、白鹤展翅、双跳龙门、翻江倒海等。板凳龙，用彩绸、稻草扎在长板凳上而成。板凳龙的玩法有抖龙、翻龙、穿尾等，并带有杂技的动作，需要很高的技巧。草龙，又叫“稻草龙”“香火龙”，最早起源于农村丰收之时的庆祝场合。用稻草、青藤扎制，玩时龙身插满点燃的线香，旧时多为少年儿童玩耍。草龙的玩法有翻空悬挂、神龙摆尾等。

狮子舞　每逢传统节日来凤地区就有象征吉祥的狮舞演出。表演时，两人合扮一头狮子，前者双手握住狮头道具戴在头上，后者俯身双手抓住前者的腰带，身披用麻、羊毛编织加工而成的狮皮。表演前半段，先表现狮子的活泼神态和喜欢嬉戏的性格，通过演员的肢体活动来表现狮子“搔痒”“舔毛”“打滚”“抖毛”“啃爪”等习性动作。表演后半段，狮舞开始运用技巧，表现狮子威武的神态，常与武术、杂技动作相糅合，表演高难动作。

彩船舞 又叫“车车灯”“车幺妹”，是民间逢年过节表演的喜庆节目。彩船系用竹竿、彩绸、纸花制作、装饰而成。表演时，由一男子扮“幺妹”坐于彩船上，手把船沿，随唱词做出前后仰俯摇摆的动作，面露娇羞忸怩状。另一人则扮船夫手执彩扇按曲调节拍作划船状，边歌边舞，还有传统的板式打法和唱腔作帮腔，向人娓娓道出一个个生动诙谐的故事。其表演技巧概括为“幺妹要稳，花脸要逗”八个字，唱段有超腔、数腔两部分。唱词多属上下结构，句句押韵，以七字句居多，常附加衬字、嵌词，唱腔为微式调，曲调重复演唱。伴奏乐器有二胡、月琴、三月、四胡、锣、鼓、四面板等。曲调婉转清秀，韵脚分明，美丽动听。

连箫舞 连箫由一根一米多长的竹竿嵌以铜钱制成。表演时，手持连箫中部，合着节拍，连箫两端在肩、臂、腿和地面拍击，使铜钱发出有节奏的响声，伴以行进步和跳跃步前进。舞蹈动作大气，形式活跃，表演轻松，节奏感强。早些时候，一般由男子装成丑角或乞丐扮成女子表演，一人主舞主唱，其余人伴舞伴唱，观众和唱。唱词以七字句为主，均带有故事情节。

荷叶 荷叶是从川剧中派生出来的一种曲艺形式，约形成于清末。演唱形式通常是一个人站唱，或二三人对唱等。表演时，演员左手拇指挂一竖板，食指裹一薄钹，下垂长彩带；右手执竹筷，自开介头，自打节奏。后台有壳弦、二胡、大广弦、二弦、三弦、箫笛等乐器演奏配乐。唱词格律与金钱板颇为相似，惯用七字句和十字句。唱词又分长篇书和短篇小段，长篇的故事多取材于历史故事和话本演义。在茶馆书场演出时，每部书可说唱数月之久。

清音 原名“唱琵琶”“唱月琴”，是由明清时调小曲及四川民歌发展而成的说唱形式。传统的演唱方式为坐唱，即摆上一张或两张八仙桌，演唱者面对听客正面而坐，主唱者居中（多数为女艺人），琴师坐在主唱者的左右两边，月琴、琵琶或三弦在左面，碗碗琴、二胡或小胡琴在右面。这种方式主要是在茶楼、书馆里演唱，另外还有沿街卖唱或到旅店客栈卖唱的。流传至今有大调、小调之别，大调多以故事传说为主，小调多采用四川流行的山歌、民歌等曲调演唱。传统曲目有《昭君出塞》《尼姑下山》《断桥》《黛玉焚稿》《放风筝》等。

莲花落 亦称“莲花乐”，是一种说唱兼有的传统曲艺。内容多为写景抒情和演述民间故事的俗曲。表演者多为一人，自说自唱，自打七件子伴奏。演出形式有单曲、彩唱两种。单曲，只由一人演唱故事，唱词采用叙述体。彩唱，由歌者两三人分饰为旦、丑两种角色，分包赶角，略如戏曲，重插科打诨，以资笑乐。常用板眼有“慢三眼”“垛板”“散板”等。腔调有“平调”“悲调”之分，另外有“哭柳”“云里翻”“海底捞月”等特定曲调。

金钱板 又称“三才板”“金签板”。形成于清初，广泛流行于巴蜀各地。金钱板由长约30厘米、宽约3.3厘米、厚约0.8厘米的楠竹片制成。为使竹板敲打动听，板中嵌小铜钱。既作伴奏乐器，又作表演道具。表演时，艺人用右手拿着一块有节拍地打着左手拿着的两块板的不同部位，先击打一两分钟，然后在金钱板的节拍下开始演唱。每句唱词，多是七字句、十字句，亦可用长短句，以便演唱者在唱时能使节奏做到“三停顿”。语言上通常用四川方言、歇后语、谚语和象声词来表达，但又要做到俗不伤雅。传统书目有《三国演义》《水浒传》《游江南》等长篇的“长条书”；还有取材于民间寓言、故事、笑话的二三十句的小段，叫作“诗头子”。

川剧（川杂剧）

川剧这一称呼，始于辛亥革命影响下由康芷林等人组成的著名班社“三庆会”，就其历史源流，川剧还可追溯到晚唐杂剧、南宋川杂剧，可见川剧的历史悠久漫长。

巴蜀大地，重庆城乡，尤其老年人，喜欢在川剧的戏文里怀旧。半世纪前的川剧遍及城乡，城里有戏院，茶馆有围鼓（打玩友），古镇乡场上有供戏班演出的万年台。跑乡场的戏班称“火把剧团”，夜持火把走路就来了。人们随口就来上两句，立个戏中人

川剧团演出（1979 年）

亮相的姿势，也是当年的生活习俗，边哼唱，边以唇舌敲打川剧锣鼓，拉川剧胡琴，手舞足蹈，挤眉弄眼。

来凤地界，民国时期常年有川北南充、西充、武胜，川南自贡、隆昌、荣昌，川东一带的戏班。当地人一想到看川剧，不管是川剧折子戏《断桥》《思凡》《马房放奎》，还是大幕剧，一看就是好几个晚上，川剧几乎就是巴山蜀水民众寄托对故乡思念的精神家园，川剧成为一种很接地气的草根舞台艺术。至今，璧山文庙每周日还有川剧坐唱。

名旦谢小华　出生于来凤驿，擅演川戏老旦、摇旦，是璧山名噪一时的四大名旦之一。经常在外搭班，流动于全川城乡演戏，蜚声川中大小场镇。他戏路宽，凡老旦、摇旦的重头戏，都能应工，特别是《御河桥》《钓金龟》《岳母刺字》《太君堂》《碧玉簪》《三跑山》等戏更是拿手。他对摇旦这个角色，在传统的基调上糅进了幽默、讽刺、泼辣、调笑、挑逗等不同情调，独创一格，别有风味。不少人对当年谢小华的表演还记忆犹新。

演出　随着电视及音像的迅速发展普及，川剧观众锐减，1986 年璧山县川剧团全面停止演出。但城乡仍有一大批川剧爱好者和票友，为了满足这些观众的文化消费需求，川剧团中的部分骨干演员，与其中的铁杆票友，开始了川剧坐唱，不化妆、不布景、不搭台、不设舞美，在来凤城乡茶园，或红白喜事中客串演出。川剧演出队还友情客串到璧山比邻区县的城、场镇演出。演出剧目有《柳荫记》《战长沙》《南阳关》《赵氏孤儿》《访贤》等。1996 年，川剧团参加璧山县“大同杯”首届川剧调演，获团体二等奖，队员胡初晓获优秀演唱者奖。随后，从川剧团娃娃班学戏成长起来的龙厚琼，自组民间川剧演出班，在璧山及重庆周边区县的乡镇开展川剧演出。璧山县川剧团著名演员李永江的女弟子董群，艺名董金凤，学戏有成，组建金凯川剧团，在重庆江北、沙坪坝、江津、璧山等地演戏。

剧目　20 世纪 80 年代初，业界振兴川剧的呼声没有被颓势所淹没，有识之士根据多年做编剧的丰富经验，撰写了多篇研究川剧现状及对策的文章，虽然川剧团停演了，但川剧爱好者们并没有就此放弃，为期待川剧的复兴，王少谷、王玉才、戴克学、李昌恒、王勇修等以个人的名义，收集、整理、修改了以下由璧山县川剧团演出的保留剧目。传统剧目有《刘海记》《白蛇传》《十五贯》《宝莲灯》《柳荫记》《归正楼》《花田

川剧坐唱（1979 年）

错》《三姐下凡》《血汗衫》《孔雀东南飞》《双青天》《杨八姐盗刀》《西厢记》《三拜花堂》《火焰山》《孟姜女》《穆桂英》《拉郎配》《美人计》《秦香莲》《双狮图》《三滴血》《小刀会》《海棠女侠》等。新编历史剧有《夫人城》《凤双飞》《知县坐监》等。现代戏有《白毛女》《血泪仇》《夺印》《社长的女儿》《管得宽》《焦裕禄》《红岩》《艳阳天》《山鹰》《年轻的一代》《补锅》等。

民歌民谣

山歌

太阳出来照山坡 太阳出来照山坡，照到山坡姐妹多。弟兄多来好干活，姐妹多来好唱歌。

一歌一歌唱开怀 说起唱歌我都爱，远山远岭我都来。衣裳不穿挓起走，鞋儿不穿提起来。扯把黄荆吆露水，一歌一歌唱开怀。

会唱山歌难起头 会唱山歌难起头，木匠难起无柱楼，石匠难打石狮子，铁匠难打铁绣球，画匠难画天花板，小妹难绣花枕头。

新打船儿下陡滩 新打船儿下陡滩，扯根灯草做撑竿。人人说他撑竿小，小小撑竿开大船。

情歌

高粱秆秆节节长 高粱秆秆节节长，为了幺妹去吃粮。一月关了一回饷，拿给幺妹做衣裳。

太阳落坡坡背黄 太阳落坡坡背黄，老虎下山叼猪羊。大猪小羊叼一个，莫叼对门唱歌郎。

太阳出来薅海椒 太阳出来似火烧，幺妹出门薅海椒，一锄薅到铁芯草，二锄薅到马鞭梢，情哥看到心不忍："你去歇凉我来薅。"

民间吹打（1983 年）

下辈子早来求　箱里一双鞋，开箱拿出来。送给哥哥做草鞋，哥哥切莫怪。送到大门口，哥哥慢慢走。恩爱夫妻情义厚，来世早来求。

耗儿歌　一个耗儿一个头，两个眼睛绿幽幽，四条腿儿往前爬，一根尾巴拖后头。慢慢爬来慢慢游，游到情哥仓里头，情哥听到谷子响，吓得情妹汗直流。

蒙蒙细雨不离天　蒙蒙细雨不离天，麻雀不离瓦房檐。燕子不离高楼下，情歌不离姐面前。

鸭毛飞到鹅身上　云南过来一条河，郎放鸭子妹放鹅。鸭毛飞到鹅身上，话到嘴边不敢说。

郎是高山水麻雀　郎是高山水麻雀，有处飞起无处落。哪个小妹良心好，给把草来架个窝。

核桃开花吊吊长　核桃开花吊吊长，隔山隔水想姑娘。写封情书无人带，望倒山水哭一场。

二人有事大不同　公鸡公鸡冠子红，二人有事大不同。说话都在抿嘴笑，眼睛像个萤火虫。

郎心挂在妹心头　白纱帐子银帐钩，哔叽铺盖花枕头。金钩挂在银钩上，郎心挂在妹心头。

岩上挖花岩下栽　岩下挖花岩下栽，岩上滴水映花苔。大家都是花骨朵，慢慢玩耍等花开。

提起扫把扫通街 昨晚听说哥要来，提起扫把扫通街。前街扫在后街转，扫条花路等哥来。

砍根竹子编灯笼 太阳出来红又红，砍根竹子编灯笼。灯笼挂在大门口，情哥藏在我心头。

儿歌

小河流水哗啦啦 小河流水哗啦啦，我和姐姐弹棉花，姐姐弹了三斤半，妹妹弹了一朵花。

张打铁李打铁 张打铁，李打铁，打把镰刀送姐姐。姐姐留我歇，我不歇，我要回家割燕麦。割一合，喂麻雀，割一斗，蒸甜酒，割一升，喂鹞鹰，鹞鹰飞得高，衔走了我割麦的小镰刀。

红萝卜抿抿甜 红萝卜，抿抿甜，看到看到要过年，细娃要吃肉，老汉没得钱。

推豆腐请舅母 推豆腐，请舅母，舅母不吃菜豆腐。舅母要吃肥鸡母，拉来杀，煨罐煮。煨罐烂了牛屎补，煨又煨不熟，守到煨罐哭，煨又煨不炬，花猫含走鸡爪爪。

大月亮二月亮 大月亮，二月亮，哥哥起来学木匠，嫂嫂起来蒸糯米，婆婆闻到糯米香，打锣打鼓接姑娘，姑娘下河栽高粱，高粱不结籽，栽茄子，茄子不开花，栽冬瓜，冬瓜不生毛，栽红苕，红苕不长藤，饿死两家人。

胖娃胖嘟嘟 胖娃胖嘟嘟，骑马上成都，成都又好耍，胖娃骑白马，白马骑得高，胖娃耍弯刀，弯刀耍得圆，胖娃吃汤圆。

喜歌

嫁歌 一根板凳三尺长，舅爷舅娘在商量，舅娘商量扯匹布，舅爷商量打金花，金花打来二钱八，送给侄女头上插，今夜插起拜爹妈，明早插起拜婆家，婆家说我花有名，舅爷舅娘有钱人，婆家说我花好看，舅爷舅娘才长脸。

骂媒 天上飞的雁鹅，地上走的媒婆，大起一双黄瓜脚，脚会走，嘴会说。黄瓜才长叶叶，媒婆月月像个游魂，黄瓜才牵藤藤，媒婆天天来听回音。堂屋中间一窝葱，媒婆吃了回去要招凶，堂屋中间一窝草，媒婆吃了回去要死了。

骂轿 一顶花轿四个角，四个龟儿抬媒婆，不要忙，不要慌，新姑娘，穿嫁妆。一顶花轿四个角，四个龟儿抬媒婆，慢慢走，慢慢行，莫把媒婆抖落魂。背时唢呐客，嘴里生疮吹不得，背时打锣官，收起锣锤打偏偏。

穿衣 太阳出来照石梯，抓把白米喂金鸡，金鸡不吃这把米，小女不穿这件衣，长长短短都穿得，不穿别家送来的。脚跨米筛稀又稀，脚跨米筛密又密，别人拿张丝瓜皮，不穿还是不穿，拉的拉来掀的掀，不穿就是不穿。

押轿 糖壳开花闹沉沉，兄弟都是读书人，璧山读书有顶戴，重庆读书有功名。今晚兄弟早些睡，明早兄弟早些行，早些起来慢收拾，收拾收拾送姐姐。送姐送到双凤湾，扯把青蒿搭轿竿，不锁轿门亲姐弟，锁了轿门外头人。

踩斗 脚踩斗儿四角方，晓得远嫁女儿哪一方？脚踩斗儿四方角，晓得远嫁女儿哪之角？往回打斗印白米，今回打斗印冤家，一把筷子十二双，丢了六双留六双。留来哥哥买田庄，买到大田好喂鱼，留来弟弟好栽秧，块块长田收租粮。

丧歌

十月看娘 正月种麻麻不生，我娘得病脑壳昏。二月苋菜正出种，我娘得病脑壳痛。三月青菜裹青边，我娘得病心不安。四月葡萄正牵藤，我娘得病心不明。五月栀子瓣瓣白，我娘得病吃不得。六月里，雀儿吵，我娘得病医不好。七月七，望星空，我娘得病在心中。八月里，桂花黄，我娘得病倒牙床。九月九，是重阳，我娘得病见阎王。十月里，望娘坟，儿女子孙泪沾襟。

哭娘 我娘一死不还乡，一家大小泪两行，提起生前娘养女，受了多少苦凄凉。生前多少抚我事，女儿一一数端详：十月怀胎常不利，三年乳哺苦心肠，为女苦把棉花纺，为儿早日进学堂。一愁女生是外向，二愁儿未配鸳鸯，三愁怕儿走柳巷，四愁怕女不在行，五愁对女话难讲，六愁为儿制衣裳，七愁麻疹脸不光，八愁又怕命不长，九愁代代要兴旺，十愁儿孙要满堂。我娘未曾把福享，谁知染病在高堂，白天吃药药不信，夜晚请神神不灵。灶里放了三把火，端盆艾水洗我娘，我娘一身都洗浇，双手打开我娘箱，先取一根包头帕，再取裹脚七尺宽，取出衣服八九件，取双绣鞋三寸长。我娘周身穿停当，三亲六戚都到场，要看我娘生时相，要送我娘上山冈。

望娘 我在后面做双鞋，一眼看见兄弟来，我问兄弟啥子事，兄弟答应娘过世，女儿听得锥心话，连忙赶紧回娘家。走得路来路又远，坐得轿来要轿钱，坐得船来要盘缠，一走走到山那边，一走走到屋侧边，只见当门立黄幡，一走走到朝门口，没见我娘来吆狗，只见我娘睡门板，捆起孝帕跪哭喊。

望坟 坟前点起一对烛，三支清香酒一壶，上摆三荤和三素，下摆祭酒和祭肉。昨日送娘归了土，不见今日打三复，三天三夜想我母，边走边思我娘苦。我娘恩德实难忘，早晚灵前一炷香，一愿我娘离苦海，二愿我娘上天堂，唯愿诸佛接我娘，接引我娘往西方。

来凤古驿之何氏百岁坊（2011 年）　　吴晓华　绘

名人与名镇

历史人物

陶升（？—1857） 原名陶树松，璧山登里陶家坪（来凤区青杠乡）人，清代抗英名将。

陶升自幼熟读兵书。成家后因家庭贫困，无奈别妻从军，投在名将杨玉春麾下。他随杨玉春转战十余年，因军功于道光初年授六品官，任陕西西凤营斜谷关千总。

嘉庆末年，张格尔在浩罕国的支持下发动反乱，道光帝于道光六年（1826）派重臣长龄等人挑选兵将平叛。能征善战的陶升随军转战哈密一带，攻克阿克苏等城。道光七年（1827）春，张格尔出动数万人与清军决战，陶升统勇士千骑正面渡浑河，突袭张格尔大营，叛军大败，欲逃奔外国，陶升随主帅出伏兵，冒风雪追至喀尔铁盖山下擒获张格尔。

陶升自从军后一直忙于军务，从未顾及家庭，于道光十一年（1831）才遣人回乡将分别 20 余年的贫妻迎往汉中团聚。

道光二十一年（1841），英军攻占山东烟台，此时已升调山东负责高唐军事的陶升奉旨进京面君，他痛陈“英寇之可恶，贩毒之可恨”，望朝廷早定方略抗战。吁请隆重封恤在定海为国死难的三总兵以鼓士气。并一再请求赴广东、浙江前线御敌，称“复失土，国人之责。武臣战疆场，当以死报国”。清政府为保卫京城门户，调陶升率部在山东半岛登州一线驻防，为文登协二品副将。陶升到登州前线后见军备松懈，军事设施破损，即调集军民修整炮台，打造战船，建筑御敌土墙，组织渔民团练，且慷慨激昂地向备战军民发下誓言：“华夏儿女，当抗夷为国，为国而死，死亦何妨！”不久，陶升主持山东半岛海防军务，他施行了一系列能战能胜的务战措施保卫京城门户。但此时清朝统治者却违背人民意愿，屈膝投降，签订了一系列丧权辱国的条约，陶升悲痛欲绝，战伤复发，于咸丰元年（1851）病逝于陕西褒城。

何增元（1778—1862）　别名调谱，号升虞，璧山登里碧莲池（来凤区中心乡）人。清嘉庆十年（1805）进士，钦点翰林院庶吉士，历任刑部主事、江西司员外郎中、军机处章京，江西乡试内监考官、方略馆总裁。道光元年（1821）提升为刑部郎中，任山东主考。道光六年（1826）办军务有功，授中宪大夫，外放江西赣州知府。此后任抚州、饶州知府。道光十七年（1837）告病还乡，执教于郫县、岷阳、嘉定、荥经、邛州、成都锦江等书院。著有《新修乾峰塔记》《南康解组》等。

刘宇昌（约1800—约1860）　号次言，璧山登里（来凤区）人。嘉庆二十三年（1818）举人，联捷进士，选翰院庶吉士。嘉庆二十五年（1820）散馆，授山东肥城县知县。旋署东平州（今山东省泰安市东平县）知州。道光四年（1824）补峄县（今山东省枣庄市）知县。因治理河槽有功，升济宁州（今济宁市）知州。丁祖父忧。服除，转发贵州。道光十一年（1831）任桐梓县知县。署台拱州（今台江县）同知。调威宁州（今威宁县）知州。道光十八年（1838）升都匀府八寨同知。丁母忧。道光二十三年（1843），服除，补贵州归化州通判。历平越州（今福泉县）知州。升黎平府知府，兼摄开泰（今锦屏）县事。所至皆有惠政。宇昌仕宦30余年，清正廉洁，橐无余金，室无私蓄，黔人称颂。后卒于家。著有《觉初制义》《次言诗钞》《义泉》《治略说存》，又主纂《黎平府志》四十一卷。《璧山县志》有传。

王倬（1808—1870）　王倬，字朝杰，号虎岩。璧山登里（来凤）人。清同治《璧山县志·选举志·制科》载："王朝杰，更名朝枬，又更名倬，道光十二年壬辰恩科进士，钦点翰林院庶吉士。"历任山西太原、太平，湖北汉川、当阳、远安、麻城县知县。在湖北任职后期，因不善奉迎和屈意谋求而屡受陷害。最后两袖清风回归故里，主持重璧书院。同治九年（1870）三月三日病逝。

王倬任当阳县令时，因倡捐银两筹办挑挖河道、堵筑河堤。湖广总督林则徐与湖北巡抚周之琦于道光十八年（1838）三月二十五日会衔上奏道光帝，为王朝枬请奖，称其"奋勉急公"，建议"交部从优议叙，以为讲求水利者劝"。道光十八年七月，林则徐再次上奏举荐："查有荆门直隶州属之当阳县知县王朝枬，现年三十岁，四川进士，由庶吉士散馆以知县用，选授汉川县，奏调当阳县，道光十四年二月二十二日到任。该员才识练达，为守兼优，现属麻城印务，办理裕如，以之调补麻城县知县，实属人地相宜。所遗当阳县缺，事务较简，即以邱上东对调，尚堪胜任。"

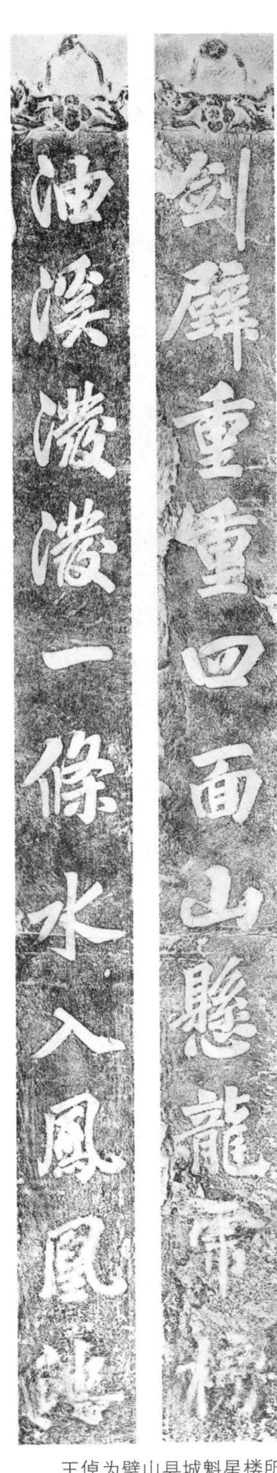

王倬为璧山县城魁星楼所作楹联拓片（2011年）

王倬撰《重修大成殿碑记》拓片（2011年）

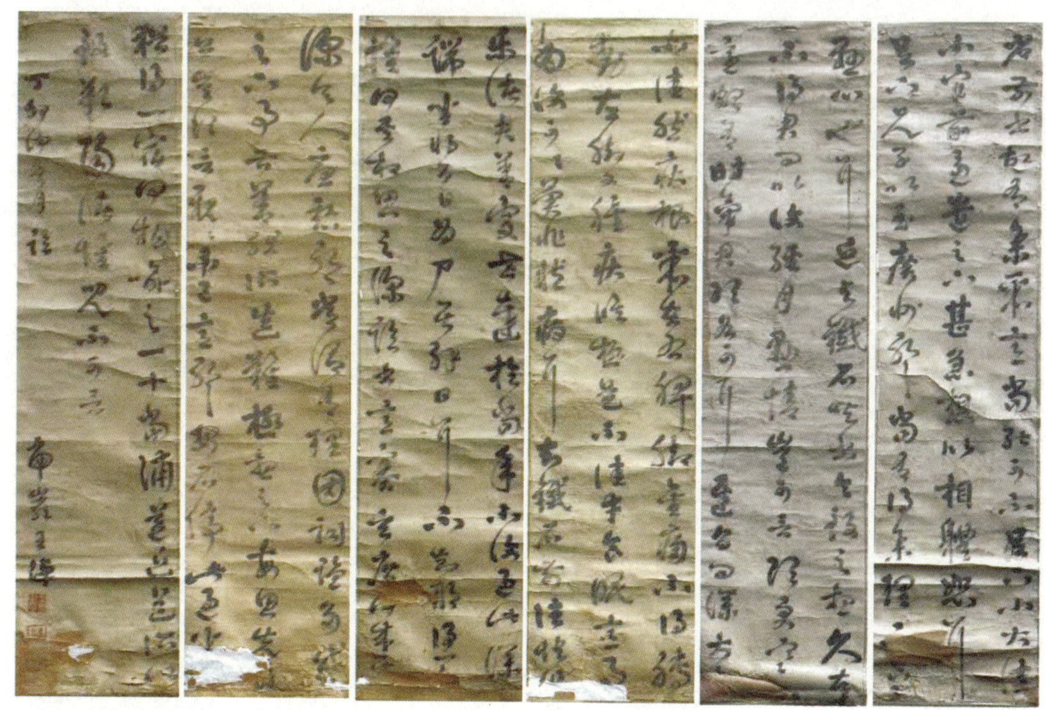

王倬手书（2017 年）

林则徐曾言："荐贤系为国家，并非朋友私情也。"金安清评述林则徐"尤慎举劾，历封圻十四省，所荐不过数十人"。《当阳县续补志·循良传》记载："王朝枏，字让生，四川璧山人，道光十四年以翰林院庶吉士宰当邑。明敏刚直，以廉能称。时私铸盛行，公严为改革，宿弊立除。至培学校、葺书院、置膏火、建修文昌宫，尤为士林所瞻仰。十九年奉调麻城，士民咸攀辕焉。"

王倬善楷、行、草书，尤擅"飞白"，自成一家。县城南门外魁星楼（已毁）大门楹联"剑壁重重，四面山悬龙虎榜；油溪泼泼，一条水入凤凰池"为他所书。璧山中学堂（原重璧书院）牌坊模额"尔时潜修"也为他所书。此外，王倬在同治五年（1866）撰写的《重修大成殿碑记》文辞优美，简洁明快，其石碑也至今立在文庙右前方供人们瞻仰。著有《成都旅怀三十韵》等。

周继盛（约 1810—？） 号斯士，璧山登里（来凤周家大田坎）人。清同治《璧山县志》"职官志"及"人物"两卷中均有记载："周继盛，监生，道光十二年捐银七千八百余两修来凤驿大桥一座，部议通判。道光十八年马边军务捐饷银一千两，部议加二级。道光十九年与其兄继贤捐修城隍庙殿廊，议叙如例。"《人物志·行宜》又

周继盛捐资修复的璧山文庙（左为俯瞰图，右为近景图，2013 年）

载："周继盛，字斯士，邑中善士也。慷慨好义，为人所难。如培修来凤驿鸣凤大硚，捐输峨边军饷，重修圣庙大成殿，前后不下两万金。邑侯朱公希良（顺天大兴进士，道光十四年任）制匾奖之曰'乐善不倦'，盖纪实也。其他赒贫乏、修道路，如此类者尤多。邑令两录其事，闻于朝，均邀议叙。职衔附《选举志》。"

文庙大成殿（2013 年）

以上内容记载的是官方、正史对周继盛的肯定。其主要善行：其一，道光十二年（1832）捐银修建来凤凉桥。其二，道光十八年（1838），四川峨边、马边县发生动乱，周继盛又捐银作为军饷支持平叛，为国家边疆的稳固、朝廷的安危而慷慨解囊。为此，朝廷又厚爱于他，给他以职衔加二级的奖励。其三，道光十九年（1839），他和其兄周继贤捐款维修城隍庙大殿和廊道，朝廷再一次按照惯例给他奖励。其四，他捐资重修了璧山文庙大成殿。同为来凤人的翰林王倬在《重修大成殿碑记》里对周继盛的壮举进行了高度的赞扬。

何铤（？—1858） 字雅山，璧山登里碧莲池（来凤区中心乡）人。南康知府、翰林何增元次子。由布库大使分发贵州省，屡署大邑，所至皆有政声。以劳绩素著，升授麻哈州（今贵州麻江）。值杨隆喜乱，以五百人却之。有功，议叙升同治，赏戴蓝翎。未几，土匪大作，环城三里皆贼巢焉。时军饷匮乏，万分措注，亦不能给，不但掘鼠罗雀已也。其父翰林何增元公知道消息后，遣人以千金接济。奈贼围久，知城孤无援，持久不去。何铤每天以忠义激励军民，虽因粮食已尽以致死亡枕藉，但没有投降者。咸丰八年（1858）正月，麻哈州为黑苗所破，城陷。何铤公服坐堂上，贼以枪击之，遂遇害。贼众仰其清正忠烈，用绫裹尸，木匣盛敛。及二老妾、二幼女暨伊弟一人，给以衣食马匹，令贼兵二百名，护送至平越州而去。有司上其事，钦加道衔，追赠中宪大夫。谕葬祭，如例以云骑尉袭二代、恩骑尉世袭罔替。御敕一通，准于任所贵州麻江及四川璧山原籍建专祠，春秋祭祀，以慰忠魂。

王用之（1867—1918） 别号王九老爷，来凤驿人。光绪初年川东道重庆府武科院考，相传王用之以幼童应试，被主考官破格录取入武学。至20岁，仍一事无成，爱管闲事，好打抱不平。

王用之二十五六岁时，家中人口渐增，仅靠三弟治亨在璧山蒲元场荣家教书的微薄收入维持家计。王用之与五弟王元太在穷困潦倒之际，得到张大公援助，兄弟二人从此投入土布生产，逐渐找到经营诀窍。加工的土布一律由织户包织，不分疲市快市，包织户每机每月织交定额36～40疋，照交照收，每疋加工布付给加工费制钱50文，对包织户的超额布，只要合规一律照收，付给加工费，每疋布盖上“王元太”三字的小方章为记。他们的土布比其他商号为优，颇受欢迎，外销地区大户纷纷购买，“王元太”白布在产销各地有口皆碑。数年后，盈余颇丰，兄弟二人便开设来凤“同昌永”，大量经营土布的外销业务。来凤驿设同昌永总号，由王用之综理一切并负责事务，王元太为助理并负责土布业务。贵州毕节县设同昌永外庄，经销土布业务，由王治亨负主责。永宁县设同昌永外庄兼毕节转运站，由谭金堂负责办理经销转运业务。同昌永开设以来，“王元太”土布已是名牌之首，一直畅销重庆、毕节、永宁各地。

光绪二十七年（1901），同昌永商号登上了璧山县商业首座。王用之预见到来凤驿土布业发展会很快进入发达阶段，来凤驿土布原料棉纱来源远远不能满足市场需求，棉纱业务大有可为。兄弟二人决定开设重庆同昌永，从事棉纱经营，地址设在重庆棉花街九尺坎，由王元太负责主管业务，王用之往来于重庆与来凤驿之间，总揽全局。到宣统三年（1911）时，同昌永发展到顶峰。

1916 年农历六月初七，来凤驿被土匪抢劫。王用之乞师肃匪，垫资筑城卫乡，两大义举造福乡梓，被来凤驿民众传诵。1918 年，王用之病故于来凤驿火烧坝屋基。

黄岐生（1877—1940） 谱名黄学彬，号子云，光绪三年（1877）生于璧山县丁家坳石河大桥坎上张家屋基，后迁来凤驿天灯寺坎下。黄岐生年幼丧父，家境贫困，但精明能干，成人后靠卖针头麻线为生，勤俭节约，集腋成裘。后来开始生产专治小儿肠胃病的药丸，又生产金灵丹、戒烟丸等药品。1913 年在今重庆市中区邹容路附近开设“天生元”药号，凭借诚信公道、行医有德，生意日渐兴旺，生产的药品行销全国。1917 年后，将药号增资扩建为“天生元仍丹”总发行公司，在成都东大街、泸州、遵义、贵阳各地开庄设号，还经营印刷、旅馆、茶楼等。

黄岐生

黄岐生后人至今保存着一个“天生元”印章的复印件，上面刻有“重庆商业场、天生元盖章、仍丹总发行”字样。重庆商业场始建于1914 年，由重庆市总商会出面集资购地建造，范围包括了重庆城“下半城”原重庆府署、西大街、西二街、西三街、西四街一带，商业场中心在西大街。商业场建成后，原设于三忠祠（清代巴县文庙、城隍庙附近，现解放东路洪学巷一带）的重庆总商会迁驻商业场。当时重庆商业场是重庆最繁华、规模最大的商业中心，黄氏能够在寸土寸金的商业场开设号口，说明其实力非同一般。

20 世纪 30 年代，黄岐生疾病缠身，退出商界回乡养老闲居，药行等业务交由胞弟黄庆云经营。回乡后，黄岐生与黄庆云协商，于 1932 年出资从王倬后人手里将翰林山庄旧宅买下，之后重修宅院，易名“天生元”。在改建翰林府邸时，保留了大院主体、堂屋、东西厢房旧貌。大院正厅门口悬挂“江夏流芳”，堂内正上方悬“三七家风”横匾，后院山坡建“听涛亭”，当地乡民亦称此庄园为“黄家花园”。

抗战时期，为抵制日本“人丹”，在今来凤翰林山庄生产著名的清凉解暑药“仍丹”，还注册了商标获得专利权。据了解，当时日本“人丹”卖一角钱，而黄氏兄弟的“仍丹”只卖五分钱，生意出奇地好。

1940 年，黄岐生病逝于来凤。

僧善印（1891—1948） 亦名善应，来凤人。俗姓王，法名晶颂。20 世纪 20 年代任来凤竺云寺住持。

僧善印幼年家贫，削发为僧。受过一些私塾文化教育。因为从小受到地主富绅的欺负，虽为僧，但心不甘。任来凤竺云寺住持的 20 多年里，僧善印利用周边环境，雇用当地农民，培植苗木，成材树木由他派人砍伐出售给居民。大量的松杂木作为木柴，卖给当地碗厂、陶罐厂烧制陶器，同时还卖给煤厂做枕木、支撑木用。20 世纪 20 年代，僧善印见当地施家湾煤厂远销丁家坳获利颇丰，就出钱雇工在该寺山地北面山麓，打井开凿山内煤窑（因位于县内八景之一“圣灯普照”的天灯寺山下南侧，命名为“天灯煤厂”）。该煤厂经营十几年，因煤量丰富，易开采，销路宽，成为该寺主要财源。同时，僧善印还在山麓北侧建了一个槽坊（酒厂），利用山涧清澈的泉水酿制高粱白酒，并打出“璧山白酒”的招牌，销往临近江津等地。僧善印利用寺庙空房制作豆粉，开办粉坊。并收购周边场镇的胡豆、豌豆做原料，雇用长工推制豆粉和加工成条粉出售。僧善印将寺庙山麓黄沙泥的乱石荒坡雇工开垦出来，种植橘柑，并在果林边修建房屋，雇用果木技术工人长期居住管理，经过多年经营，橘柑硕大，年年丰收。来凤、石龙的乡绅，每年都得到寺庙馈送大红橘柑。僧善印通过购置田地出租，利用山中各种自然资源不断扩大寺庙产业，使竺云寺很快成为县内第一富庙。1947 年，僧善印捐赠巨额庙产与当地富绅邓善之联办明善中学（今璧山来凤中学前身）。

1948 年，僧善印病逝于来凤。

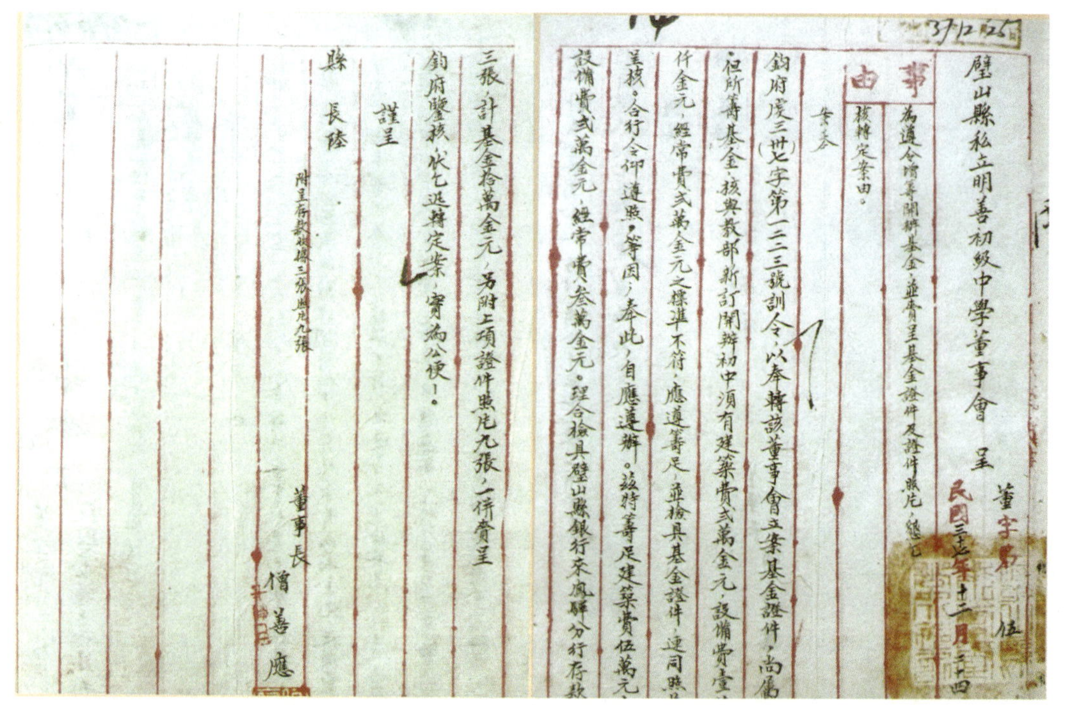
壁山縣私立明善初級中學董事會　呈

事由　為遵令增籌開辦基金，並齎呈基金證件及證件照片，懇乞核轉定案由。

董字第　號　民國三十七年十二月二十四

案奉

鈞府虔(三十七)字第一二三號訓令，以奉轉該董事會立案基金證件，尚屬

但所籌基金，核與教部新訂開辦初中須有建築費弍萬金元，設備費壹

仟金元，經常費弍萬金元之標準不符，應遵籌足，並檢具基金證件，連同照

呈核。合行令仰遵照，等因，奉此，自應遵辦。茲特籌足建築費伍萬元，

設備費弍萬金元，經常費叁萬金元。理合檢具璧山縣銀行來鳳驛分行存款

三張，計基金拾萬金元，另附上項證件照片九張，一併齎呈

鈞府鑒核，准乞迅轉定案，實為公便！

謹呈

縣長陸

附呈存款摺三張，照片九張

董事長　僧善應

僧善印为开办明善中学呈报璧山县县长公函（1948 年）

邓善之（1897—1950）　名新元，字善之，光绪二十三年（1897）农历三月十二日生于来凤区鹿鸣乡灌牛堝屋基，1950 年 8 月 20 日病逝于来凤场边邓家院，享年 54 岁。

邓善之 12 岁丧父，不久母亲也去世。尚是少年但身为长兄，邓善之毅然扛起照顾兄妹 4 人的生活重担，16 岁即前往贵州经营土布。由自己背扛肩挑、雇请力夫挑运发展到骡载马驮，生意日益兴旺。1938 年，邓善之在来凤创办“协兴祥”布业商号。1939 年后，相继在贵州毕节、遵义、贵阳等地成立布业分销点，在重庆、泸州等地设分站，并开办来凤钱庄（新中国成立后转为来凤农业银行）。抗战胜利后，在上海设布业分站，并任总经理。20 世纪 40 年代末，邓善之已是拥有田产千余石、黄金数百两的来凤首富。

邓善之乐善好施。1937 年，慷慨捐助一百六十石田产和大量资金，并多方奔走，邀约社会贤达和有识之士捐资捐物，在来凤驿兴办“勉仁小学”，亲自出任董事长。勉仁小学开办十余年，对来凤基础教育事业做出重大贡献，新中国成立后与来凤中心完全小学合并。1947 年，邓善之和来凤竺云寺住持僧善印，联合来凤社会贤达及有识之士，兴

邓善之像

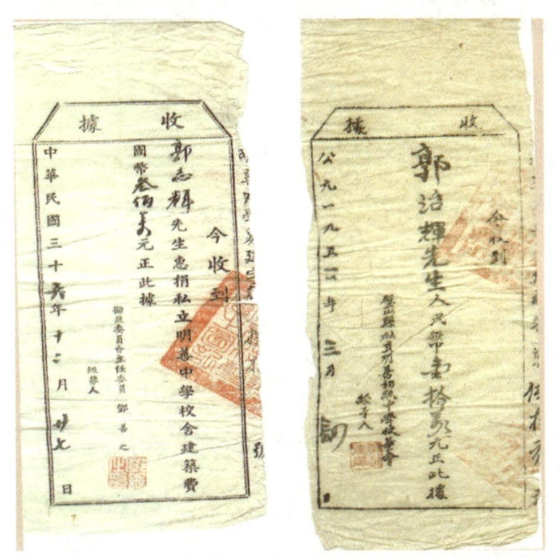

收據

今收到

郭志輝先生惠捐私立明善中學校舍建築費

國幣叁佰萬元正此據

勸捐委員會主任委員 鄧善之

經募人

中華民國三十六年十二月廿七日

收據

今收到

郭治輝先生人民幣壹拾萬元正此據

璧山縣私立明善初級中學校董會

經手人

公元一九五〇年三月 日

邓善之、刘德辉接受郭志辉捐献建校经费的收据（2007 年）

办“私立明善中学”。邓善之任建校委员会主任，负责筹措办学资金。僧善印出任校董事长，并捐助建筑建材及八十石田产。邓善之及其长子邓绍南（明善中学第二任董事长）除多方奔走筹集资金外，自己也捐出大量钱物，保证明善中学建校及办学所需巨款。明善中学开办六年，培养了大批有用之才。

邓善之一生义举善举，来凤乡民广称他为“邓善人”。新中国成立后，邓善之深明大义，积极交公粮、买公债、遵法令，带头向人民政府捐出全部田产和资产。璧山县委和来凤区政府评选他为“开明绅士”代表，任命为县政府征粮委员会委员。邓善之辞世时，来凤区公所赠送挽联：“交公粮、买公债，不落人后；遵法令、守政策，开明带头。”明善中学全校师生列队前往送葬哀悼。

刘静轩（约 1900—1970） 来凤人。20 世纪 80 年代初，在民俗文化杂志《龙门阵》上，刊登了一篇重庆一中学教师写的文章，文章详细记载了他在重庆朝天门码头一带的茶馆内听刘静轩说评书时的盛况。当时说评书分文棚子和武棚子，文棚子专门说《西厢记》之类的风花雪月、才子佳人的故事，武棚子则专门说江湖奇侠、剑影刀光之类的故事。而刘静轩所说的评书属武棚子，专讲《三国志》《七侠五义》《玉丝带》之类的江湖演义故事。当时在重庆，但凡有茶馆挂出刘静轩说书的牌子，那家茶馆的生意总是座无虚席，全场爆满，甚至有做小生意的人，为了听刘静轩说书，竟早早地关了门，抢先到茶馆占据最佳位置。文章最后，作者无不遗憾地说：“解放后，刘静轩不知所踪。”

其实，新中国成立后，刘静轩不是不知所踪，而是回到了他的老家——来凤。

在来凤驿，凡是上点岁数的人，只要一说起刘静轩，无不连声称奇，都说他是一个“奇人”。那他究竟“奇”在哪里呢？

来凤小学原校长王继华退休后专门从事民间文化传说的收集和整理，说起刘静轩这个人，王继华说：“刘静轩是一个没有一点文化的文化人。”说来也许没人相信，这样一个新中国成立初期就被重庆市教育委员会评为“一级评书大师”的人，却是一个大字不识，全凭自己的记忆，所说的评书也全是流传甚广的章回演义之类的故事。据说，“文化大革命”时期，一切“封资修”和“牛鬼蛇神”的东西全都不准说了，而刘静轩平生也没别的本事，就靠说书为生，他为了养家糊口，找了一本《野火春风斗古城》的小说，特地请人帮他读，每天只读上一小节，到了晚上，他就靠这一节内容说上一晚上。由于他的评书讲得引人入胜，去听书的人络绎不绝。

刘静轩本人很瘦，个头也不高，但他一上台，只要醒木一拍，那便是另一个人了，刘静轩说评书时声若洪钟，天南海北，声色俱全，说得那是抑扬顿挫，听书的人屏气凝神，专心致志。

刘静轩回到来凤后，依然靠说评书为生，来凤周家茶馆喝茶的人，绝大多数都是冲着刘静轩的大名而去。1970 年，刘静轩于来凤逝世，享年 70 岁。

张炳良（1913—1991） 1913 年 11 月 28 日出生，来凤区青杠乡杨柳村人，老红军，中专文化。1936 年参加中国工农红军，曾任新疆公安总队副总队长等职，曾荣获“八一奖章”、三级独立自由勋章。1988 年，中央军委授予他二级红星功勋荣誉章。

张炳良自幼家贫，以打短工为生。1936 年 12 月，他在贵州参加中国工农红军，1937 年 12 月加入中国共产党，先在中国工农红军抗日一军五支队当战士，后担任红二十五军军部警卫营班长。抗日战争期间，他历任一一五师六八七团排长、副指导员、党支部书记，新四军三师八旅二十四团连长、副营长等职。解放战争时期，历任辽东军区一六三师四八七团营长、团参谋长等职。新中国成立后，历任辽宁公安总队五团副团长、团长，新疆公安总队副总队长等职。

张炳良南征北战，50 多年的戎马生涯，先后参加过平型关、晋东南、阜宁、娘子关、东海口、苏北泗阳、合德、东坎、八滩等战役，负伤三次，多次受到上级嘉奖。1952 年 3 月，张炳良进入南京高级步兵学校学习，1954 年毕业后就任辽宁公安总队副团长、团长。1960 年 3 月调新疆公安总队担任副总队长。他以病残之躯，经常深入边防哨卡，为建设和巩固新疆边防做出了贡献。

1964 年，张炳良因健康原因经组织批准，离职休养。1991 年 5 月 26 日，张炳良在西安病逝，享年 78 岁。

唐志云（1916—1989） 来凤驿普新村人。由于其话语不多，且不爱搭理人，形同“聋子”一般，所以人称“唐聋子”。

唐志云不仅厨艺高超，而且善于多变，随便什么菜品，他都能做出让人意想不到的菜肴出来。20 世纪 80 年代初，老成渝沿线过往车辆较多。一天晚上，来了一群人吃饭，当时厨房已无多少菜品，唐志云将白天剩下的一些肉末、土豆、茄子、南瓜等分门别类地煎、炸、煮、炒、烩，做了七八个菜，端上桌去让客人品尝，这些走南闯北的客人竟纷纷说好吃。还有的人到唐志云的食店吃饭，只剩下一条七八两重的乌鱼，唐志云竟然只靠这条乌鱼做出四菜一汤来，再配以若干小菜，食客吃得津津有味，连声称奇。

唐志云的拿手菜“堂响脆皮鱼”，在成渝线上可谓首屈一指。所谓“堂响脆皮鱼”，就是精选鲤鱼一条，去其背脊上的筋，去鱼鳞，然后用刀将鱼肉切成一小片一小片的，但又不能让鱼肉从鱼身上脱落，抹上姜、葱、蒜、芡粉等佐料，用烧沸的菜油淋透，待通体透黄之后，摆放在鱼盘之中端上桌去，再将煎好的滋子用勺均匀地淋在鱼身上，入口脆嫩化渣，“色、香、味”俱全。

以前当地驻军每逢节日，都请唐志云到部队做菜。现在来凤很多知名的大厨都是唐志云的徒弟，来凤的餐饮从业者或多或少都受他的影响。唐志云 65 岁退休后回乡下居住，1989 年病逝于来凤鹿鸣。

邓永泉（1923—1995） 1923 年 6 月生于丁家黉学堂。由于体形肥胖，人称“邓胖子”。他厨艺精湛，是璧山“来凤鱼”烹调技艺的代表人物。

民国时期，十三四岁的邓永泉拜丁家名厨甘龙泉为师，三年后出师，到来凤凉桥桥头鱼市口帮厨。邓永泉长期帮厨，一干就是十年，烹鱼技艺大为长进。

20 世纪 50 年代，公私合营，他成为来凤饮食店职工，在长期烹调来凤鱼的生涯中接触了南来北往的过往客商，跟他们多有烹饪技艺的切磋，最终在自己的来凤鱼菜品中融汇不少独到风味。后来他被派到青杠乡饮食店，由于他烹鱼技艺精湛，人们争相尝鲜，青杠乡饮食店生意红火。邓永泉退休后，无私地传授烹鱼技艺，来凤成渝路两旁一时涌现出大大小小几十家“来凤鱼”餐馆，把“来凤鱼”做得一片红火。特别以麻辣鱼、豆瓣鱼、酸菜鱼等系列最为出名，并逐步发展出仅以鱼为食材烹制出上百道菜的全鱼宴。随后“来凤鱼”、烹制来凤鱼技艺及其系列菜品迅速传播，来凤鱼成为重庆江湖菜的代表。

邓永泉 70 岁时歇业，虽不上灶，但经常到徒弟的店里传授技艺。1995 年，邓永泉因病去世。

岳水清（1924—2005） 1924 年生，第四届全国人大代表，曾任岳水清互助组组长，青杠农业社社长、党支部书记，青杠大队党支部副书记、书记，白家店水库管委会主任，县贫协副主任。1950 年被评为四川省爱国丰产模范。1952 年秋冬，中共江津地委在来凤区青杠乡岳水清互助组试办以土地入股为特点的初级农业生产合作社，从而成为整个江津地区互组合作的先进典型。1954 年，岳水清获四川省农业生产互助合作爱国售粮模范奖章。2005 年 7 月，岳水清病逝于青杠街道。

曾树臣（1919—？） 1959 年 6 月加入中国共产党。1960 年 4 月，中央军委在北京召开了全国民兵代表会议，与会代表有革命战争年代各个时期和新中国成立后民兵工作中的先进（单位）人物，总人数有 6161 人，这是新中国成立以来第一次民兵工作的盛会。曾树臣作为璧山县的代表光荣出席。4 月 28 日，他和与会代表一起受到毛泽东、周恩来、朱德等领导人的亲切接见。毛泽东等中央军委领导来到台前，笑容满面地为他们授枪。当天共有 1700 余名优秀基层民兵，被授予五六式半自动步枪。1964 年 7 月曾树臣被任命为来凤镇副公安员。1984 年 3 月曾树臣申请退休。

名人留踪

刘伯承转战来凤驿 刘伯承（1892—1986），重庆开县人，共和国元帅，为新中国的诞生浴血奋战，立下了不朽的功勋，人称“常胜将军”。

左胸部不幸中弹。1913 年 7 月，讨伐袁世凯的二次革命爆发后，于 8 月 4 日正式组建以熊克武为总司令的四川讨袁军。刘伯承随龙光支队进驻永川后，该支队又兵分两路，一路由龙光直接指挥，以李遐章营为前卫，从王坪向立石站、寒坡场两地的敌人进攻，步步逼近泸州。刘伯承作为李遐章营下辖蒲剑鸣连的排长，参加了攻打寒坡场、立石站的战斗。激战从8月4日开始，8月13日占领立石站。但就在此时，袁世凯在打败东南数省的讨袁军之后，调集军队围攻四川讨袁军设在重庆的总司令部。熊克武见形势不妙，遂电令但懋辛抽调4个营的兵力回救重庆。刘伯承的连队随但懋辛急忙东下，可刚走到白市驿，就得知重庆失守、熊克武等人已出走的消息。部队遂折回来凤驿，与龙光部会合。在此过程中，讨袁军连遭敌军袭击，损失很大。但懋辛、龙光见大势已去，便把饷银分给各营、连，资遣官兵回乡。在撤退途中的一次战斗中，刘伯承为掩护部属，左胸部不幸中弹，但他仍顽强地带着余部向东退走。

率部攻打来凤商团。1916年夏，同盟会员璧山丁家人张明安约请刘伯承到丁家坳召集1000余人，组织护国义勇军，反对袁世凯称帝。司令部设在丁家黉学堂。来凤部分商团拥袁称帝，反对义军。7月6日，刘伯承、张明安率义军将来凤商团围困后，劝说商团骨干分子缴械投降。但商团自恃实力雄厚，又有坚固的炮楼以及河水相隔的天然屏障，并对义军施以炮火攻击。义军经过通夜激战，商团弹药耗尽，遂于次日凌晨焚烧来凤场，弃城逃窜。

陈先沅自戕殉国救来凤 陈先沅（1865—1913），字芷江，号均灵。宜宾筠连县城人。辛亥革命时积极参加革命活动，为反对袁世凯复辟，他亲自率师北伐。1913年在璧山来凤驿自戕殉国。殉难后，国民政府追赠其为陆军中将。

陈先沅遗像

1913年，陈先沅驻防万县，适袁世凯背叛共和，图取南方。遣李纯率旅进窥西江。陈深恶痛绝，急走渝州，促熊克武独立，以策应长江上游二次革命。遂率部奔赴前线，冲锋陷阵，历三十昼夜不交睫。因南军失利，渝亦动摇，所部抵璧山来凤驿，饷尽粮缺，士兵鼓噪欲哗变。陈先沅坦诚相告：“我军本为救民而来，如此举动，实为扰民，我不忍见。”自知事已无成，痛哭竟日，写家书寄子宪民，嘱其善待祖母。内有“吾儿如不死，善继我志，再造民国”等语。乃召集所部，誓以救民之意，悲愤激昂，全军感泣，忽而出枪自戕殉国。所部感其壮烈，不忍肆行骚扰，遂自去。来凤驿民众感德，以香花供奉，厚葬于该场口。料理衣冠时，得绝命词一章：

茫茫浩劫，一张一蹶。哀我川民，水深火热。

先灵后劲，再励再接。饷尽弹绝，死报民国。

梁漱溟在来凤驿办勉仁中学 抗战爆发后，梁漱溟、陈亚三等由沦陷区到重庆，与璧山教育界知名人士钟芳铭联系后，梁漱溟与同人、学生到璧山，住璧山来凤驿，以当时来凤驿东街场口一个庙宇和附近一座炮楼为学生教室和教室办公地点，创办了勉仁中学。

梁漱溟

学校取名“勉仁”，就是勉励成仁的意思，是根据孔孟之道“取义成仁”等教诲来命名的。勉仁中学校训是“仁以立志，奋勉求学”。

当时学校的学生来自四面八方，有璧山当地的，有附近各县的，还有从沦陷区来的学生，当时梁漱溟的儿子梁培宽和梁培恕，陈亚三的儿子陈道宗都在勉仁中学学习。他们见多识广，多才多能，对学生的影响很大。由于学生、教师都来自不同的地方，促进了学生相互间的了解，也增长了学生间见识，了解了许多异域风土人情。

当时在勉仁中学任教的教师，都是一些爱国进步人士，他们学识渊博，热心教育，大多教师都著书立说。有研究佛学、出版著作《新唯识论》的熊十力，研究中国风俗理论、出版《中国礼俗学纲要》的邓子琴等，所以，学校办得非常有特色。

梁漱溟亲自给学生讲仁义道德的古训。由于没有教材，他便自编讲稿到课堂上来教。还教授古代忠孝节义的故事、古诗词等。他教育学生要孝敬时，“人生七十强支持，帘卷西风烛半支。传语儿孙好看待，眼前风景无多时”。他要求学生做笔记，对做得好的给予表扬。

重视语文教育是勉仁中学的一大特点。大多教师都舞文弄墨，喜好文学，能诗擅词。江易桦教语文，不但课上得好，自己还喜好写作，常常在一些杂志上发表文章，他把自己发表的文章给学生看，读他发表的文章给学生听，激励学生积极写作。当时各班都要办墙报，不仅语文教师亲自指导，班主任还要督促管理。把各班分成几个小组，由各个小组轮流办墙报。内容多是写学校生活、日常见闻、抗战宣传等。每期都要对墙报进行评比，表彰办得好的墙报。学生办墙报的积极性很高，通过办墙报，提高了学生的写作能力和创造能力。学校还规定学生每天写日记，每天晚自习写，写好后交班主任检查，班主任看后，要批上日期，有时还批上几句评语和修改意见，大大提高了学生的写作能力。虽然来凤驿是一个小镇，但也逃不过日本侵略者的狂轰滥炸，所以学校也要"躲警报"，警报一响，全校师生便带着书本到附近的大森林里去躲，学生围坐在教师身旁上课，这时课程多文史之类。勉仁中学很重视劳动教育，每周都开设劳动课，劳动课大多是去西寿寺教师宿舍附近的菜地种菜。学校还十分重视文娱活动，每学期都要开晚会。晚会上，师生一起表演节目，大家挤在庙里观看，兴致很高。音乐教师王勤庄还尖着嗓子扮女声唱歌，博得大家的喝彩。

来凤驿勉仁中学由于招生局限，为时甚短。班上学生数量不等，其中初中二班有 50 来人。卢作孚、卢子英兄弟与梁漱溟交情甚厚，为其在北碚筹建新校舍提供开办经费。1941 年 8 月，勉仁中学迁往北碚金刚碑。

王维彻在来凤驿起草勉仁中学《办学意见述略》 王维彻（1898—1940），字平叔，重庆巴县姜家乡人。1921 年夏毕业于成都高等师范学校，1923 年投师梁漱溟，与梁漱溟师友团体长期同处共学，从事平民教育与乡村建设运动，是梁漱溟最亲密的学生和同事之一，也是其办学团队的核心成员。1926 年参加北伐革命战争，任陈铭枢秘书。1934 年创建重庆南泉乡村建设实验区并任区长。

1940 年年初，开始与梁漱溟等筹办勉仁中学。当时，还在省立南充中学及南充民众教育馆任教的王维彻曾给梁漱溟写了一封长信，就办学的细节（缘起、意见及负责人等）向梁漱溟表述个人（及部分同人）的意见。由信中内容看，当初梁漱溟不愿出面担任负责人，而希望由陈亚三、黄艮庸、王维彻、云颂天等出面。而王维彻在信中则极力恳请梁漱溟担纲办学，以利学校之名望与发展。从之后的情况看，梁漱溟采纳了王维彻及师友同人的意见。此信发出后不久，王维彻便辞职赴璧山来凤驿全身心参与勉仁中学的筹办工作。梁漱溟任董事长，王维彻作为办学发起人之一，起草了《办学意见述略》，梁漱溟修改定稿后以自己名义发表了《创办私立勉仁中学校缘起暨办学意见述略》。因积劳成疾，王维彻于 1940 年夏天勉仁中学即将开学之际，病故于璧山来凤驿，时年 42 岁。

熊十力避难来凤驿　熊十力（1885—1968），原名继智、升恒、定中，号子真、逸翁，晚号漆园老人。湖北黄冈人。著名哲学家，新儒家代表人物，国学大师。

熊十力

1938年春，因日本侵略军肆掠，熊十力避难入蜀寓居璧山中学，开始撰写《中国历史讲话》，并手订《杂论见闻录》（后被收藏者邓子琴加名为《中国历史纲要》）。1939年7月底启程，应马一浮邀赴乐山复性书院讲学。不久因日机轰炸，熊十力住所着火，左脚受伤，遂离开乐山避难于璧山来凤驿。先住来凤驿中心国民小学，时学生璧山人刘冰若就任该校校长。旋迁来凤驿黄家花园，浙江大学教授李源澄就曾写信给巨赞法师："熊子真先生在璧山来凤驿黄家花园，生活甚苦，兴会亦不如曩时。老人遭此离乱，大不幸也。"（《狮子吼月刊》1941年第1卷第2期）继得梁漱溟相助，移住来凤驿西寿寺，并任教于来凤勉仁中学。其间，在其学生钱学熙之前翻译的基础上，着手继续

熊十力曾居住过的西寿寺中殿（2017年）

将文言本的《新唯识论》翻成语体本。次年，熊十力随勉仁中学迁住北碚金刚碑。熊十力在避难来凤驿期间，先后有弟子牟宗三、任继愈、贺麟、程兆熊等前来拜望，并与梁漱溟过从密切。

晏阳初设立“中国乡村建设育才院”来凤办事处　晏阳初（1890—1990），四川巴中人，被誉为“世界平民教育运动之父”，与陶行知并称“南陶北晏”。一生致力于落后地区的平民教育与乡村改造事业。

抗日战争爆发后，为保证乡村建设运动有一个相对稳定的社会环境，加上国民政府希望中华平民教育促进会（简称“平教会”）在四川推行乡村改造工作。1940 年，晏阳初领导的中华平民教育促进会在重庆巴县歇马场创办私立中国乡村建设育才院，为乡村建设培养人才。同年 4 月，四川省政府指定璧山为乡建院学生研习实验县，并在来凤驿郭家大院建立办事处。而乡建院的学生最重要的必修课程就是到璧山从事调研与实习，晏阳初把璧山实验县工作称作是“乡建运动的生命线”。

早在 1939 年，平教会就接办了璧山来凤中心国民学校（现来凤小学）。从接办之日

郭家大院（2017 年）

郭家大院内景（2017 年）

起，学校校长和教师全部更换，而且教育、教学体制也与原来迥然不同。校长王秀斋，河北人。很多老师是外省人，四川人中主要是江津乡村师范学校毕业生。学校直属于“平教会华西实验区”，独立于璧山行政系统和教育体系之外，一切自决自处。平教会设有一个办事处，办事处人员众多，常驻者也有二三十人。学校教师比原来多一倍以上。来凤中心小学校长王秀斋是该办事处的负责人之一。主要负责人是吴某和朱冲涛，都是外省人。吴某是留学德国的社会学家，朱冲涛是留学美国和英国的语言学博士、教育家。两位专家不仅经常给教师讲课，而且还经常到学生课堂听课。每逢重大集会，吴、朱二人还给学生宣传“科学救国”“读书救国”“天下兴亡，匹夫有责”之类的道理。平时课堂或课余，学生都能从教师口中听到“社会即学校”“科学育人才”“废除打骂教育”“提倡男女平等”等语。学校走廊、过道、教室和办公室，也张贴着这类标语。显然，这些都是晏阳初倡导的教育理念。

此外，学校还在校内开展演讲比赛、歌咏比赛，各班办墙报，到校外进行街头宣传。每逢周日或赶集日，特别是重大节日，师生都要一起到街头宣传抗日，宣传形式有唱歌、演讲、莲花落、金钱板、话剧等。

学校重视开展社会教育和普及教育。设立“成人教育传习处”，传习处利用古庙碉

“中国乡村建设育才院”社会系部分学生在璧山来凤驿大佛岩实习留影（1947年）

楼或空置房，对年龄在18～45周岁的文盲、半文盲，不分男女，进行教育。自编自印《平民教育》课本，还有低年级程度的《算术》课本。教材一律免费提供。教师则由小学高年级学生轮流担任。上课时间每周三次，每次两小时。

抗战胜利后，因四川为抗日战争做出了重大的人力和物力贡献，国民政府决定把四川建成当时中国的模范省，成为中国的一个实验省。晏阳初于是与四川省政府主席多次商量，欲将四川省第三行政督察区作为新的实验区域并以璧山县为中心。

1946年11月，平教会首先在第三区的巴县和璧山县办公，因此也称“巴璧实验区”，总办事处设在璧山省立医院（今妇幼保健院旧址），实验区主任由第三区督查专员孙则让兼任。最开始，实验区的工作区域在璧山县的河边、青木、城南、来凤4个乡，以后逐渐扩大到全县。后经四川省政府批准，将第三行政督察区的10县1局（巴县、江北、合川、江津、永川、綦江、璧山、铜梁、荣昌、大足、北碚管理局）为平教会的实验区域，由平教会主办该区的实验工作。1947年，更名为华西实验区。1950年11月，华西实验区解散。

陶行知在来凤驿普及教育 陶行知（1891—1946），安徽歙县人，教育家、思想家，中国人民救国会和中国民主同盟的主要领导人之一。1945年12月1日，他在《民主教育》第2期上发表了《民主教育之普及》一文，讲述了自己在来凤驿如何实践普及教育的故事：

大概是六年前，我在成渝公路上的来凤驿住了一晚。吃晚饭的时候，有一群苦孩子来到前面讨饭，我们就把吃不完的饭菜统统给了他们。他们高兴地吃完之后，还是站在门口玩耍闲谈。我乘这个机会，点着他们好学的火焰。我问：“你们如果愿意读书，我很愿意帮你们的忙。”“愿意，我们没有书。”我指着对门一块招牌“中华餐馆”说：“这就是书”；又指着另一块招牌“民国饭店”说：“那也是书”，我便引导他们开始读书。

陶行知

“中华餐馆，民国饭店；
中华民国，中华国民；
中国，国民；
（我是）中华国民。”

读完，我看见一个标语：“有力出力，有钱出钱。”于是又开始引导他们读第二课。

“有力出力，有钱出钱。”

“有力出力（又）出钱，有钱（不）出钱（又）（不）出力。”

读完了，我问：“要不要学写字？”一个小孩子说：“没有笔。”我拿出我的右手的第二个指头说：“这就是笔。”又一个小孩子说：“没有纸。”我拿出左手的手掌说：“这就是纸。”于是我就教大家学写字。对着招牌和标语学写，写了四五次，我又叫他们围在一张八仙桌的周围，看我在桌上写字，然后让他们自己在桌上学写。每人都用指头，沾点清水在桌上写，读的字都会写了。后来，我想把这工作继续下去，就教他们组织起来，推举了一个聪明而能干的小孩做队长，带领着别的小孩每天在街上学习，并公请我住的旅馆老板做先生，这组织与推举也可算是一点民主教育。这办法算是顶穷的办法了。但是来凤驿的十几位苦孩子便因此而受了民主教育的洗礼，并因此而立下继续求学的原始组织。

老舍打尖儿来凤驿 老舍（1899—1966），原名舒庆春，新中国第一位获得“人民艺术家”称号的著名作家。抗战时客居重庆，曾与赖亚力、王冶秋到青城山、成都一游，老舍则有《青蓉略记》记其事。文中讲到他们在来凤驿打尖儿休息的情况：

今年八月初，陈家桥一带的土井已都干得滴水皆无。要水，须到小河湾里去“挖”。天既奇暑，又没水喝，不免有些着慌了。很想上缙云山去“避难”，可是据说山上也缺水。正在这样计无从出的时候，冯焕章先生来约同去灌县与青城。这真是福自天来了！

八月九日晨出发。同行者还有赖亚力与王冶秋二先生，都是老友，路上颇不寂寞。在来凤驿遇见一阵暴雨，把行李打湿了一点，临时买了一张席子遮在车上。打过尖，雨已晴，一路平安地到了内江。内江比二三年前热闹得多了，银行和饭馆都新增了许多家。傍晚，街上挤满了人和车。次晨七时又出发，在简阳吃午饭。下午四时便到了成都。天热，又因明晨即赴灌县，所以没有出去游玩。夜间下了一阵雨。

艺文杂记

诗词

石佛寺[①]

〔宋〕南越

松竹行大尽，香城绝世尘。
倚崖开半殿，凿石见全身。
钟鼓中天晓，烟花上界春。
出门重稽首，愿值下生晨。

池萍[②]

〔宋〕郭印

杨花撩乱几时休，看取明朝水上浮。
凝绿满池浑不动，微波忽绽见鱼游。

再经来凤驿

〔明〕龚懋熙[③]

桥临古驿忆童嬉，夹岸花飞竟踏泥。
成毁当年曾再见，沧桑此日又重题。
山溪早晚云仍在，故旧池台影未移。

---

① 宋代，大佛寺改称“石佛寺”。清翰林王倬撰文引古碑载：“大佛寺古名石佛，南越有诗。”南越为五代末至北宋初期著名高僧，游来凤大佛寺后撰《石佛寺》。

② 此诗为南宋初年铜梁县令郭印游璧山来凤驿所咏。

③ 龚懋熙，明末清初江津名士。

怜尔遗氓归既得，一回触目一兴咨。

来凤驿大佛寺题壁[①]

〔清〕文和道人

闲云野鸟宿村烟，唳鹤惊眠不似眠。
参细细功禅密密，坐深深地月娟娟。
三更五会空抛象，半夜中初火出莲。
关外不行修佛事，南岩寄兴写诗篇。

云居寺

〔清〕马士琪[②]

山深城亦幽，林密径愈僻。
所以古云居，蔚为狮子窟。
丛林缭周垣，咫尺迷所适。
真禅不可求，默默元关寂。
客远少定心，一览剧仓猝。
树沙海波翻，云外晴峰出。
遥望不可穷，谛观景如灭。
只此缥缈心，可悟虎头法。
恨不深秋来，扫石坐红叶。
俯仰极沧桑，人生几浩劫。
抚时增感伤，潇洒庶无数。

---

① 相传明末翰林编修文和在国亡后不仕新朝，出家为道人。在康熙年间（1662—1722）云游路过来凤驿，欲到大佛寺借宿。时佛道派系相争，被寺僧拒绝，遂挥笔作此回文诗。

② 马士琪，康熙年间（1662—1722）南充著名女诗人。

咏璧山县来凤驿诗

〔清〕王梦庚[①]

古驿苍茫落照西，临邛凤羽漫称奇。
千寻绝壁分丹穴，百尺高梧忆旧栖。
鸿映江波高岸阔，鸦牵浦树断烟低。
喜看新酿村酤熟，遥矗青帘处处齐。

三月五日来凤驿钓台饮酒即事

〔清〕扬庚[②]

沿溪踏遍草木香，路转平台水一方。
对岸桃花迎我笑，过桥柳絮比人忙。
酒旗野径多新店，渔艇江天似故乡。
醉与邻翁闲话久，奚童催别指斜阳。

客来凤驿寄怀[③]

〔清〕王闿运

鸣凤朝阳亦自难，当时戆直岂求官？
驿题谏议高名古，木落淮阴暮草寒。
官道独来无客过，萆麻丛长见秋残。
行藏未决垂垂老，为感前车特自宽。

---

① 王梦庚，嘉庆六年（1801）选拔贡。历任州县官40余年。道光二十二年（1842）权篆重庆知府，次年逝世，为政清廉。

② 扬庚，字星山，号少白，四川江安县人。嘉庆六年（1801）辛酉科拔贡，嘉庆十八年（1813）举人，由工部郎中出任湖北武昌知府。

③ 本诗摘自《湘绮楼诗文集》，第176页，参考《湘绮楼日记》，本诗作于光绪九年（1883）八月十八日。诗前有“尹杏农（京都御史）赠诗云：行藏应早决，容易近中年。余客来凤驿寄怀云……”等语。

来凤驿晓发

〔清〕王闿运

清秋积雨静岩阿，按部还程野兴多。
骑吏水行旗角重，驿亭明发鼓声和。
香气拂拂榕兼桂，平陇青青蔗似禾。
莫道罕蒐循故事，禁中新召访廉颇。

来凤驿[①]

黄炎培

来凤！来凤！

绿水如迎，青山如送。

我来两度，朝看赶集鱼蔬，夜听钟声梵诵。

有庵双凤，有桥三洞。

登高一望，左边是白波荡漾的稻田，右边是整片青青的麦陇。

一道清溪，远远地从青山脚下，曲曲弯弯，穿过了连环桥洞，直送到一片一片农田，一所一所村庄，替他们灌溉，供他们汲用。

真个是鸡犬桑麻，山环水拥。

初不料摆在眼前，家家坏屋坍墙，个个脸黄肌肿。

更可怜是成群童丐，无衣无食，充满着大街小弄。

这是什么原因？使人不懂。

我懂了！

来凤！来凤！一般蝼蚁的食粮，都给凤凰吃掉；终岁的勤劳，哪够一月一年的进贡？

来凤！来凤！还怕来者是鸦非凤。

鸦片的毒氛，使有家者倾家，有业者失业，末了，把生命一齐断送。

岂但亡身，直将灭种。

到如今敌兵来了，空中狂舞的飞机，满地砰硼的炸弹，“国家”“民族”的怒潮，打

① 本文摘自《黄炎培日记（第6卷）》，写于1938年11月16日，为黄炎培由重庆赴成都途中，宿来凤驿站特约食堂楼上所作。

醒了千年大梦。

朝朝看军训威严，处处听同仇歌咏；说不尽个个精神，人人忠勇。

来凤！来凤！来唤起那善良纯洁的国民，还得救救那无告可怜的农工大众。

文选

新增秋波一转论[①]

〔明〕西蜀璧山来凤道人

甚矣哉，情之动于内者不可遏，则神之驰于外者不可掩。

盖人之有心，其神在目，心正则目正，自然之理也。今佳人才子，欲念方萌于初见之时，则情炽于中而神荡于外，岂容以自掩哉？

予尝观诸造化矣！天地立炉鼎之位，阴阳动橐籥之机，而又鼓以雷霆，润之以风雨，运之以四时，烜之以日月，一刚一柔，相摩相荡，然后人之为人，得以禀受氤氲之气，而有此渺然之身也。

夫既因二五媾精而有此身，则情欲相感，本诸天而具于我。故凡夫妇之愚，蠢然懵然而他无所能者，尚为欲念之所牵，况以生莺才美无双，聪慧莫及，其能免是欲念乎？

以君瑞言之，英迈夙成，才华早擅。雕虫篆刻，磨铁砚于青年；绣口锦心，藏宝剑于秋水；则是才子之出类者也。

以莺莺言之，眉黛青颦，莲脸生春。红袖鸾销，温润生香之玉；翠裙鸳绣，娇羞解

① 本文录自《新刊大字魁本全相参增奇妙注释西厢记》，全书共5卷。弘治戊午（1499）季冬金台岳家刻本。按："现存《西厢记》最早全刻本。此本一般多注为1498年，然弘治戊午季冬，实为公元1499年。"（黄季鸿著《明版〈西厢记〉载录》）"弘治戊午年农历闰十一月，因此弘治戊午的季冬实为1499年1月12日至1499年2月9日，故弘治本印行的时间若换成公历说法当为1499年。"（黄季鸿著《弘治本〈西厢记〉的体例及影响》）

语之花；则是佳人之拔萃者也。

想于萧[①]寺梵宫适相邂逅，落红满径，清景逼人。况淑女于临去之时，敛媚凝娇，秋波一转，张生性[②]嗜风流，素耽放逸，有宁不勃然而感动耶？

彼物之澄清莫过于秋水也，物之荡漾莫过[③]于水之波也。秋水在潭，天光遥映，澄澄湛湛，一碧万顷。而或微风鼓波，摇漾无垠[④]，浮光跃金，沉影碎璧。远望之，则心旷神怡，就观之，则心摇神溢，是则秋波之谓也。

莺莺虽美，不过先相国一女子尔，何以状其目为秋波耶？殊不知春女悲，秋士悲，各因物化而有所感耶。况乎暮春天气，花柳争妍，而莺莺乃以旅寓一身，含愁万种，加以重关入静，深院昼长，触景增悲，逢时起恨，自有不能已者。时以旅观孤孀，茹哀饮泣，上为慈亲之所拘系，下为侍婢之所提防，而此情乃潜伏于中，锢而未发耳。观其插香不语，拜月长吁，而又自谓“有情怜夜月，无语怨东风”，概可见矣！一旦骤遇哲人，此情遽发，情既陟然而发于其心，神岂不盎然而溢于其目乎？想其轻盈态度，悉著见于流盼之时；浓艳精华，举呈露于转睛之际；诚所谓回头一顾，百媚俱生，殆犹疏星之映乎水，自有光彩以射乎人也。

是以不待往来频睨，而兰闺寂寞之情，已默传于风流俊雅之士，盖传不以言而以目故尔。

不待展转[⑤]窃窥，而鸾凤慕恋之意，已暗诉于英华旖旎之人，盖诉不以口而诉以心故尔。

御沟一叶，隔墙[⑥]角以潜通；虎豹九关，托眸子而传送。睹星眸一灼而即收，见丰韵半天而撇下。

遂使生临风浩叹，步月长吟。午夜鸣琴，寄婟洼于曲调；异乡卧病，等躯命于鸿毛；此皆秋波一转所致也。

浼僧僦屋，托婢传书，赴约东墙，逾礼义大闲而不之顾；淫奔书舍，污相国家谱而不之羞，此亦秋波一转所致也。

以至旅寓成婚，长亭设饯，雄才大策压群英而独占鳌头，宝马香车捧新命而荣归故

---

① “于萧”二字原文佚，据《西厢记资料汇编》补，也有文章补作“普救”二字。

② “张生性”三字原文佚，据资料补。

③ “漾莫过”三字原文佚，据资料补。

④ “垠”字原文佚，据资料补。

⑤ “展转”二字原文佚，据资料补。

⑥ “隔墙”二字原文佚，据资料补。

里，词新曲艳，夫贵妻荣，偕百年美满恩情，成万载风流话本，又孰不起于秋波一转之所致哉？先民有言“总为秋波一转间，至今留下风流谱”者是已。

抑又论之，张生之才艺文华，莺莺之工容言德，皆冠中原人物而为当世之称首者也。使其男女以正，婚姻以时，则此传奇不作矣。但因抚景伤怀，含情蓄怨。风前月下，偷窥宋玉之墙；递简传书，自献卞和之玉。有此普救一段姻缘，遂致后人编收击玉敲金之句，酝酿朝云暮雨之词，敷扬绮丽于无穷，布散风流于四海。而莺生名誉，因得以垂诸简册，耿耿不磨。是岂非不幸中而亦有大幸者欤？

丈夫不能流芳百世，亦当遗臭万年，吾于莺生重有感焉。

《新增秋波一转论》原文（2016 年）

示禁滋扰碑记

〔清〕佚名

特授四川重庆府璧山县正堂加三级记录六次李　批仰

补授四川重庆府璧山县右堂随带军功加三级卢

审得李云龙、严洪谟等控僧达宽也。因福荫寺佃户黄玉龙等一十三家佃种寺田，已历有年，自乾隆三十九年达宽接寺以来，即于各佃户名下欲加租钱、租谷，遂疑花销滥费，纠名禀案。殊不知该寺田产，查康熙、雍正年间，叠遭（严）杰父子侵占，累讼无休。经前县宪李，并前县宪许亲临勘断，勒碑垂记，波浪稍平。特其多年滋累，斯寺之元气已丧于此矣！是以后僧住持，颇难致僧应福，债负五十余千，不能相守。有该寺老佃蒋代贡，并约邻人等，于三十九年，请僧达宽来寺接住。前僧帐债，后僧携还。且修补寺宇，朝夕焚献，亦云善矣。无如僧达宽力绵难继，又值上纳军需，刻不可缓。遂于各佃户名下，酌议加租，免得仍蹈前辙，再行借欠，并非私相花销。而佃户黄玉龙、何兆高不肯加增，耸使李云龙等妄禀堂宪，并列名作证，希图雪忿。本厅奉批查讯之下，真情毕吐。随据约邻王封、李正樽、吴子智、李奇泽、魏朝琳、李忠、李时昌、张玉然等，禀称各佃户俱已情愿加增租佃以护三宝，而李云龙等亦自知，率误吁请详销。除一面据情详请外，并饬自今以往，在李云龙等，毋得萌□智滋扰寺僧，倘敢故违，许令约保禀究。在僧人达宽亦不得稍自妄为，有紊清规。各具遵依在案，勒石以垂示久可也。

山主：李正樽、李正极、李正彩、李正槐、李正桂、李奇泽、李奇朝、李忠、李岳、李宽、李时昌、李崇、李岐。约邻：王封、石文显、吴子智、魏朝琳、张玉然。生员：王汝明。东林寺：僧会清一。莲花寺：上知下止戒和尚。虎峰山：披递师上自下海。住持僧：比丘达宽、徒真详、子空（泪）承□焚香。

大清乾隆四十二年丁酉岁季夏月中浣 敬立。

石匠师：廖贵禄。

重修大成殿碑记

〔清〕王倬

余少时游邑之学宫，每春秋二祀，与祭其间，见殿宇森严，而规模甚隘，趋跄者仅容十余人，风雨飘零，丹漆漫灭，然榱栋尚固。考其碑记，则雍正十一年前任邑令许公名绍熙所建也。

甲子之秋，余掌重璧书院。学师海楼彭君，因公在省，余代祭焉。则见殿势崇隆，金碧辉煌，宏敞庄严，焕然改观。问之同学，则曰："邑绅周君斯士所独修者也。"问何以独修，则曰："学内董事饶生化堂所为捐修者也。"然未得其详。

乙丑末，饶生投刺来谒余，问之，具道始末，云：是时咸丰壬子间，殿就摧颓，岌岌乎有不可终日之势。同学董事等议补葺，咸谓非随粮派捐不能奏功。奈兵差络绎，杂派过多，欲派不可。爰奉学师石城高公命订簿五十本，俟大义劝募，殊事与愿违，秋谷不登，欲募不能。乃与邑中殷富者筹商捐修，鲜有应者。周君独慨然曰："圣庙，重地也，而隳颓至此，吾侪读何书，可坐视乎？余虽无赢余，愿独任之。"人有以工程浩大沮之者，君乃毅然曰："囊中无金，可告贷而来。苟不继，虽破产何惜焉？"

于是庀材鸠工，闻郡庙及邻封江津、定远位置甚善，即往彼一一观摩规划焉。于渝郡购名材四株，于定远买载大木数筏，学师更于本邑遍求美材不下千株，有可以充栋梁者，虽多金不吝。爰得香楠、油柏八株，以为殿柱。经始于甲寅年正月十八日，竣工于己未年二月十五日也。高五丈一尺六寸，深三丈三尺，南北四丈八尺。共用银五千八百七十八两。

又云：工竣后，尚未泐石勋劳，有事，邑人纷纷逃难不遑。庚申冬，逆贼围璧山二十余日，竟得保全，此固邑人之福，未必非圣庙之灵？因请记于余，余不敢辞。

周君名继盛，字斯士，议叙通判职衔。与余同居登里，且同庚，为姻兄弟，往来甚悉。其为人生平慷慨慕义，见善必为。早年缺于子嗣，时来凤驿官桥毁拆，议修复费以万计，而君独任之。次年即生长君名光黼，后续生子三。兹于修大成殿之次年，长君即入邑庠，食廪饩，例选司铎，次凤山，议叙按察司参军衔。三名光珍亦于乙丑岁蜚声黉序，其少者，皆崭然见头角，前程未可量也。一门鹊起，人以为善行之报云。

赐进士出身，前翰林院庶吉士，历任湖北当阳、麻城，山西太原等处知县，王倬撰，廪膳生员王象乾敬书。

同治五年。

璧山祝氏[①]族谱序

〔清〕王倬

谱有创而修者，有因而修者，有残编既失，似创非创，似因非因而亦修者，三者不

① 王倬之妻祝氏，璧山郑家场（今正兴镇）人。此序为妻兄所作。

同，其志一也。

赐氏以后，或三四世，或五六世，相传未远，恐后之子孙不知祖宗之名次行略，与夫生日忌日。有犯讳者，有数典而忘祖者，有生日而淫纵无度者，有忌日而婚姻嫁娶者，因而一一详之，汇为一编，名之曰某某谱，所谓创而修者是也。宗支世次，相传既久，后之子孙有推而为子孙祖宗者，有心者又编而续之，所谓因而修者是也。

若夫代远年湮，旧谱之文已经灰烬。前无所资于古人，后无所望于来者，而欲独出机杼，更成一家以垂后世，不戛戛乎难哉！惟吾舅兄卫副府协堂者，璧水储英，唐封演绪，举半生之豪气，袭数世之声名，进而修谱。既非若前之创者无所依归，得以行其意见。又非若后之因者有所根据，得以仿其规模。其不骤心者亦仅矣！而竟修之，是非真有志者不能。

其志为何？敬宗也，收族也。盖一代之祖宗，必有一代之功德，不有以录之则无传，录之所以尊之也。一族之子孙，必有一族之世系，不有以联之则无序。联之所以亲之也。是之谓敬宗，是之谓收族，是之谓谱。吾故曰：无创无因，其志一也。

赐进士出身翰林院庶吉士，实授湖北省当阳，升调麻城县知县，愚妹弟王朝旃，1832 年冬月。

何氏百岁坊[①] 序

〔清〕刘宇昌

大清道光二十有五年乙己岁秋月，恭逢旌表，例封太宜人。周姻伯母何太宜人百龄志庆，原夫仙莱境上，实毓真妃。圣灯岭前，特钟寿母。肇吉祥于金剑，瞻景瑞于石泉。此乃合邑之灵奇，蔚为德门之盛事。

幸际国华，欣承旷典。允宜筑长生之馆，淑德式昭；建延寿之宫，遐龄共祝。时昌摄篆怀阳，未获登堂捧斝。然里联桑梓，情笃葭莩，既谊理不容辞，亦见闻所甚悉。载稽家乘，敬述芳徽，不揣管龠之窥，爰效云璈之咏。窃维太宜人清绮名门，油溪望族，里名来凤，牙幢绣戟之家，系本盘龙粉堆铜沟之宅。水汲鲍姑之井，世享大年。杏栽董奉之林，人多阴德。当其髫年赋菊，早岁铭椒。

时则姻伯大人尚在弱年，敬太夫人，克娴姆教，恃而兼怙，乡党群奉为女宗。俭而

① 何氏百岁坊，重庆市文物保护单位。

能勤，亲族皆称为礼则。而太宜人善，成夫子之志，上体姑嫜之心，则操井臼而祗具脯浆，伴琴书而时劳络纬。始则机杼轧轧，常并营宅上之桑。继则阡陌连连，犹自织盘中之绣。剂量旱涝，躬收安邑之租。术算赢余，不减浚冲之助。入室则柝铃周匝，疑过石奋之间。当户而婢率遵循，同守王褒之约。

此持家之矩，共仰精详。考积庆之行，尤征慈惠。竭绵以赒穷乏，阖境欢恬；捐饷以给军粮，通都叹息。河虞乘涉，聿修雁齿，以题桥路，讶蚕丛旋辟羊肠于坦道。赈饥馑于沟壑，不假乞籴之求；施棺椁于巷途，若识解骖之训。凡兹善举，莫罄名言。

宜其桂萼峥嵘，兰枝焜耀。门同合浦，拊掌皆珠。地是女床，盈柯悉凤。谢益寿阶前玉树，彩鞯风趋。陆子春车上画图，锦绷罗拜。太宜人则含饴以笑，绕膝而嬉。郄夫人年逾耆艾，犹逊神明不衰。宣文君坐授生徒，喜极庭帏之乐。

兹届期颐之岁，特邀旌锡之恩，卜日月之弥长人咸钦。夫懿行，标金石于勿替，事尤耀于史篇。当此桂实三秋，共说桃开千岁。喜今日冠裳毕会，辉呈四照之花。伫诘朝奕叶联翩，秀出万千之草。是为序 。

赐进士出身翰林院庶吉士姻愚侄刘宇昌顿首拜撰。

重修龙隐山福荫禅院序

〔清〕僧续断等

璧南四十里许，东偏龙隐山。嵂崒葱茏，峰插玉笏，壁泻帘泉，茂林修竹，中有古刹焉。创自前明，额标福荫，由来旧矣。逮经兵燹后，沧桑已易，村舍为墟。而寒山远寺，犹幸瓦全者，盖亦无几。福荫虽古兰若，亦煨烬余耳。荒烟蔓草，破屋数椽，渐至厨空香积、衣缺稻畦，淄流靡托，俱已潜踪远遁。然而鱼岭之梵呗犹闻，生公之法台尚在，有基勿坏，毋亦历劫不磨，固有颌王呵护也乎。

邑侯贻湄汤公，爰命比里绅耆，另择净修瞿昙者，俾主旃坛。断师果纯，巴江慈云释子也，蚤皈从教，立脱尘鞅，因持衣钵挂锡于兹。迩日荒凉鹿苑，难结欢喜之园。寂寞鸳林，谁睹庄严之相？师乃篱边薙草，不解清修；山畔樵苏，自安苦行。举凡煮石锄药，荷锸栽松，靡不自服。勤劳如是者有年，乃积布袋伊蒲余资，鸠工庀材，从新绀宇。阶凡三进，殿各四楹，上下层廊，左右精舍，诸已焕然改观。惜上殿未就，而断师倏圆寂西归。断敬接前修，罔敢中弃，于上重未建者续构之，四周阙者补葺之。墉垣砀砌，百废具举，期无遗憾于我师而已。然已生面顿改，芟尽法堂之草；祥轮永驻，彩凝画栋之云。虽安禅自昔有年，而阇窟于今弥光矣。

是役也，经始于道光九年己丑，迄十四年甲午，约计费资四千余金，功乃告竣。用敢胪述颠末，俾我灯传法嗣，知肇造维艰，未敢遽忘所自而。慈云远荫，法雨重沾，未必无补于十方云。

宗派：佛广了心源，思正方可贤。智慧真如妙，道果续灯传。月朗天中印，能仁体用全。清明宗大觉，性海证行圆。

住持僧续断、续昙，徒灯亮，徒孙传习，敬立。

大清道光十六年，岁在柔兆涒滩，南吕月中浣，吉旦。

蜀游日记（摘录）

〔清〕孙毓汶[①]

十一日

卯刻由永川起程，五十里马方桥早饭。地属璧山，邑令江怀廷（号兰皋，辛亥举人，癸丑进士，福建人）遣人备行馆。饭毕，复行四十里，至县属之来凤驿宿。令因病未来晤。永川冈阜多，未能旷览。自入璧山界，山势远拓，烟树萦回，生趣盎然，使人心目开豁。将至来凤驿，峰回路转，见东北一带，巴山高矗如屏，夕阳在山，黛色金光，绵亘无际。舆人指东面一峰云：明晨须越此，即入巴县界；午后再越一最高峰，即见大江，到重庆府城。所云最高峰，不知何名。总之，沿江万笏，皆巴峡也。是早微阴，傍午日光渐彻，午后云翳尽散，竟日晴明。蜀中天气微寒必阴，薄燠必晴，风则雨，不似北方天气燥热则雨，风起则晴也。清晨即晴雾，日色亦不透，星月尤罕见。入夜山气更盛，上蒸为云，达曙始渐薄，然不能遽散。且四垂近山，故云气较厚，日必当午而彻，职是故也。清风吹空，纤云四卷，此北人之谈。此间风则未有不雨者，正如瓶水满中，擎空一触即漏，至易易也。夏秋已来，稻陂积水，彼此拖注，高下皆满，经冬

---

① 该篇日记为孙毓汶在同治六年（1867）十月担任四川正考官时所写。孙毓汶，字莱山，山东济宁人。咸丰六年（1856）进士，授翰林院编修。同治五年（1866）升任侍讲学士，同治六年（1867）派充四川正考官。光绪七年（1881）授工部右侍郎。光绪十年（1884）兼署刑部左侍郎，命在军机大臣上学习行走。光绪十一年（1885）充总理各国事务大臣、军机大臣。此后连任刑部、户部、兵部尚书。光绪二十一年（1895）任都察院左都御史，同年闰五月因病奏请开缺。光绪二十五年（1899）卒。

不冻，山气阴润，泽流通络，即方丈片石，上覆寸土，种植无不活，与膏田无异。设雨少晴多，则易湿而燥，其收必歉，此又一方之自为风气耳。来凤驿去县城九十里，来往使传皆局绅代办，供应喧呼，竟夜不能成寐。

十二日

卯初刻起程，行五十里至百世驿早饭（自省至此，按站皆有纤夫十二名，每至届首更换）……自发来凤驿，不数里即拾级而上，近十里至山顶，竹树蓊郁，泉流清激，颇类大竹之黄泥瑞。山顶累石为门，上书“老关口”字，过此门即盘山而下，东面蜿蜒如长蛇，苍茫不断，即巴峡山阴也。是日浓阴，微雨，山上人家炊烟四起，与峰凹云气相间，少顷茫茫一白，尽掩峡山之背，仅余青痕一抹，如米画泼墨山尖，自此便行山梁上，膏腴万顷，无异平畴，四顾不复见山矣。

湘绮楼日记（摘录）

〔清〕王闿运[①]

十八日 雨

夫役起甚早，余以为明，发将行矣，亦起束装。久之乃曙，行二十里，饭于走马涧。十里，过关口大坡，巴与璧山、永川三界地也。直下甚斗，颇为眩栗，骀从人马如蚁入穴。又二十里，宿来凤驿，璧山地，驿屋净爽可居，驿前即傅总兵弃甲处也。有百五岁翁刘尚贤来见，长子拔贡生，耳不甚听，行步尚可。云日啜粥二碗，有子七人，孙三十余人，曾元则不能记数。督府贻袍褂料，问其生年，云乾隆四十一年，则百八岁矣。夜雨早眠，钞书一页，补前半页。

十九日

丑初，营官误传信□，人夫皆起，不复能睡，坐以待旦。行五十里，饭于马坊塘。途中时雨时止，华村伍来见稺公，于行馆久谈。午正始行，四十里至永川城……

---

① 原文载王闿运《湘绮楼日记》光绪九年（1883）八月。王闿运（1833—1916），字壬甫，号湘绮，世称湘绮先生。湖南湘潭人，晚清经学家、文学家。咸丰二年（1852）举人，曾任肃顺家庭教师，后入曾国藩幕府。光绪六年（1880）（参考《湘绮楼日记》，应为1883年）入川，主持成都尊经书院。后主讲于长沙思贤讲社、衡州船山书院、南昌高等学堂。授翰林院检讨，加侍读衔。辛亥革命后任清史馆馆长。著有《湘绮楼诗集》《湘绮楼文集》《湘绮楼日记》等。门生众多，较著名的弟子有杨度、夏寿田、廖平、杨锐、刘光第、齐白石、张晃、杨庄等。

创办私立勉仁中学校缘起暨办学意见述略[①]

梁漱溟

往者愚于中国教育制度之改造，尝主张学校教育、社会教育融合不分，而一切设施必先厘定其社会区域，以为教育对象：即以社会区域之大小统属，别其等级，著为系统，定为国学、省学、县学、乡学、村学之制（见所著《社会本位的教育系统草案》）；而无取于大学、中学、小学，如今日者。是其说创于七年以前，而所见则怀之逾十年，至今见之益真，持之未尝稍变。然则吾何为而即今之制，以创办勉仁中学乎？

一国教育制度之根本改造，有其时，有其势，客观因素不至，吾不能急切以求之也。理想制度之实施，既且有待；现行学校教育之朴偏救弊，夫何能已。若中学教育盖尤为人所关切者。青年期（12 岁至 18 岁，亦曰成丁期）为人一生关键，其心理生理之发育开展在是，而易受贼害，亦在乎是。中等教育适当此期，于此而不得其当，心窃伤痛之也。

1924 年，愚尝辞北京大学讲席，而主办高级中学于曹州；十七年，又尝应粤教育厅聘而长广东省立第一中学。于其草创，务矫时弊而树学风，各有精心规划（前者有《办学意见述略》，后者有《今后一中改造的力案》均见《漱溟卅后文录》，商务印书馆出版），而萃合及门诸友之力，以共成之。其后愚去鲁，则俾陈君亚三继其事；愚去粤，则俾黄君艮庸继其事。二十年来，吾侪朋友所致力者，乡村工作而外，唯于此二事实不无一段心力萃乎其间。

迩者，愚既自华北巡历战地归来，顾念大局艰难，无可尽力，将退而聚徒讲学。适在川从游诸子以兴学为请。时则中等教育之有待改善不异畴昔，而教育当局今实示其改善之机（如新颁导师制）。吾与诸友夙尝着力于是，顾不可及今之时，本其经验，并力以图，稍抒其疾痛难已之怀耶？

兴办中学之议既定，因集同人共商办学所宜注意之点，草为“办学意见述略”。并推定陈君亚三、黄君艮庸发起筹备进行。两君既尝从愚而任鲁粤中学事，今又适皆在川，于兹创始，宴未能辞。惟昔者主办曹州中学，同时并有重华书院之设，俾同人于教育青年外，兼得自勉于学。今同人亦将作学术研究，而暂不立书院之名，拟先为讲学，

① 此文作于梁漱溟在来凤驿筹办勉仁中学之时，原载《梁漱溟全集（第 6 卷）》。

以聚四方同志。

凡兹事体，非同人薄力能举，要以赖当世贤达，川中父老提挈而玉成之。述兹缘起，以求明教！

廿九年一月梁漱溟

增订十力语要缘起[①]

熊十力

《十力语要》，始于乙亥在北庠时。云谢二子录吾笔语成帙，锡以斯名，为第一卷。丙子至丁丑，旧京沦陷前，此类集稿又盈帙。避寇携入川，旅居璧山，钟生芳铭集诸同志，为讲习会。诸子随时记录，及余手答者，又不少，并入北来稿，已辑成《语要》卷二至卷四。己卯夏，携赴嘉州，毁于寇弹，余亦几不免。是秋，反璧，旋定居北碚金刚碑勉仁书院。世事日益艰危，问学者渐少，余手札亦稀。昨春，由川返汉，复略有酬答。友人孙颖川学悟，拟于黄海化学社附设哲学研究部，请主讲席。黄海旧在津沽，战时移川之五通桥，尚未北迁。余重入川，栖迟桥上，乃取积年旧稿复阅一过，多为番禺黄艮庸所选存。因属威海王星贤汇成两卷，次第一卷之后，又以昔时高生所记《尊闻录》编入《语要》，为卷之四。此四卷之书，虽信手写来，信口道出，而其中自有关于哲学思想上许多问题及做人与为学精神之砥砺者，似未容抛弃。今当返教北庠，友人桐庐袁道冲怂恿付印，余亦不忍遽藏吾拙。呜呼！吾老矣！唯此孤心，长悬天壤间，谁与授者？

民国三十六年三月十五日黄冈熊十力

与刘冰若[②]

熊十力

学者究理，常是傥然悟得。然若恃傥悟便足，则不足以成学术也。必于傥悟之理，仍博求之事事物物而究其千头万绪分殊之理。既甄明分殊之理，而仍会归于傥悟所得之通理，则傥悟者始征实。而学术由此成，知识由此精矣。中国先哲都缺却傥悟以下仔细

① 此文可证熊十力于璧山及来凤驿避难期间增订其哲学著作《十力语要》之史实。

② 摘自《十力语要（卷二）》。刘冰若，璧山人，熊十力弟子，1939年任来凤驿中心国民小学校长。熊十力自乐山返璧山，即由刘冰若接纳同住于校内。熊文即作于此时。

工夫，此宜鉴戒。

从香山洞到来凤驿之聚[①]

——纪念熊十力先生百年诞辰

程兆熊

香山洞是在杭州西湖旁，来凤驿是在四川璧山县之一乡间。熊老先生在抗战以前，曾养病于香山洞。在抗战期间曾由乐山复性书院退居于来凤驿。在那些时期，我在香山洞旁也住了不少日子；而在来凤驿，则只一宿而返，但记忆最深。

我第一次和熊老先生见面于香山洞是由于彭程万老先生和李笑春君之关系。他们两人亦都住在香山洞。彭老先生曾任江西省都督和北伐军前敌总指挥，他对我说：熊老先生实足为人师。李君是我在随军入湘，路过耒阳谒杜甫墓时所识友人，乃熊老先生之门人弟子。因此我住在香山洞旁，便时去香山洞内，与熊老先生遂时时过从，并同游西湖和保叔塔下。犹忆同游西湖时，乘一小艇，当时浙江建设厅长是石瑛先生，亦在艇内。我少不更事，畅所欲言。而熊老先生则每每大笑不止，石先生虽为革命元老，仅点头而已。又忆同游保叔塔旁之一小山头时，熊老先生肚泻，我即言名山今已藏污纳垢，而彼更大笑而已。彭老先生有时请我们吃饭，每见好菜多由其一人吃，饱后每喜用手摸肚皮，彭老先生当时有两个小儿女在身旁，暗中亦学其摸肚子。我曾对笑春兄说：熊老先生一方面像村夫野老，一方面又像世外真人。笑春兄更即言：是真人也。似此香山洞之聚，不知不觉，已是多时，我回至南国，大学毕业后，即去南京，乃函笑春兄，请其向熊老先生求赐一言，以便终身行之。不久之后，笑春兄即回信，并附一裱好之条幅，且谓内中文句为熊师所作，而系由马一浮先生书写。熊师自谦不会写字，要马先生代书。马先生从来未代人书写，此乃平生第一次，但亦足知两人交情之深。其文句是这样的：

“吾闻尼父之言曰：仁者己欲立而立人，己欲达而达人，己未立达，其如人何？菩萨未自度，先度他。此因病发药之言也。小乘自了，故以此对治之耳。清季以来，人人攘臂救国，国以救而益危，此其故，不可以深长思也耶？”

我看后久思，始知笑春兄当已将我辍学作战之经历奉告其师，以至熊老先生如此郑

① 摘自《鹅湖杂志》1985年11月第125期。

重其言。以后我即一意向学，不久即赴欧洲。抗战军兴，南京失陷，我方回国，由香港登陆，直至汉口。又由汉口武昌，经湖南常德，桃源，沅陵而入贵州贵阳，以至重庆。随后又四处奔走，遍历八省，因闻熊老先生退居来凤驿，又即往谒。

熊老先生原由马一浮先生聘往四川乐山复性书院讲学，后因故退居来凤驿，仍由李笑春兄陪伴。熊老先生见我远来大喜，并函唐君毅兄，说我在法国多时，仍是乡下人模样。他与我详谈在复性书院之情形，并要我注重营养，而我又正以彼之营养为念。抗战之时，一切难言。我那时，一家大小十余口，住在重庆歌乐山之阴阳坟。我陪熊老先生在来凤驿四周开满了油菜花（黄色）之田间行走，又上到一满是青松之小山头。时天色已晚，遂夜宿于来凤驿。第二日清晨，猛忆熊老先生当时来信所云“一别十余载，沧海横流”之言。又细看当时熊老先生已蓄长髯，与在香山洞时，几乎两样。他送我出外，行走飘然，更是魏晋人模样。我观其两眼，真像是庄子书中所载之“目击而道存”。我当即留赠一诗云：

“追随忆昔临东海，重即于今带劫灰；遍地黄花看未已，一天佳话听方回。入山岂复知深浅，游日依稀忘去来；护道青松应不老，几经石上踏青苔。”

往事如烟，至今已是熊老先生的百年冥诞。我由魏晋想到宋明，又由宋明想到汉唐，更由汉唐想到三代，以至万古。一代哲人，生是真生，但死必不是真死，夫复何言？

熊先生回到璧山来凤驿的前前后后[①]

任继愈

自从“九一八”以后，北平，昔日故都就成了边城。日本侵略势力逐年向华北延伸。华北之大，摆不下一张安静的书桌。熊先生平时深居斗室，不参与政治运动，但他对同学们的罢课、游行是支持的。同学们罢课，反对华北独立，熊先生的课也上不成，熊先生是同情学生的。对胡适强迫学生上课，也表示不满。“七七”事变后，北平为日军占领，熊先生冒险，化装成商人，乘运煤的货车逃出北平。随行的有刘锡嘏（公纯），也是北大的学生，一路照料，火车上正值大雨倾盆，衣履尽湿，生怕熊先生感受风寒，幸好未生病。熊先生辗转到了武汉，又到了四川璧山县。这时已是1938年的冬天。

① 标题为辑录者所加，摘录自《熊十力先生的为人与治学》，原载《任继愈自选集》。

熊先生从北平脱险后，住在璧山县中学里，中学校长钟芳铭欢迎熊先生住下。熊先生的学生钱学熙夫妇、刘公纯也随熊先牛留在那里，熊先生没有闲着，写他的《中国历史讲话》。贺麟先生和我从重庆南温泉去璧山看望他。熊先生兴致勃勃地谈他的《中国历史讲话》的内容梗概，大意是讲“五族同源”说。在民族危急存亡关头，对中华民族的热爱，促使他不知疲倦地撰写他的这一著作。我们去时，熊先生很得意地讲述他如何解决了“回族”的起源问题。说，这个问题使他苦苦思考了很久，才解决的。这时，他已同时着手写他的《新唯识论》语体文本。由钱学熙译为英文，刘公纯代他抄写。

在四川八年，熊先生生活很不安定，物价飞涨，大后方民不聊生，熊先生只好投靠老朋友、老学生，艰难度日，和家属不在一起。但他没有一天不讲学，没有一天不修改他的《新唯识论》语体文本，他看到国民党横行霸道，胡作非为，还是指名道姓地骂蒋介石，却从不显得灰心丧气，给人的印象是勇猛精进，自强不息。

熊先生在 1939 年离开璧山中学，住到南温泉鹿角场学生周鹏初家，我当时也在南温泉，每星期天到熊先生处。后来，我回到昆明，他中间到过嘉定乌龙寺，和马一浮主持“复性书院”。不久，书院遭到日本侵略者的轰炸，熊先生膝部中弹片受伤，他也离开了复性书院，和马一浮先生还发生过小的不愉快，熊先生回到璧山来凤驿，与梁漱溟先生住在一起，借住在一所古庙西寿寺。我和贺麟先生同去看过他。那天晚上，梁先生还讲述了他到延安，和毛泽东同志在一个大炕上，连续谈过八个通宵的事。熊先生这时还没有忘了讲学，韩裕文从复性书院退出，随同熊先生。熊先生对韩裕文也分外关心。接通常习惯，我们对熊先生自称学生，熊先生命韩裕文称“弟子”。“弟子”，大概有及门或入室的意思吧。韩裕文是我在大学的同班同学，为人笃实，学问也朴实，对中国的理学、西方的古典哲学，有很深厚的基础，在熊先生那边，学了一两年，因为生活无法维持，不得不离开，到了昆明贺麟先生主持的“西方哲学名著编译会”当专职的翻译，每月有了固定收入，略相当于大学的讲师。1947 年间，赴美留学，固肺癌不治，半年后病逝于美国。熊先生为此十分伤痛。如果天假以年，韩裕文在哲学上的成就必有可观。

梁漱溟先生在重庆北碚金刚碑创办了勉仁中学，熊先生被邀到勉仁中学去住，梁先生的几个学生，黄艮庸、云颂天、李渊庭等也成了熊先生的学生，这时熊先生也还是修订他的《新唯识论》语体文本。我在西南联大哲学系，利用暑期，到北碚勉仁中学熊先生处住一两个月。熊先生在北碚除了给勉仁中学讲讲哲学，还结识了郭沫若先生。郭沫若听说熊先生爱吃鸡，滑竿上捆了两只鸡去看熊先生，以后两人通信，讨论先秦诸子及中国传统文化问题，这时郭还向熊先生介绍周恩来同志，他的信上说“周恩来先生，忠厚长者”，愿来看望先生。熊先生与郭沫若结下的友谊，到新中国成立后，一直维持着。

在北碚时，牟宗三、徐佛观（后来改为复观）等都常来熊先生处，牟宗三也住在那里。

父亲与熊十力相聚西寿寺的日子[①]

梁培恕

父亲在曹州一度设想的“农村立国”渐渐具体，但也不同于前了，他将这称之为“乡治”，并期待在广东将这运动推动起来。几位朋友与他一起南下，先在杭州和陈铭枢相聚数日并讲给陈听。熊先生也在座。他们在杭州作别。

一别十四载，抗战中期熊先生偕熊师母一同来到朋友聚会处。“与诸友相依而居，仿佛过去在北京聚处时”。但父亲为防止国内政治形势更形恶化而奔忙，“偶得宁息，亦必回到其间，与熊先生及诸友盘桓数日”。这地方就是办在重庆附近璧山县来凤驿的勉仁中学。时为 1940 年夏。一年后，中学迁北碚，熊先生夫妇也同去北碚，直到抗战胜利才离开。其间虽为时五年，但父亲自 1941 年春起便去桂林又去香港，香港沦陷再返桂林迄于重庆政治协商会议开幕前才又入川。抗战八年中他们相聚的时间，实只有在来凤驿那一段，且为时不及一年。

勉仁中学之开办，得璧山县人士赞助，将就着借寺庙、大碉堡当教室、当宿舍，一间房子没盖，真正是因陋就简。

镇外西寿寺荒废已久，将佛像搬出，权作勉仁中学部分教员家属宿舍。熊先生和熊师母及他们收留的一个左手有残疾的女孩住在第二进，父亲和我有一间房在第三进，我们不起伙，在表姑家（他的表妹张敬孚）就食。他多在重庆不经常回来，假如四十天回来一次，停留的时间大约是一周。

每当他回来，熊先生就会来找他谈学。都是在晚饭后，熊先生会突然快步走进来（他总是快步），不打招呼、没有开场白，一上来就说到主题。父亲通常是坐着和人说话，熊先生相反，站着说，还要不断摇晃上身。他们之间虽说没有半点客套，但熊先生不坐他也不坐，就这么站着说到十一点，直到我已经非常瞌睡。熊先生会突然走出去，和来时一样突然，绝不会有“明天见”之类的话。

① 摘录自梁培恕《梁漱溟至少有这些朋友》，题目为编者所加。

我与来凤驿的一群苦孩子[①]

陶行知

民主教育一方面是教人争取民主，一方面是教人发展民主。在反民主的时代或是民主不够的时代，民主教育的任务是教人争取民主；到了政治走上民主之路，民主教育的任务是配合整个国家之创造计划，教人依着民主的原则，发挥各人及集体的创造力，以为全民造幸福。

无论是争取民主或是发展民主，都要靠广大人民的群策群力才会成功。这广大人民在数量上是愈广大愈有力量，在认识上是认识得愈深刻愈有力量。因此民主教育需要普及。我们所要普及的是救命的民主教育，要全国老百姓无论男女老少、贫富都能很快地得到救命的民主教育。

但是中国现在还是一个农业国，大家靠着一双手和锄头斧头生产，所以生活是穷苦得很；尤其是经过一百年的帝国主义侵略，三十多年的内战和八年的抗战弄得万分穷苦。我们要在穷社会里找出穷办法来教一切穷人都得到教育，得到丰富的教育，得到民主的教育，才算是达到了我们普及教育的目的。

大概是六年前，我在成渝公路上的来凤驿住了一晚。吃晚饭的时候，有一群苦孩子来到面前讨饭，我们就把吃不完的饭菜统统给了他们。他们高兴地吃完之后，还是站在门口玩耍闲谈。我乘这个机会，点着他们好学的火焰。我问："你们如果愿意读书，我很愿意帮你们的忙"。"愿意，我们没有书。"我指着对门一块招牌"中华餐馆"说"这就是书"，又指着另一块招牌"民国饭店"说："那也是书。"我便引导他们开始读书。

"中华餐馆，民国饭店；

中华民国，中华国民；

中国，国民；

（我是）中华国民。"

读完，我看见一个标语，"有力出力，有钱出钱。"于是又开始引导他们读第二课。

"有力出力，有钱出钱。"

---

① 标题为辑录者所加，摘自《民主教育之普及》，原载于《民主教育》1945 年 12 月 1 日第 2 期。

“有力出力（又）出钱，有钱（不）出钱（又）（不）出力。”

读完了，我问：“要不要学写字？”一个小孩子说：“没有笔。”我拿出我的右手的第二个指头说：“这就是笔。”又一个小孩子说：“没有纸。”我拿出左手的手掌说：“这就是纸。”于是我就教大家学写字。对着招牌和标语学写，写了四五次，我又叫他们围在一张八仙桌的周围，看我在桌上写字，然后让他们自己在桌上学写。每人都用指头，沾点清水在桌上写，读的字都会写了。后来，我想把这工作继续下去，就教他们组织起来，推举了一个聪明而能干的小孩做队长，带领着别的小孩每天在街上学习，并公请我住的旅馆老板做先生，这组织与推举也可算是一点民主教育。这办法算是顶穷的办法了。但是来凤驿的十几位苦孩子便因此而受了民主教育的洗礼，并因此而立下继续求学的原始组织。只要知识分子念头一转，肯帮助人好学，不须花费一个钱，便可以帮助老百姓识字受到民主的教育。如果全国八千万识字的人都肯这样做，都肯即知即传，而且跟他们学的人也即知即传，那四万万五千万人的普及民主教育不是有了办法吗？因此动员这八千万识字的人来进行普及民主教育是一件顶大的事，也是一件可能做到的事。教人，好学，都是传染的，等到大家都传染了教人、好学的习惯，便教人、好学成了瘾，整个中华民族便成了一个教人、好学的民族，万万年的进步是得到了保证。古人云：学然后知不足。一个人感到不足，他便要向高处追，向深处追，是不会有止境了。因此民主教育不但可能做到全面普及，并且可能做到立体的普及。

蜀游萍踪（摘录）

陆诒[①]

……四日的上午，我们离了那值得留恋的温泉公园，搭小轮返重庆，仍下榻于青年会，翌晨搭公路局专车离渝北驶。

晨光熹微中，我们搭上成渝长途汽车，公路局的定备车，离了重庆。二十一军航务处处长何北衡伴我们同车上成都……旋经璧山县，于十一时半抵来凤驿，大家下车进早餐。这家馆子叫作农村饭店，里面做的川菜很是入味，而客厅上有副妙联，最为精彩：“惜什么钱，还把它吞下去；有许多菜，都与我请上来。”虽然对仗并不见得工，但是有农村间的豪放意味。餐毕再进，过永川，荣昌，隆昌……

① 陆诒，著名新闻工作者。时任重庆《新华日报》记者。

璧山来凤驿：旧社会的新式婚礼

——写在父亲逝世四周年之际

弄蟹斋主

这是一张名副其实的六十三年前的老照片。

父母在一起生活的近六十年的日子里，经历了时代变迁后的多次政治劫乱。军校证件、一些老照片等当年的物件均浩劫无存。可是，父母婚礼的原始照片尽管和诸多老照片一起被毁掉，但婚礼照片的底片和婚礼上的嘉宾签到缎，以及母亲的姑母（养母）送的绸面帐帘仍作为珍贵物品保存了下来，可见几十年来，父母亲一生把当年他们的结合与婚礼摆在何等重要的位置。

一、父亲患病

1945 年秋季，父亲所在国民革命军第十四军直属炮兵团第二营奉中央军事委员会命令调离江津县，来到四川省璧山县来凤驿驻防，隶属关系改为十四军第八十三师直属炮兵营。

1946 年 4 月的一天，在抗日洛阳守城血战中失散的父亲军校同学涂道勋，从沦陷区历尽艰辛徒步寻到父亲所在的炮营。炮营的十多名黄埔军校 17 期炮科同学非常高兴，举行了小型集会，尽管没设酒席，但大家经历抗日劫后重逢的高兴心情甚是浓烈，各自开怀叙旧，有的还唱歌、唱戏。欢聚至深夜十二时，父亲突然感到板牙疼痛难忍，当即离场回宿舍休息。次日，他头上的三叉神经发生剧痛，甚至痛得不省人事，进入昏迷状态。

经当地中西医诊断服药均无效果后，炮营营长何炽成派父亲的军校同学盛则贤护送他到重庆的中央陆军医院，确诊为肺结核。当时中国对此病没有特效药品，将肺结核划入大病范围，因此病常导致患者丧生。营长见我父病情严重和情绪低落，报请团长姚盛斋后，调我父回营部任原职（中尉联络员），并送到郊区的竹云寺进行静养，并辅以中西药治疗。

这期间，我父得到了姚团长、何营长以及全营黄埔同学的关怀。父亲说，让他更不能忘怀的是，他在江津中学旁听学习时结识的黄尊泽同学，老家便是璧山县来凤驿，其父亲黄继纲和母亲曾奉墀均在重庆某大学任教。二位老人得知我父患病，常利用星期天从重庆专程回来凤驿探望我父的病情。

父亲经半年多的治疗和休养，总算使病魔消除，后经中央陆军医院检查，肺部结核症状全部钙化。

二、贵人相助

黄尊泽的家位于来凤驿街上。我父大病痊愈后，与他家往来较为频繁。1947 年初夏，尊泽母亲曾奉墀老师在回来凤驿时，曾问及我父家庭及婚姻情况，并有意将她家幺妹（堂妹）许配给我父。我父回营后与军校同学黄杰探讨如何运作事宜，并嘱他替他保密。黄杰，安徽桐城人，性格大方开朗，楷书恭正（工整）有力。他听述我父的介绍后骂我父是书呆子，说曾家小姐是名门闺秀，有黄家这样的关系，应该主动求婚才对。于是，由黄杰提笔代我父向从事重庆教学工作的黄继刚、曾奉墀夫妇写了一封长信，主要内容是介绍家庭情况和对此桩婚姻赞成的态度。

5 月的一个星期天上午十一时许，黄尊泽来我父营驻地要我父迅速赶到他家吃午饭，言及他令堂大人从重庆回到来凤驿家中，还催我父行动快点，并换上最好的礼服。我父听后感到有好事来临。但作为一名穷困的下级军官哪有什么好的礼服呢，于是便穿着人字呢军服赶到他家。黄继刚先生在书房接待了我父，并说“读了你的信函，觉得很好，今天就举行简单的订婚仪式”。尔后引我父至客厅，此间坐的全是女宾。待我父坐定后，曾奉墀老师带着一位身穿学生蓝色长旗袍装的女士从里面走到客厅，并向我父介绍，这是五妹，时在壁山女子学校上五年级。黄家备好丰盛菜肴美酒，席上黄先生将女宾一一向我父介绍。这个五妹，后来就成了我的母亲。

回到营部，黄杰追问婚事进展，我父告之他今天已举行简单订婚仪式。黄即拉我父到营长何炽成处，何即表示赞成和祝贺。时隔两个星期后，黄继刚先生来到营部会见何营长，一是通报我父与曾家联姻情况，二是商量婚礼日期。对此，我父甚感不安，主要是身无分文，怎能举行结婚仪式。何营长当即表示理解：说我父患大病才痊愈不久，理所当然没有积累。同时表示婚礼由营部集体筹办，并指定营部陈卓然、吴达华夫妇具体操办。婚礼定在七月初十，地点为来凤街和平旅社。黄先生也考虑到我父的经济拮据，替我父代付了当地风俗中应由我父付的女方酒席款和亲戚的喜钱。

三、新式婚礼

1947 年 8 月 25 日，黄继刚老先生倡导的新式婚礼如期举行。参加婚礼的女方除了亲戚，便是清一色的学者、教授，男方则是黄埔军官和营部文娱队的乐队。来宾们均在专门的粉红色签字缎布上留下了自己的名字。

黄先生还请来王秀斋教授（河北人）作证婚人；主婚人是重庆某中学校长黄诚中（新娘的表哥），男方则是副营长常秉之；介绍人为黄继刚和黄杰，傧相是营部的张蔚南及其未婚妻何文碧，牵着新娘婚纱的女童是黄剑琴（9岁）和李照月（9岁）。仪式中，还出示了陈卓然夫妇专程在重庆采购的高级结婚证书。

婚礼在文明、热闹的气氛中进行，主婚人、证婚人讲话后，陈卓然（父亲的战友与老乡）代表男方致答谢词。然后，参加婚礼全体人员进行合影留念。这帧照片历经50多年后仍保存完好。婚宴共八席，其费用为三个连连长及闻国祯（父亲的同学）各承担一席，余下由营部结算。

这是来凤驿举行的有史以来第一次新式婚礼，吸引了众多群众围观，场面甚是热闹。中午婚宴结束后，何营长率三位连长与离席返回的黄继刚、王诚中等女方宾客一一握别。下午是文娱活动，何炽成营长带头拉起了二胡，汤继安吹起了口琴，吴达华女士（陈卓然之妻）拉响了手风琴，闻国祯演奏起凤凰琴。文娱活动在一片音乐声中开始。我父的同学还点名要新娘出节目，我母亲落落大方地走到会场中央，唱起了当时流行的抗日拥军歌曲《朱大嫂送鸡蛋》。

忆解放军三十五师教导大队在来凤驿

李守宗

这是解放初期的事情，一眨眼就是60周年。那时我才25岁，而今我已满85岁了。由于年迈体衰，我已无力为家乡的父老乡亲做出什么贡献，只能趁神智清楚，记忆力还好，把往昔的旧事给大家说一说。

1925年11月，我出生于璧山县来凤驿一个农民家庭。从6岁起读书，1949年11月毕业于南泉专科学校新闻科。1949年12月在重庆参加了三十五师教导大队，曾任学员和副班长、班长。

三十五师教导大队的全称是中国人民解放军第二野战军第三兵团第十二军第三十五师教导大队。这个大队是1950年3月初从永川县城移防驻扎来凤驿的。该大队共有两个中队：一中队是从成都解放后接收的起义军官；三中队是重庆解放后招收的大中学校男女学生。大队的任务：一是改造起义军官，经过改造后或安排工作或遣散回家；二是教育培养知识青年成为部队基层干部。

驻地划分：一中队驻大炮楼，三中队驻东街一带，大队部驻黄家花园。

岗哨设置：一中队设上场口，三中队设一道牌坊，大队部设黄家花园。三个岗哨，白天派人带步枪执勤，晚上增配轻机枪上岗。

教导大队实际上是部队的一所学校，所有教育方针、课程设置、教学步骤均按二野军政大学的规定执行。课程设置以《社会发展简史》为主，以《三大纪律，八项注意》《约法八章》和时事政策为铺。授课人员：以师宣传部派一名科长讲授发展史，其余课程均由大队长武肇风全部负责。

作息时间：早晨六点起床，然后出早操，上午听课，下午讨论，晚饭后课外活动，七点生活检讨会，九点熄灯。安排甚为紧张，不很好掌握，连屙屎屙尿都没有时间。

教导大队星期天不放假，但是星期天由各班做面条、包饺子，改善生活是不变的老规矩。学员的衣服、被子，由学员自拆、自洗、自缝，不准请人代理。学员还有一个必修课程就是服从命令听指挥。有一次，大队接上级指示：当天晚上有一支起义部队，要通过来凤开往重庆方向，我部全部室外岗哨一律撤除，改为室内值班，以防万一。当其下传时，有的学员很想问个明白，刚一开口即被阻止，领导便说："军人必须服从命令听从指挥，照着上级指示办，没有不执行的理由。"

教导大队还有一条规定：就是所有学员，不准谈恋爱，全部信件必须经拆封检查才能发给本人。

教导大队政委、大队长、中队长和学员的关系都是同志式的平等关系，平时打球、打扑克，相互之间可以开玩笑，说笑话。但是违反纪律和发现怕死思想时是非常严厉、毫不客气的。有一次，从大佛岩方向发出几声枪响，在一中队的起义军官中有人被吓得晕头转向，到处乱钻找地方躲藏。第二天，大队长讲完课后，专门提出批评。大队长说："像你这么胆小，怎能当兵打仗，如果当时有个尿壶，能避枪弹你是一定会钻进去的，这成什么话呀。"

1950 年 9 月至 10 月间，教导大队为了配合减租退押和迎接土地改革的形势，排了一出歌剧《王贵与李香香》，当时大家叫作文明戏。演出的晚上，整个明善中学操场挤得人山人海，水泄不通，演到剧情紧张时，观众中喊出了"打倒恶霸地主！""打倒土豪劣绅！""中国共产党万岁！""毛主席万岁！"的口号。我在该剧里，演了王麻子——王贵之父和李德瑞——李香香之父两个配角。王麻子的唱词是："我王麻子哭得泪涟涟，二狗逼我来到二爷跟前，租子呀我缴不起，我还有一条命。"李德瑞是和群众的唱词一样："一杆红旗要大家扛，红旗倒了大家遭殃，闹革命是咱自己的事，自己的事情自己当。"由于唱词简单，我还可以胜任。此外，演出需要两盏煤气灯，是我主动向当地开明士绅邓绍南借的，用后我就送还了。

在教导大队只有我是土生土长的来凤人，在部队我是二班长，在老乡的口里我是李班长，领导要我协助地方搜缴民间枪支，我以人熟的条件收了三支枪，第一支是西街第一保保长刘风钦的20响自来德手枪；第二支是我小学时同班同学肖先贵的美制柯尔提手枪；第三支是我邻居戴绍轩的土造七子连，即收即交完成任务。

1950年底，三十五师教导大队奉上级指示移防至璧山县城驻扎安川桥附近，于次年改名为璧山军分区军政文化干校，继续招生培训部队基层干部。

来凤在整个1950年没有出现过大的股匪骚扰，是与三十五师教导大队驻来凤与全乡人民觉悟逐渐提高分不开的，在建国初期可算得上是一大功劳。

重振雄风“来凤鱼”①

刘集贤

来凤，璧山县一大镇也，也是旧时重庆走成都“阳关大道”的四大名驿之一，称来凤驿。据《巴县志》序云：“清代驿传有铺递、驿递。铺递以铺夫、铺兵起走递公文，驿递以马，水递以舟。于传递公文外，并护送官物及官差。”地扼渝西之冲的来凤驿，少不了人货辐集，车水马龙，直至成渝公路建成通车，这里仍然是来往车行的必经之地。

“巴农麦陇层云上，楚客枫林返照中。水底鲤鱼长尺半，寄书好到锦亭东。”驿站的通达，自然促进地方经济，特别是饮食业的兴旺与发展，驰誉中外的“来凤鱼”就是在长期积淀的文化底蕴下，乘改革开放的春风，于这个古驿道上脱颖而出的。

有人说，重庆人的饮食多变，以吃鱼为例，酸菜鱼、麻花鱼、豆花鱼、太安鱼、球溪鲢鱼、邮亭鲫鱼，几乎一年一变，花样翻新，层出不穷。但真要追溯巴渝近20年形成阵势的“吃鱼史”，还当首推来凤鱼。

早在1981年，如今风靡的各色鱼品或如襁褓，或者还在睡梦之中，来凤一家“鲜鱼美”便以鲜嫩麻辣为特色的一品“来凤鱼”引起食界的轰动，其精湛的刀功、烹技及其快捷的现场操作，更获专家颔首。书法名家杨萱庭亲为题匾，悬于闹市，各界名流和四方食客云聚来凤，无不以争品鲜鱼、一饱朵颐为快，著名影星张瑞芳，歌星王洁实、谢莉斯，抗日爱国将领龙云的女儿龙国碧等，都是来凤鱼桌上的贵客。“济公和尚”游本昌吃得兴起，手舞足蹈地留下八个字：“济公不吃狗肉吃鲜鱼！”一时传为

① 原载于《重庆日报》1999年10月11日，作者刘集贤时任《重庆日报》副总编。

佳话。来凤鱼名声大振，鱼餐渔业空前繁荣，短短一两年内，经营来凤鱼的餐馆酒楼发展到 160 多家，多者一天能卖千斤鱼以上，少者也不低于三二百斤，全镇村村鱼塘，塘塘鱼跃，成为成渝公路线上的一道亮丽风景——岂止成渝线，在整个重庆市，在四川省，在祖国东西南北，在大洋彼岸的“唐人街”“中国城”，鲜有不见“璧山来凤鱼”或“正宗来凤鱼”者，好像大家都成了冯驩，一日或缺便要弹铗而歌：“长铗归去兮，食无鱼！”

随着成渝高等级公路的通车，老成渝公路相对冷落，自然兴起的“来凤鱼一条街”管理不规范、政策欠完善，以及菜品品级档次提高缓慢等弊端逐渐暴露，作为渝菜翘楚的来凤鱼一时沉寂了，只有少数几家最早的经营者，还支撑着昔日的辉煌。

璧山县委、县政府在加速发展特色经济中，十分重视来凤鱼的振兴和发展，来凤镇党和政府更在县有关部门的支持下，制定宽松政策，发展渔业资源，帮助经营者科学烹饪技艺，提高菜品档次，规范经营管理，用璧山县财贸办公室主任龙方全和来凤镇党委书记朱家庆的话说：“一定要让来凤鱼重振雄风！”

近日，时逢来凤场期，笔者乘兴赶场，但见当年低矮的房舍多被高楼替代，市街宽阔，集市兴旺，车水马龙，行人如织，杨萱庭题写的“鲜鱼美”招牌又见光彩，“金凤楼”“新月楼”“西北食店”“龙火锅中餐馆”等众多来凤鱼餐馆，座无虚席，一片笑语欢声。在装修明洁的“金凤楼”餐馆，服务员递上一纸菜谱，鱼类菜品竟有 30 种之多，什么“麻辣鱼”“豆豉鱼”“孔明鱼”“扬州鱼”“荔枝鱼”“菊花鱼”“雪中鱼柳”“回锅鱼片”，乃至“炸鱼鳞”“烩鱼衣”“烧鱼丸”“溜鱼脯”等，从鱼身到鱼腹，从鱼头到鱼尾，冷盘热烹，蒸炒炸脍，几乎无所不包，无所不尽。笔者虽非食家，但亦试味东西，品尝南北，山城诸色鱼品也时有“感觉”，但像来凤鱼这样品种之多、造型之美、味道之绝者，鲜矣！难怪“癫和尚”连狗肉都不吃了，偏爱来凤鲜鱼美。

朱家庆说，如今来凤鱼餐馆从青杠经来凤至丁家一线又发展到 30 余家，总数虽比过去减少，但无论烹调技艺、菜品特色和服务水平，都有更大的提高。来凤镇的塘鱼产量，也从 1996 年的 50 万斤、1997 年的 73 万斤，增加到 1998 年的 78 万斤，今年可望超过百万斤，相关的种养殖业也有长足的发展。

看来凤镇熙攘的人群，闻来凤鱼十里飘香，笔者仿佛看到这个驿站古镇明天的崛起。

有凤来兮有鱼美兮[①]

张纯静

在成渝高速公路东端的第一个出口处，有一个小镇名来凤。

来凤原是成渝古驿道上的一个驿站，与龙泉驿、双凤驿、白市驿齐名，是成渝古道上的“四大名驿”之一。

来凤上接成都，下通重庆，北连北碚、合川、南下永川、泸州，西连铜梁、大足，自古商贸兴旺，小有名气。来凤人创新出“来凤鱼”，系列美食，更使这个小镇名声大噪：“成渝路上过往客，争传来凤鲜鱼美。”

“来凤鱼”这宗美食的形成，绝不是偶然的。这植根于巴渝鱼文化的厚实土壤之中。作为巴渝中心地带的来凤，自古是鱼米之乡，《华阳国志·巴志》云：“土植山谷，牲具六畜，桑蚕、麻、鱼、盐皆纳贡之。”嘉庆《璧山志》载：“鳞之属有江鲤、崖鲤、白鲫、七星鱼、红绡鱼、手巾鱼等”，其中产在璧山来凤璧南河中的“七星鱼”“红绡鱼”“青剥鱼”为历代贡品。

“来凤鱼”形成大致有这样三个阶段。一是明末清初，“湖广填四川”大批自江南鱼米乡的移民来到这里，他们除继续养鱼外，还把江南烹鱼的技法带到了巴渝。传说康熙年间来凤驿有名厨唐聋子，善烹鱼，能出鱼十余款，大约就是“来凤鱼”的雏形。二是抗战时国府内迁，作为陪都重庆的卫星镇来凤一时冠盖云集，名厨荟萃。见璧河鱼美，争烹献艺，又大大促进了“来凤鱼”烹调技艺的进步。三是当今改革开放中，来凤发展起以烹鱼为主的大小餐厅上百家，竞争促使来凤人不断钻研烹鱼技术，少数民族花样出新，因此形成麻、辣、甜、酸、荔味、橘味、桂花味、菠萝味等十几种风味，珍珠鱼丸、琥珀鱼块、椒盐鱼柳、酸菜鱼汤、白玉鱼块、玛瑙鱼肠、虎皮鱼、张口鱼、蘸水鱼、粉蒸鱼、烧白鱼、脆皮鱼以及鱼卵、鱼松、鱼膏、鱼羹等上百款鱼菜。

“来凤鱼”名气大，川黔路、成渝路上跑的旅客、驾驶员，为食来凤鱼，不惜绕道或饿着肚子赶到来凤用餐。“来凤鱼”不只是受平民百姓喜欢，也倾倒了国内外很多政要名流，文人雅士。

1986年，著名滑稽演员“活济公”游本昌来渝，闻来凤鱼羹，驱车80公里专程

---

① 原载于《西南旅游》杂志1995年第4期。张纯静，重庆市作家协会会员，中国散文学会会员，璧山区作家协会名誉主席。

来品“来凤鱼”，食后对大师傅双手合十赞曰：“阿弥陀佛，美哉来凤鱼，真比狗肉还鲜呀！”

1988年美籍华人赵燕侠女士一行路过来凤食鱼后，对“来凤鱼”的烹调技术十分感兴趣，把“来凤鱼”的几十款菜的做法、款式都一一录了像，介绍到美国。

1994年5月9日，著名电影、话剧表演艺术家张瑞芳到重庆参加“国泰”大影院开业庆典后，一行数人专程到来凤“金凤楼”品鱼。席间，她兴致很高，拉着哈尔滨应聘来璧山“金凤楼”的服务小姐张代花的手说：“来凤，金凤，吉祥美好的名称，北国的凤都飞到璧山来了！”

早在1985年，著名书法家杨萱庭老先生在京闻“来凤鱼”美，就专门为来凤题写了“鲜鱼美”的匾额。

来凤来兮，有鱼美兮。来凤镇现已发展成一座有上百家专烹鱼饭庄、餐馆的美食镇：“来凤鱼”除了在广州、成都、重庆、深圳等大都市有了字号，连美国旧金山等地的“唐人街”也打出了“来凤鱼”的招牌，“来凤鱼”真可谓誉满成渝路，香飘海内外！

来凤民居张家大院[①]

季政富

川东璧山县自古为成渝大道上必经之要地。由成都去重庆于此住宿一晚，第二天即可抵达重庆。因此在来凤驿，丁家坳一带百姓见多识广，景慕文化，信息灵便，脑筋活跃。从场镇到乡间建筑，既循古制又多变通。不少新意迭出者亦令为之一振，感到民间利用自然资源和智慧之间亦充满诙谐之趣。

缙云山脉南段的来凤区青杠乡一带的乡间住宅，多为土夯规范合院，间土碉、石牌坊的遗存。民间建筑形象不感呆板，总体给人印象：内涵本地区有比较能把握建筑制度的社会力量在支配着住宅兴建的一切，因此，虽呈现建筑的多类多型，然内在文化气氛上仍感分外统一。

由于璧山县境处于川东平行岭谷之间，海拔又较低，仅为300 ~ 800米之间，夏季连晴高温时间长，山下丘陵农户、镇民甚是难熬炎热。故以土墙御热之外，多有“土办

① 标题为辑录者所加，原题为《地坝水池——璧山张宅》，摘自《巴蜀城镇与民居》，西南交通大学出版社，2000年。

张家大院与碉楼（2000 年）

法”解决散热问题，间以青杠三组张家大院办法最见实效。

张家大院前为徐姓，张从徐姓买过此宅时即为原形制。大院坐东向西，正是川东民居十分忌讳的“当西晒”朝向。“当西晒”和川东上午雾多、冬天阴霾满天是一对矛盾体。冬天雾散在下午，“西晒”恰是取得阳光温暖的好朝向。夏天“西晒”又是烘晒收获粮食的好天气。但它同时带给住宅高温，又使人难以熬过酷夏。当保证生存基本条件的粮食收获和居住更舒适两者发生矛盾时，自然百姓首先选择生存。所以，川东甚至四川盆地内民居，占相当大的比例是坐东朝西。然而在争取生存条件的同时，充分利用可能的因素改善居住环境，亦是人们时时刻刻注意的。

张宅后靠缙云山南段西麓，有山溪水自山涧流出。水凉质纯，长年不息，从宅旁一里外南侧白白流过。如何把这津凉的溪水引一股于宅前，利用水力之余让其散发炎热，用尽其力与凉的固有物理性能，一直是宅主为之心动工程。经一番运筹，宅主作了引水后的三种利用打算：（1）引渠于南侧厢房前端，利用落差先建碾坊，碾坊加工的碎米和其他杂粮同时增建酿酒的糟房。（2）从碾坊前水渠开小闸门一道，下设过滤石缸两个，引水入缸经过滤作家庭饮用水。（3）在两厢房之间的晒坝作微斜倾的石板铺底细作，要求不漏水，放水迅速。然后在地坝前端作一道高约 40 公分的石埂，石埂两端打制石孔两个。这样就等于把本来晒粮食的地坝亦同时兼具了正方形水池的造型。待夏天盛暑之时，粮食收晒入库，就开启碾坊下闸门，引水入地坝，一刻工夫，水池即出，很快关满地坝，水临房舍沿下。清凉一池水犹如浓缩流动液化的清风，很快荡去暑气。加之水汽蒸发，一时浸泌宅中，造成夏天局部小气候。据宅主邻居言：有时还放两次水，第一次为清扫尘土，第二次放水更加清亮卫生，为的是大人、小孩能下水沐浴，以洁一天劳累之体。经一夜的蓄存，第二天早上抽石孔木塞放水，待半天太阳烘晒，地坝又可晒粮食了。

传统民居之妙，不外乎内空间如何奇巧，外观如何动人。它是个与外部空间充分利用协和的整体。民间在利用空间和自然资源的关系上充满了朴实的智慧，里面除了实用之外，亦同时获得自然给予的欢快情趣。可以想见，宅中一池紧临屋下的洁水，它带给夏天人们多少心灵的美感，多少惬意的慰藉，多少妙不可言的高逸。张宅引水分三层次利用水力和水温，造成民居一种乐园气氛，此难道不是民居文化一处优美特殊之笔吗?这一点，和民居周围构筑小桥、广植竹木、栽培四时果树，围护以风障篱笆应视为同出一理。不同是一个是动态的、流动的，一个是静态的、长时间的，但都为自然之爱。可宝贵者为流动的自然的简单实效之用，实在是农业社会物尽其用的美妙极致。同时也是川中不多见以水退热的粗犷之作。

张宅在其他建筑处理上，也还有闪光之处。处在右转角房位置的土夯碉楼下，围了一圈裙房，从联系地坝的一道门进来即为小天井，小天井犹如一个大气窗，可吸收地坝外空气于此形成气流，气流成微风亦从天井上方冲出。因此，宅主在碉楼下和天井间设

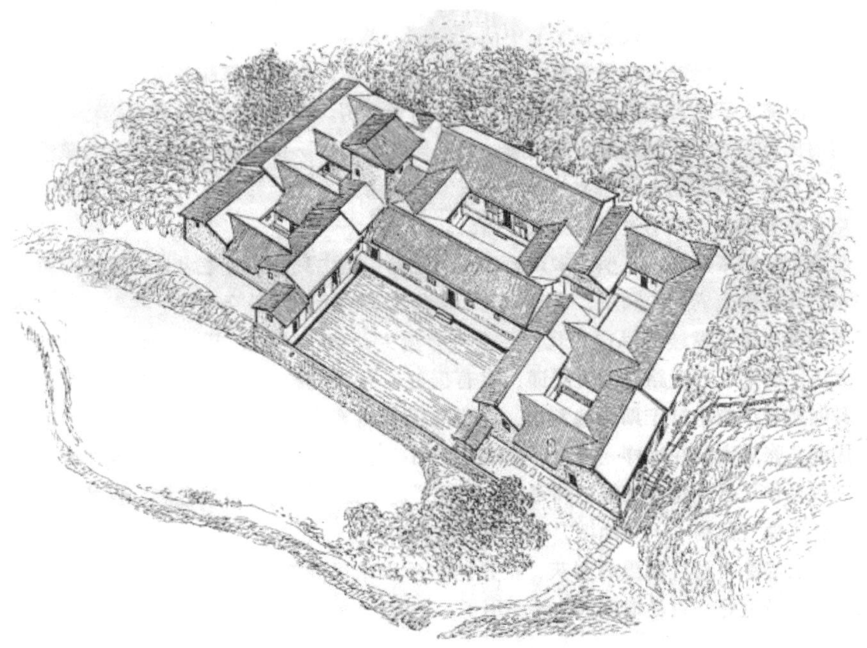

张家大院透视图（2000 年）

一房不作隔断，以半开敞接纳从地坝穿门而来的凉风。又因碉楼高大，底层的凉快，其与风结合一起，形成室内最舒适的歇凉之处，加之采光有天井，背靠碉楼有心理依托，唯此空间特色最吸引家人。一般乡亲串门，客人亦安排在此间接待。若此宅间构思与地坝关水生凉同步，显然此宅的设计就非同一般。此不仅是把室外之凉导入宅内，更为隐蔽的是它兼顾了夏天女眷衣着单薄，透肤露体不方便之情。此正是为什么不把地坝凉意从正门及下房各门引入室内庭院的原因。封建时代女眷于宅中活动空间，基本原则是“躲避”。为她们布置的卧室等处，亦是不昭然外人常易觉察之处。何况夏天川东民间赤膊露腿的荡荡裸风，不唯此静坐也是淋漓大汗之苦。因此，置最凉快的空间于侧房，兼可男性、外客与内眷有别。一举多得的良苦用心于此间建筑空间构思，该是何等的微妙。那么庭院内各室女眷歇凉该去何处？其实除有碉楼高大体与天井形成空气流通较急速之外，其他凡有门临近地坝水池之处，均有凉风进入，只不过流速稍微缓慢而已。

张家大院距来凤场约三里，来凤为重庆到成都、璧山到江津交会之口，素为商贸、交通要地。其场镇生成为古驿站，这就构成了文化影响的历史、社会基础，也就长时间地熏陶了周围城乡建筑发展的品位。凡古往今来官道大路旁，功德、节孝等牌坊交错纵列，石桥、幺店、居宅、石板路亦做法严谨，素有出处。有深邃的历史发展脉络感和形制正宗感。其间多有小敲小打于斯旁逸斜出，终没有破坏古典建筑于民间建筑之中相互协调气氛。因此，张家大院在这种大环境内，利用自然之水可说是一点没有触及建筑本身的移动，仅是做了传统建筑的维护和完善，增加了更丰富的文化与自然色彩。仅此亦够让人喝彩，让人荡气回肠于天井地坝、池水清风之间。

张宅土墙涂有深蓝偏黑色的泥灰，正是清中叶以来民间常用的色调。建宅历史近两百年，现仍然较完好。只是地坝水池不用了，不能不说是一种遗憾。

来凤水乡谣[①]

刘运勇

水城

县城至来凤场，一驿，水路三十里。

---

① 刘运勇，中国作家协会会员，重庆市作家协会副主席。著有长篇小说《山民》《长辈》《大宋状元冯时行》等。

来凤场水环溪绕，风景绝佳，曾经有过备选县城的机会。唐至德二年乐城设县，选了两个城址，县北依山、县东傍水，都有大绅粮支持。一时争执不下，有人出言，说泥重建城牢，选择现县城和来凤场的同体积泥土称重，确定县城设在今壁城镇。然与有荣焉。来凤作为水陆驿站，在那些刀光剑影的时代，开筑有高高的城垣、深深的门洞，城防戒备森严。墙垒得又高又厚，墙面一律采用尺宽尺长的条石，所以到了勿须城防的时代，倒舍不得拆除，留给街坊老耆登临，以观对岸十里稻花的风景。

因为有了城墙，进出不便，不得不在墙体上凿开无数门洞。而有了城门，也就有了规范，昼则重兵把守、夜则双门紧闭，由不得居住民随心所欲地出入。甚至缙绅们也不耐烦了。大概是解放初，虽有土匪骚扰，还是搞了个折中方案：临河有墙，另开一个高四尺、阔二尺的小门，供挑水送菜运煤用，就叫水门。

这恰证实了水城的特殊功能。

水城最明显的特征，是都有一条傍城的巷子，或里或外，都叫水巷子。城里那些水巷，便宜生活，为士绅拥有，建筑起了许多的大院地；城外那条水巷，则延伸到下河，开设织布厂，成为本县现代工业的前驱。历史在这里栽了个扑趴。嵯峨不齐的墙垣，立起一排排简陋厂房，机声咔嚓，人闹喧哗，竟没日没夜，清代有个知县黄在中就颇有感悟：

织尽机丝灯影瘦，吟残蟋蟀鼓声催。

出月夏夜，老老少少搬一把凉椅，可上城墙望月亮；大河涨水，可坐在城墙上垂钓，放一根长绳，把笆篓浸到河沿，支几支斑竹钓竿，再遇薄风细雨，特别能够表现小镇居民的无畏和快乐。

这样，也就产生了差别。水巷居住民竟得到不同待遇。从解放日起，经过清匪反霸，社会愈加安定，城防渐疏。棉织物易燃，“地富反坏右”五类分子及其子女，不能进厂当工人。过去的匠，多是流氓无产者，或小商小贩，顶多属城市贫民，如今赫然有了工人的头衔。里巷子女在入队、入团、入党时，就大大吃亏了：一个班里，独一无二的少先大队干部、校团委委员，被新兴工人阶级后裔占据，连家庭成分是革命干部，也因疑似官，要退避三舍的。至改革开放的时期，县里革故鼎新，撤区并乡建镇，城墙除供观赏外，实在找不到继续保存的理由了，既不修缮，亦不加固，任其风吹雨打，自然坍塌罢了。

居住民们长期感觉不便，又充实了革命精神，后来，干脆迁至对岸，起屋盖房，自成一个社区。当然，他们要过河来，须得乘船，再上码头石阶，进入城门洞。这时的城门已经没有门了，只剩余一个天圆地方的洞子，恍若隔断。

城外，河虽盘绕，不深，亦不太宽，与年节时玩的龙灯相似，所以叫作龙溪。

涨水

不发三十年一遇的洪水，龙溪就只是条小河沟，温柔娴静，看不出兴风作浪。来凤镇也就悄悄地躺在曙光云霞里。龙溪很温顺地赶了百十里路过来，在下游织布厂处被一条石坝拦挡，才翻坝而去。坝前形成了潭凼，栖居着团鱼、乌棒、老鲫壳，浅些的水域，就是板罾下网的好地方。水城居住民，一得空闲，就沿江垂钓放筒，深为扳罾者眼红，起罾收网时讽唱：

大河涨水小河浑，我到河边去扳罾；

扳个鲤鱼十八斤，扳个乌龟不出声。

钓鱼怕吵闹，挨了骂，也只好听到，盼头烂瓶胆竹丫枝挂破他几爷子的渔网！

一旦涨起水来，那就不得了啦，护城河里漂满了椽头茅草、死猪死猫，浑黄的水一潮潮压过来，再漫上堤防，灌进水巷子。镇上的干部，早早提着铜锣，到城门口守候，一见水进城墙，“当当当”，又敲又喊。水巷居住者就抢搬临街者的米柜子、泡菜坛、被褥，移到城墙上头去。帮忙的人是白干的。退水之后，又帮着他们，七手八脚地搬回原处。主人家慷慨，只需买两笼黄糕，打发了事。水涨得很高，会淹掉半条水巷子，小孩们等待水退，用撮箕以及捞篼，在街道中捕鱼捉虾。

正街居民，好到城门口来看水，在码头上洗脚，大姑娘小媳妇们站到河里，裤脚挽得高高的，露出两截雪藕般的腿肚子，甩着乌梢蛇似的长辫子，撩水打仗。半大不大的小伙们，则骑上了行道树，攀爬上城墙，不怀好意地盯住花枝招展的女子，故意邪声邪气地叫唱：

大河涨水两边分，一边浑来一边清；

河中有了两样水，小妹有了两样心。

结果，一律是招来阵阵笑骂，不得不抱头鼠窜。涨水多在夜间，看水却在白昼，恐惧和欢乐被小镇人分得极清楚，活像他们“这边耳朵进来，那边耳朵出去”的生活态度。

天象异常，比如涨水，都是很有些说法的。老人们讲，每逢发大水时，定有蛇龟一类神物企图出世，化龙升天。龟蛇动，人遭灾。好似天不予人类强大。传说是人定胜天的，东山屹立的金剑峰，据说就是道士飞剑斩蟒所在。来凤镇就流传一个动人的故事。水门之外，有座状元桥，桥下是一块大青石，润滑如玉。曾家姑娘经常在石上捶裳浣衣。有年发大水，雷电交加，曾姑娘捣衣未完，加捶几棒，就察觉脚下石动。原来，这块青石竟是一只巨龟！贪恋曾姑娘美貌，竟欲提前化龙，捉了她上天。提前化龙会立即引起洪灾，淹没来凤城乡，因此惊动天庭，发天雷劈杀巨龟，变为石龟。从此，年年发山洪，巨石都要遭雷打电击，水巷人俱怀愤愤不平之意。传说中并没有说清楚，姑娘是嫁人了，还是跳了河，反正她极苦命、极惹人同情、极不愿意有恶果，你说是吗？

退水以后，龙溪美极了。河面回归于宁静，水波涟漪，如绿绸缎般铺得展平。两行半青半黄的慈竹，夹持着河道，流速变得缓慢。渔人撑了筏子，顺流而下，长长的篙竿一撑到底，很快就推得很远。船头立着几只水老鸹，缩脚缩颈的，遭勒细了颈子；发现鱼虾，就飞快钻入水中，叼住食物，却吞食不下，只好乖乖地献给主人。

风一起，渔歌也唱响了，引起两岸居住民一阵躁动。

水鬼

雨夜独过街或者巷，特别阴湿幽冷，会引发无数念想来，以致天不怕地不怕的小镇人，竟然怕起屋顶漏水了。百十户人家用脸盆盛接叮叮咚咚的雨水。于是，有人失笑，有人自言自语，甚至有人手舞足蹈。他们披散了头发，着魔般，把自己投入虚幻的境界，随意做出一些至情至性的行为，任雨淋着，任灯映着，任那些亮亮的临街窗户空着，躲到僻巷偏街里，喝冷酒去了。

去处是极小而精致的。

冷酒馆开间不过径丈，炊具其外，只摆得下一张，至多两张方桌和八条板凳，均用厚实的柏料做成，可以任由酒客折腾。靠墙正面那方，往往搁着案板，堆着发酵的面团，置有擀面杖那类物事。这是应付早餐食客的。朝街的门面，一半做了店门。一半用两条长凳架着高高的纱罩。拉开罩门，寻得到卤得黄灿灿的猪耳朵，煮得火烧皮似的胡豆，炸得香喷喷的油花生，仿佛百味轩。酒馆的招牌多标为合水豆花、川北凉粉、担担面，显示正午经营的重点。开店揽客，总要贪图利多利大，客人若呼朋唤友地去热闹，店家也会颠前仆后地忙个不停了。不过，入夜时分，已经没有了大鱼大肉，上来的菜很精致，像切得飞薄的猪拱嘴呀，煮得溜熟的青豌豆呀。再抱一罐土酒来，拍开泥封，揭下一层厚厚的桑皮纸，将酒罐坐在炭炉上，烤得热乎了，倒进土碗里喝。这酒能烫掉饮者的舌头。头道酒饮尽，往酒罐里掺开水，又逼出一道醇酒，边冲边喝，直到把酒气全部榨干，足以释醉而尽欢。饮醉的人，当地呼之为酒鬼。酒馆后门，就是龙溪码头，此时拴着无数只小舟，酒客趔趄了脚步走出来，解缆摇橹，唯听得欸乃一声，船儿在水月蒲影中远远地去了。

设若蒙蒙细雨里，坐进冷酒馆，哑哑而无声地饮酒，则是人心偏冷哩。这时多有魔怪出没。午夜既过，喝醉了，踱出了冷酒馆，高一句矮一句地哼着俚曲：

大河涨水水冲沙，一对鲤鱼一对虾；

想起姑娘恁苦命，何不修行去出家。

这时，就看到了鬼。更深夜静，雨又小，只在酒鬼衣上结起一层绒绒的水花，或是针尖般小小的水珠儿。无头鬼就在森冷悠长的水巷迎面冲出。一夜如此，夜夜如此。酒鬼们吓得先是绕大街回屋，后是到居委会报告，居委会几个老头、老太婆虽有觉悟，不怎么信鬼，奈何缺乏胆气，又报告来凤镇派出所。民警都是无神论者，怀疑人装神弄鬼，派出两个便衣侦察。便衣民警一连守了十多天，下雨时候，果然见了鬼：一米来高，手提圆乎乎的脑壳，走路一翘一翘的。

选了一个月黑风高雨蒙蒙的夜晚，镇派出所十多个民警，全部出动，带着手枪、警棍，装着五节电池的大电筒，披了军绿色雨衣，在七八个基干民兵的配合下，埋伏在水巷几座大院的门里，准备一举捉鬼。

午夜刚过，从水巷中段的岔路飘出一个“幽灵”，提着脑壳，一跳一跳地，向水码头走来。埋伏的民警和民兵受了叮嘱，要弄清这个人想干什么，也没惊动他。那鬼出了城门后，埋伏在大院的人就向城墙上发信息，亮了几下手电筒，表示可以继续监督。再看那鬼，蹒跚着走到码头上，罢在水边，把脑壳浸到龙溪里，使劲地洗。疑似水鬼。好一阵，才又拎着脑壳往回走。等那鬼就要钻进小巷之时，派出所所长一声令下，民警和民兵们齐吼：“缴枪不杀！”“举起手来！”奋勇围了上去。那鬼先是愣住，接着松手，哗啦啦地一响，脑壳落到地下打得粉碎。当先的民警用手电筒去照，看清碎脑壳，忍不住笑了起来：原来那鬼是水果摊的陈驼背，落到地上打碎的东西，则是一只黑黢黢的瓦夜壶！

这场捉鬼喜剧，就此告终，却让小镇人笑了好几天，往后提及此事仍笑个不停。

水鬼非鬼。

来凤鱼赋

胡正好[①]

巴蜀自古天府地，闾巷何尝少奇珍。璧山，巴蜀锁钥，成渝要冲。境有古驿来凤，明清时偕龙泉、双凤、白市，号为“成渝四大名驿”焉，有佳肴，名“来凤鱼”，其味至鲜美也，其名遍四海也。或请为赋，乃赋之。其辞曰：

浩浩高天兮，其厚何隆。冥冥造物兮，其运无穷。泱泱中国兮，物华其丰。古有神鸟兮，其名曰凤。振翅而飞兮，翔于西南。寻其所止兮，地属璧山。问鸟何来兮，于此巴国。凤启其喙兮，砉然长啸：“我来无他兮，此有嘉鱼。七星青剥兮，红梢鳟鲫。享其鲜美兮，乐以悠游。于焉逍遥兮，增我以寿。”念念不忘兮，代代相颂。乃志其处兮，名其来凤。

昔在大汉兮，来凤置驿。世代繁华兮，盛于清季。达官显贵兮，百姓黎庶。骚人墨客兮，贩夫走卒。驿马萧萧兮，兵车辘辘。熙来攘往兮，相属于途。千年以降兮，春秋荏苒。万方集聚兮，北味南鲜。载切载磋兮，且淘且染。厚积薄发兮，乃创佳膳。

时序明清兮，驿有名馔。其为河鲜兮，邑庖独擅。技精艺绝兮，遐迩声闻。鱼称来凤兮，菜冠驿名。士民其淳兮，油溪其浦。传经承旨兮，烹鲜之术。紫烟袅袅兮，红焰腾腾。香汤烈烈兮，馥雾氤氲。紫述都夷兮，八角豆蔻。菌桂筠酱兮，龙鳞雀头。香荼鲜茴兮，辛蒜辣姜。丹椒青葱兮，赭醋白糖。蒸炒煎烤兮，烩渎炸煮。炊色馔味兮，釜喧勺舞。荟精粹华兮，大盘小盏。琥珀玉玦兮，陈鳞列鲜。听名下车兮，闻香止步。食客若鹜兮，相趋于途。舟车并驱兮，咀华含英。风集雾合兮，冠盖如云。客无东西兮，地无南北。细味慢品兮，朵颐饕餮。口舌生香兮，余味三日。心为长醉兮，身为栖迟。蓬莱瀛洲兮，朝霞沆瀣。岂有所羡兮，宁为弃绝。举杯相邀兮，弹箸相约。忘我所来兮，但作长客。

讯曰：巴蜀瑰宝，华夏奇珍。誉播八方，四海飞声。曩代绝艺，日进月臻。欣逢盛代，延福万民。

辛卯三月初三，清明节于梅影堂西窗，邑人胡正好撰。

① 胡正好，中国书法家协会会员，重庆市书法家协会理事、草书委员会副主任。

古驿老树[①]

欧文礼

我在记忆中努力寻找着来凤驿的影子。

来凤驿宽阔的正街、悠长的东街、跌宕起伏的小桥街，以及璧南河沿岸的吊脚楼、街上的青石板、散架房、木板门、青瓦白墙，还有那一串名字比如河坝街、牛市坝、猪市坝、黄家花园，在我儿时的书包里装着，掌心里握着，炊烟里裹着。

这些算来凤驿的古吧，如果不算，那就还有铁匠铺、木匠铺、中药铺、窑罐店、烤酒房、推花社、推花社、酒馆、茶馆，这些肯定是古老的传统项目了。

如果还不算，那我就只有说出来凤驿的老黄葛树了。

来凤驿的黄葛树与古驿融为一体，血肉相连。没有黄葛树，来凤驿不仅少了一道独特的风景，还少了古老沧桑的韵致。

来凤驿的黄葛树是依水而生的，大多长在老街的璧南河两岸。

在下场口河坝街老酒厂旁的大路边，有一棵两人合抱大小的黄葛树。这棵树长得茂盛，长得端正，屹立在璧南河边，替过往的行人遮风挡雨。打这儿经过，看看河对面的吊脚楼，看看清粼粼的璧南河水，再加上飞鸟齐鸣，小舟摇荡，这儿，就成为一个具有典型意义的地方。

站在来凤驿的梁桥上，顺着璧南河的流向看，映入眼帘的，除悠长悠长的东街吊脚楼外，就是几堆小山似的绿荫。这些绿荫，被一棵棵虬枝擎着，横在璧南河上，遮掩着半个河床。当然，我要说的，这些绿荫，就是一棵棵黄葛树。这些黄葛树，有长在东街住户后院的，有长在原来凤镇政府后院的，更有长在牛市坝旁边农家院子里的。儿时，我六娘在来凤镇政府工作，因此，我也多次出入这个大院，也曾在大院后边的黄葛树旁玩耍。我看见的是，这后院中的两棵黄葛树，皱褶深陷，浓荫覆盖，两三个人都不能抱住它们。我爬上树，顺着它们的虬枝，溜到了璧南河上，还装着故意要跳水的样子，让其他小孩惊叫，讨得大人一阵好骂。这样的黄葛树，牛市坝子的河边有好几棵。

来凤驿的黄葛树，还生长在来凤花园医院里，生长在场口的悬崖边，生长在场边的坡顶上。今天去来凤，上场口大佛崖边，下场口老车站旁的坡顶上，还幸存着几棵。大

① 原载于《重庆晚报》2015年12月17日。作者欧文礼，重庆市作家协会会员，璧山区作家协会副主席，出版有诗集《一地阳光》《风中的蓝》，散文集《花醉雨》。

佛崖边的那一棵，有两人合抱大小吧，根须缠在崖壁上，伸进岩石缝隙里，古老沧桑，让人心生敬畏。下场口坡顶的那一棵，被雷电拦腰劈断，而今仍然擎着一支绿色火炬，书写着生命的灿烂。

其实，在我的印象中，来凤驿的黄葛树，最大的一棵要算猪市坝旁边的那一棵。这一棵树，至少四五人才能围住，树身长了无数洞穴，洞穴里可以藏住小孩，但它仍然顽强地活着，就像来凤驿一样，要活到生命的永远。可惜，来凤驿旧城改造的时候，这棵树被砍了，现在想起来，让人唏嘘不已。

古驿、老树，都成为过去。今天的来凤，肯定比过去繁华、靓丽，但是，在我的心里，总觉得它缺少了什么？哎，不说也罢。

来凤驿：马蹄唱响的光阴赞歌[①]

张鉴

马蹄响起。重重叠叠的时光，在铃铛摇醉的烟尘深处，若隐若现……

马蹄响起。一条古道从两千年前的三国，从蜀王刘备威仪的马下铺成而来。树木葱秀，四季花开，于是，这里有了响当当的名字：王来镇。

马蹄响起。八百年前，刀枪剑戟，烽火硝烟。铁木耳透过风尘，深情的眼眸，惊飞一只美丽的鸟。深宫难禁金凤凰，一天过门魂飞扬。美丽的汲水姑娘，成为一代帝王心中永远的痛，有凤来仪地，从此正式定名：来凤驿。

马蹄响起。长亭外，古道边。一颗明珠照亮了明清奔跑的历史。它和龙泉、双凤、白市，并称四大名驿，在成渝古道上星夜如昼，闪闪发光。

马蹄响起。又停下。那是大清举子杨庚、重庆知府王梦庚的青骢马被吊脚楼边夹岸桃花勾住了脚步。青山叠翠，落照苍茫，胸中诗情奔腾而来。

马蹄响起。又停下。那是道光双翰林王倬弃绝官场归隐故里，一个水墨山庄在东山脚下静静绽放。花开如霞，曲径通幽。雅室闲轩，翰墨清流。

马蹄响起。又停下。那是红尘信徒，来此顶礼膜拜。深山之中，千年禅院佛荫寺祥轮翩翩，彩凝画栋。百代古刹竺云寺，佛光隐约，文脉依存。

---

① 该朗诵诗在“和美璧山·幸福家乡”璧山县庆祝新中国成立64周年暨原创文艺作品会演中分获演出一等奖、创作一等奖。作者张鉴，重庆市作家协会会员，璧山区作家协会副主席。

马蹄响起。又停下。那是道光钦差，勒马降旨旌表百岁老人周何氏。在孙辈周继盛的主持下，一座典雅奢华的百岁坊拔地而起。风雨百年，贞孝良善，完美诠释着建筑艺术的古典华美。

马蹄响起。又停下。四方客、八面商在惊叹：玲珑风雨桥，彩虹飞架。新开坦途路，喜迎宾客。古道阳关路，熙熙攘攘。西南要冲地，繁华富庶。清溪潺潺，琵琶声声。茶馆酒肆，说书唱戏。数落花，观日落。品美食，饮佳酿。达官贵人显，黎庶百姓乐。太平盛世景，清明上河图。

古来凤，一部凤凰传奇，被历史的烟尘轻轻笼罩。新来凤，一曲幸福山川，被勤劳的子民欢快唱响。

今天，秋风又送爽，金桂复飘香。你看，这个曾经孕育巴曼文化、成就川渝商业传奇的古镇，在物华天宝、人文厚重的百里沃土，在南来北往商贾地，千车百货古驿道的盛誉里，凭借拼搏的精神秉性和瑰丽的餐饮文化，一个崭新时代正在降临。

今天，豪情依旧在，鲜鱼味更美。你看，香汤烈烈，馥雾氤氲。推杯换盏间，舌头激荡着美味的旋律；欢歌笑语间，胸中流淌着酣畅的侠情。这美味，引来著名演员、大牌歌星、层层政界、名嘴主持……“麻、辣、烫、嫩”，自成一格的小小来凤鱼，早已是大名鼎鼎的“中国名宴”，飘香海内外。

今天，新城拔地起，花海香万里。你看，古驿道与成渝高速公路并轨，生态街道与古旧建筑相辉映。璧南河潺潺流水，宁静淡泊。东西山青青叠翠，高岗致远。一座幸福而诗意的小城，正在实践着千年古驿，生态家园的美好梦想。

今天，日月浩荡荡，山高水更长。你看，这只涅槃的神鸟，带着祝福，怀抱梦想，它飞扬着一种精神，一种骨气，一种勇往直前的刚毅，一种永不坠落的坚强！

今天，让我们所有的目光都投向未来，让我们所有的手势举向希望，让我们倾豪情，博壮志，展未来——

祝福美丽来凤更辉煌！

大事纪略

宋代设王来镇

宋代，以境内有王来山，设王来镇，为巴蜀地区著名草市镇之一。北宋《元丰九域志》载："璧山县辖双溪、多昆、含谷、王来、依来五镇。"

元代来凤得名

元代，以地形似凤鸟，得名来凤。元至元二十二年（1285），因地广人稀，随璧山县并入巴县。明代设巴县来凤乡，辖11里，即梓潼、石英、虎峰、沙溪、含谷、虎溪、茶店、高滩、封文、冠山、凤来，凤来里即今来凤驿所在地。明嘉靖十三年（1534），改巴县来凤驿隶璧山县管理。

明末来凤驿三次被占

明嘉靖四十五年（1566），璧山被大足县白莲教首领蔡伯贯攻占，来凤驿亦被占。天启元年（1621），永宁宣慰使奢崇明叛明，攻占璧山等地，来凤驿亦被占。崇祯十七年（1644），张献忠攻占璧山等地，来凤驿亦被占。

明末秦良玉来凤平乱

明天启元年（1621）九月，奢崇明部将樊龙占领重庆。秦良玉率兵驰援，随后又率兵解围成都。天启二年（1622）二月，秦良玉同弟秦明屏率两万人由陆路从成都回攻重庆。“乃长驱来凤、白市与叛军将领张彤等大战，夺据二郎关，声势颇壮，贼退入佛图关坚守。”经反复鏖战，最终收复重庆。

清初吴三桂军过来凤驿

清顺治十五年（1658）三月，吴三桂与李国翰由合州跨马涉江，引军经铜梁、璧山、来凤驿、白市驿，直驱重庆。沿路庐舍残破，尸体骷骨随处可见，唯山花自放、杜宇哀鸣。吴三桂记室马玉吟道："空山惟有啼鹃泪，剩屋曾无乳燕巢。"此时来凤驿一带屡经战乱，早已是极度荒凉。

清康熙年间设驿站办义学

清康熙初年，奉设驿站。据清同治《璧山县志》记载："自归并永川未设义学前，永川县令沈镛于来凤驿东街建瓦房三间，以为义学。"成为璧山最早创办的义学。

清代寄治来凤驿

清康熙六年（1667），璧山县因战乱频仍，户口减少，并入永川县。雍正七年（1729）复设，因县城残破，衙署无存，时任知县单继烈寄治来凤驿。雍正十年（1732），县令许绍熙奉文修造衙署后，治璧城。

清代建来凤凉桥

清乾隆二十八年（1763），修建来凤凉桥（木桥）。道光十二年（1832），乡绅周继盛捐资改建来凤凉桥为石桥，耗银八千余两。

清代“肖家花铺”肇兴

清乾隆年间（1736—1795），肖氏自健龙乡沙田湾迁到来凤驿后，在西街经营花纱布生意，“肖家花铺”肇兴。后经七代人苦心经营，名震川东，驰誉四川、云南、贵州，持续一百多年，成为璧山近代工商业的一大支柱产业。

清代建何氏百岁坊

清道光二十五年（1845），乡绅周继盛捐资修建何氏百岁坊。秋，邑人翰林刘宇昌作《何氏百岁坊序》。

清代邮路代替驿传

清光绪二十七年（1901），来凤驿与璧山县城同时设立邮政代办所。大清邮政开办后，所有文件逐步交邮政寄递。宣统三年（1911）五月，重庆邮政和重庆海关分设，清政府邮传部于当年奏请将驿站一律裁撤。邮路逐渐代替驿传，重庆的驿站于1913年6月全部撤完。

1926年开办璧山县第一家玻璃厂

1926年左右，邹海全、李祥云租用天德村王家祠堂为厂房，以祠堂大厅为主要生产车间，开办璧山县第一家玻璃厂。

抗日战争时期来凤驿空战

1940 年 5 月 29 日，日本侵略者飞机 63 架分两批空袭重庆。中国空军奋勇迎击，与敌机发生猛烈的遭遇战。日机在郊野投弹后，中国空军追至璧山来凤驿上空，击落日本重型轰炸机 1 架。

梁漱溟创办勉仁中学

1940 年 8 月，梁漱溟在来凤驿川主庙创办勉仁中学。1941 年 8 月，勉仁中学迁北碚后，在原址上开办来凤乡私立勉仁小学，钟芳茗任校长。

1945 年《中国文化》出刊

1945 年 9 月 15 日,《中国文化》杂志在四川省璧山县来凤驿出刊，出版者钟芳茗。该刊系现代新儒家创办的最早期刊之一。

1949 年来凤驿解放

1949 年 11 月 30 日，中国人民解放军在江津县城小西门强渡长江成功后，立即从江津县翻山越岭，经石龙乡，到来凤驿拦截国民党败军。当天上午，解放军由地下党员丁清赋等人带路，经来凤场口兵分两路，一路由东街进场，一路过桥，直插成渝公路。只对空开了几枪，未遇抵抗。解放军进入来凤驿后，见各店铺、住户都关着门，便沿着街道两边人家整齐坐下，秩序井然。丁清赋等人组织学校教师张贴标语欢迎解放军。解放军在来凤驿稍事休息后，又马不停蹄追歼国民党残军。自此，来凤驿没有再见到国民党军队。11 月 30 日，来凤解放。

1950 年场镇街道重新命名

1950 年年初，来凤地区的行政机构为璧山县第三区，由川东行署璧山专署派赵华队长驻区。取消保甲制，划 7 个治安段，街道重新命名。新华路，东街一道牌坊至鱼市口；解放路，上街口（马路街）至炭房；和平路，上河坝街至文昌宫城门；人民路，傅家油坊至小桥街。

1959 年璧南河来凤段通航

1921 年，"津巴璧"联防司令王用之组织开采煤矿时，开始整治璧南河河道，修筑堤堰，储水行船，发挥水运成本低、运量大的优势，来凤码头应运而生。开采出的煤用船装运至来凤码头，起卸后，用人力运往各地供应市场。1940 年后，璧南河两次洪水泛滥，来凤堤堰和码头经历两次冲塌和修建。1951 年，璧山县人民政府修建来凤堤堰，命名为人民胜利大堰，并竖立纪念碑。1958 年"大炼钢铁"时，在来凤建造 6 立方米高炉一座，炼钢所需焦炭和矿石由施家湾和健龙乡经璧南河运往来凤码头起卸，然后转至钢厂。1959 年 11 月，璧山治河委员会成立，至次年 7 月，璧南河健龙至来凤段 13.3 千米河道实现分段通航。

2003 年来凤镇整体并入青杠街道办事处

2003 年 12 月，璧山县乡镇建制调整，来凤镇整体并入青杠街道办事处。

2010 年设立来凤街道

2010 年 11 月 30 日，根据重庆市人民政府批复，设立来凤街道。2014 年 7 月，璧山撤县设区，设立重庆市璧山区来凤街道办事处。

附录

来凤荣誉

获评全国优秀工会积极分子与市劳模 1983 年 10 月，中华全国总工会授予来凤小学朱桢祥“优秀工会积极分子”称号。1988 年 5 月，来凤缫丝厂女工李金莲获“重庆市劳动模范”称号。1991 年 10 月，来凤区供销社女营业员简世明被市政府评定为“市级劳模”。

体育赛事获奖 1987 年，来凤缫丝厂职工、县武术协会会员张洪斌，在全国武术擂台邀请赛中获第八名。1991 年 8 月，由来凤中学培养的摔跤运动员陈星强，在全国第二届城市运动会上，为重庆代表团夺得金牌一枚，市政府为陈星强记大功一次。1994 年 4 月，重庆市青少年摔跤比赛在来凤中学举行。2000 年 10 月，在全国农民运动会上，来凤镇复兴村村民廖福海在男子 80 米担挑粮食比赛中荣获金牌。2011 年 12 月，来凤街道被评为“全民健身活动先进单位”，并获市体育局表彰。2001 年 11 月，陈星强在全国第九届运动会上获得 130 公斤级摔跤比赛第一名，为重庆成为直辖市后赢得的第一枚也是唯一一枚金牌。2011 年 11 月，来凤中学获县第十五届中小学生运动会团体总分奖。

特色美食获奖 1990 年 7 月，来凤“鲜鱼美”食店黄廷富，参加 1990 年度四川省供销系统在简阳举行的“名小吃”赛，获总分第三名。1999 年 10 月，“来凤鱼一条街”被评为“重庆市地方风味菜一条街”。2001 年 4 月，重庆光宁珍稀动物养殖有限公司利用西南农业大学科研成果生产的“白云湖”牌野味鸭，被市政府授予“重庆名牌产品”称号。

获评“经济强镇” 2000 年 1 月，县委、县政府授予来凤镇为 1999 年度“经济五强乡镇”之一。2003 年，来凤镇再次被县委、县政府授予“经济五强乡镇”称号，并获县政府授予“招商引资企业发展一等奖”。

获评“市生态村”与“生态文明建设示范镇街” 2014 年 12 月，登凤村被市环保局评为“重庆市生态村”。2015 年 10 月，安乐村、孙河村、来凤村和三星村被重庆市环保局评为“重庆市生态村”。2016 年 9 月，来凤街道被重庆市环保局评为“重庆市生态文明建设示范镇街”。

命名“民主法治示范社区” 2014 年 9 月，来凤街道东街社区被重庆市委法建办、市民政局、市司法局命名为“重庆市民主法治示范社区”。

获评“重庆市双拥模范单位” 2015 年 7 月，来凤街道新七村被重庆市委评为“重庆市双拥模范单位”。

获评“全国综合减灾灭灾示范村”与“全国标准化气象灾害防御镇街” 2015 年 10 月，来凤村被国家减灾委员会评为“全国综合减灾灭灾示范村”。11 月，来凤街道被中国气象局评为“全国标准化气象灾害防御镇街”。

获评“农民新村市级示范点” 2016 年 8 月，孙河村被重庆市城乡建设委员会评为“农民新村市级示范点”。

获评“市级全域旅游示范村” 2016 年 11 月，安乐村、来凤村、魁塘村被重庆市旅游小组经济发展办公室评为“市级全域旅游示范村”。

主要参考文献

1.〔明〕金台岳家刻本:《新刊大字魁本全相参增奇妙注释西厢记》，明弘治戊午(1499)季冬。

2.〔清〕黄廷桂、张晋生等纂修:《四川通志》，清雍正十三年(1735)。

3.〔清〕黄在中等纂修:《璧山县志》，清乾隆七年(1742)。

4.〔清〕汤贻湄等纂修:《璧山县志(手写本)》，清嘉庆十七年(1812)。

5.〔清〕寇用平等纂修:《璧山县志》，清同治四年(1865)。

6.〔清〕王闿运著,《湘绮楼诗文集》，岳麓书社，1996 年 9 月。

7. 朱之洪、向楚等纂修:《巴县志》，台湾学生书局，1939 年。

8. 黄炎培著，中国社会科学院近代史研究所整理:《黄炎培日记》，华文出版社，2008 年 9 月。

9. 司马訏著，拾风、理源编:《重庆客》，重庆出版社，1983 年 3 月。

10. 梁漱溟著:《梁漱溟全集》，山东人民出版社，1989 年 5 月。

11. 熊十力著:《十力语要》，中华书局，1996 年 8 月。

12. 四川省璧山县志编纂委员会编纂:《璧山县志》，四川人民出版社，1996 年 3 月。

13. 璧山县县志编修委员会编纂:《璧山县志(1986—2005)》，西南师范大学出版社，2011 年 12 月。

14. 重庆市地理学会历史地理专业委员会、西南大学历史地理研究所编:《西南史地·第二辑》，巴蜀书社，2013 年 5 月。

15. 蓝勇主编:《重庆古旧地图研究》，西南师范大学出版社，2013 年 6 月。

16.《重庆历史地图集》编纂委员会编:《重庆历史地图集》，中国地图出版社，2013 年 7 月。

17. 李炼、王治森、王家伟编注:《王平叔致梁漱溟的二十八封信》，西南师范大学出版社，2017 年 6 月。

编纂始末

来凤驿，以其深厚的历史积淀，铸成了成渝古驿道上的重要文化符号。来凤驿，也成为巴渝大地一段挥之不去的文化记忆。

这次《来凤街道志》的编修，肇因于2015年5月中国地方志指导小组办公室印发《中国名镇志文化工程实施方案》。2016年9月，重庆市地方志办公室主任周焕强提出希望璧山编纂名镇志。同月，璧山区地方志办公室与区文化界人士探讨，选定来凤作为名镇志编纂试点，并委托张纯静草拟《来凤街道志》纲目。

这次编修工作的一个突出特点，就是“异常紧张”。2017年1月17日，区地方志办公室召开工作交流会，讨论《来凤街道志》纲目。张纯静汇报纲目编纂情况，蒋德明、王大全、欧亚非参会讨论，市地志办董宁波对纲目作点评指导。2月18日，在璧山文庙召开《来凤街道志》编纂工作研讨会。再次商讨《来凤街道志》纲目，确定以“驿站文化”为基调。明确傅应明、胡正好、欧文礼、张纯静、龙泽平、赵兴中、欧亚非、龙吉敏、张鉴为撰稿人，由傅应明、张纯静担任总纂，并落实各篇目分工和交稿时间。同日，建立“来凤镇志编修群”QQ交流工作群。3月3日，第一篇稿件由傅应明撰写的《名驿来凤（概述）》初稿完成。4月1日，在来凤街道四楼会议室召开《来凤街道志》研讨推进会。参会人员有志书撰稿人傅应明、赵兴中、欧亚非、张纯静、龙吉敏、张鉴，区地志办陈启江、罗杨、王福忠，教委任福建，来凤街道罗秀君、王贵书。各位撰稿人介绍志稿编纂进展，傅应明介绍艺文收录原则，确定区地方志办公室、来凤街道、总纂及撰稿人在志书编纂过程中各自的职责与任务。6月9日，完成全书统稿。6月13日，形成《来凤街道志》送审稿。其间，全体编修人员以舍我其谁的责任担当，克服困难，主动作为，团结互助，为顺利完成编修任务付出了艰苦的努力。

《来凤街道志》的编修，自始至终得到了重庆市地方志办公室和璧山区委、区政府以及相关单位的重视、关心和支持。2016 年 11 月，重庆市地方志办公室主任姚红上任伊始，即听取璧山区地方志办公室负责人的汇报，并指示璧山抓紧启动《来凤街道志》编纂工作。2017 年 2 月 21 日，市地方志办公室又印发《关于做好〈来凤街道志〉编纂工作的通知》（渝志办发〔2017〕7 号），明确了编纂意义、编纂要求和工作要求。2 月 23 日，在《璧山年鉴》纲目研讨会上，姚红主任再次强调，希望璧山区委、区政府一如既往关心地方志工作，将《来凤街道志》编纂作为 2017 年重点工作。6 月 1 日，区长章勇武、副区长张献强听取区地方志办公室主要负责人关于《来凤街道志》编纂工作的汇报，认为此项工作很有价值、非常重要，并解决落实有关问题。所有这些，为本次名镇志编修提供了坚强的保障。

至 2017 年 6 月 20 日初稿编纂完成，随后印送有关单位及专家审读。7 月 10 日，召开初稿评审会，重庆市地方志办公室有关专家提出了 10 个方面的具体修改意见。9 月初，召集编纂人员专题会议，逐条吸纳专家审读意见，并确定由傅应明负责文字内容、罗杨负责图片内容的修改完善。经过认真修改，《来凤街道志（修改稿）》基本完竣，再次印送有关单位及专家审读。

2018 年 5 月，方志出版社反馈初步审查意见，随即反复打磨、校对，补充资料图片，打样送交复审。8 月，落实出版合同事宜，并完善地图审图。11 月初，收到方志出版社改红样稿，立即对全书进行通读和修改，再次送出版社终审定稿。出版社的专家们为本书提出很多宝贵的意见，付出了大量艰辛的工作。特别是本书的责任编辑，不厌其烦地为我们解答诸多难题。在此，谨向全体编修和审读人员的艰苦付出，致以由衷的敬意。向所有关心支持编修工作的各位领导、有关单位及各位同志致以深深的谢意。因本书中所选照片及文章众多，部分作品未能在出版前及时联系到著作权人，请著作权人看到后与我们联系，我们将奉上稿酬。

编　者

2018 年 11 月